#홈스쿨링
#혼자공부하기

우등생
사회

Chunjae
Makes
Chunjae

▼

우등생 사회 3-1

기획총괄   박상남
편집개발   윤순란, 박진영, 김운용
디자인총괄 김희정
표지디자인 윤순미, 강태원
내지디자인 박희춘
본문 사진 제공 게티이미지, 국토정보플랫폼 국토정보맵, 뉴스뱅크, 문화재청, 셔터스톡, 연합뉴스
제작   황성진, 조규영

발행일   2023년 12월 1일 3판 2023년 12월 1일 1쇄
발행인   (주)천재교육
주소   서울시 금천구 가산로9길 54
신고번호   제2001-000018호
고객센터   1577-0902

교과서가 달라 어떻게 공부해야 할지 모르겠지?
우등생은 11종 교과서의 공통 개념은 물론
교과서별 다른 자료도 볼 수 있어.

야기	2. ❷ 우리 고장의 문화유산		3. ❶ 교통수단의 발달과 생활 모습의 변화		3. ❷ 통신수단의 발달과 생활 모습의 변화	
서 진도북 8~41쪽 인 학습북 20쪽	· 문화유산 · 문화유산으로 배울 수 있는 것 · 문화유산에 얽힌 옛이 야기 · 고장의 문화유산과 관 련된 행사	교과서 진도북 50~53쪽 온라인 학습북 30쪽	· 옛날의 교통수단 · 사람이나 동물의 힘을 이용하 지 않는 교통수단 · 오늘날 교통수단의 종류 · 오늘날 교통수단의 이용 모습 · 오늘날의 교통수단이 옛날과 달라진 점	교과서 진도북 68~71쪽 온라인 학습북 40쪽	· 옛날의 통신수단 · 오늘날의 통신수단 · 통신수단의 발달 모습	교과서 진도북 80~83쪽 온라인 학습북 46쪽
서 진도북 2~45쪽 인 학습북 21쪽	· 우리 고장의 문화유산 을 조사하는 방법 · 고장의 문화유산 안내 도 살펴보기 · 고장의 문화유산 조사 하기 · 고장의 문화유산 소개 하기	교과서 진도북 54~57쪽 온라인 학습북 31쪽	· 교통수단의 발달로 달라진 생 활 모습 · 교통수단의 발달로 새로 생긴 장소와 직업 · 고장의 환경에 따른 다양한 교 통수단 · 구조와 관광을 위한 교통수단 · 미래의 교통수단과 생활 모습	교과서 진도북 72~75쪽 온라인 학습북 41쪽	· 통신수단의 발달로 생긴 변화 · 고장의 환경에 따른 통신수단 · 하는 일에 따른 통신수단 · 오늘날 통신수단의 문제점 · 통신수단의 발달로 달라질 미 래의 생활 모습	교과서 진도북 84~87쪽 온라인 학습북 47쪽
	2. ❷ 우리 고장의 문화유산		3. ❶ 교통수단의 발달과 생활 모습의 변화		3. ❷ 통신수단의 발달과 생활 모습의 변화	
	2. ❷ 우리 고장의 문화유산		3. ❶ 교통수단의 발달과 생활 모습의 변화		3. ❷ 통신수단의 발달과 생활 모습의 변화	
	2. ❷ 우리 고장의 문화유산		3. ❶ 교통수단의 발달과 생활 모습의 변화		3. ❷ 통신수단의 발달과 생활 모습의 변화	
	2. ❷ 우리 고장의 문화유산		3. ❶ 교통수단의 변화로 달라진 생활		3. ❷ 통신수단의 변화로 달라진 생활	
	2. ❷ 우리 고장의 문화유산		3. ❶ 교통수단의 발달과 생활 모습의 변화		3. ❷ 통신수단의 발달과 생활 모습의 변화	
	2. ❷ 우리 고장의 문화유산		3. ❶ 교통수단의 발달과 생활 모습의 변화		3. ❷ 통신수단의 발달과 생활 모습의 변화	
	2. ❷ 우리 고장의 문화유산		3. ❶ 교통수단의 발달과 생활 모습의 변화		3. ❷ 통신수단의 발달과 생활 모습의 변화	
	2. ❷ 우리 고장의 문화유산		3. ❶ 교통수단의 발달과 생활 모습의 변화		3. ❷ 통신수단의 발달과 생활 모습의 변화	
	2. ❷ 우리 고장의 문화유산		3. ❶ 교통수단의 발달과 생활 모습의 변화		3. ❷ 통신수단의 발달과 생활 모습의 변화	
	2. ❷ 우리 고장의 문화유산		3. ❶ 교통수단의 발달과 생활 모습의 변화		3. ❷ 통신수단의 발달과 생활 모습의 변화	
	2. ❷ 우리 고장의 문화유산		3. ❶ 교통수단의 발달과 생활 모습의 변화		3. ❷ 통신수단의 발달과 생활 모습의 변화	

스마트폰으로 QR 코드를 스캔해 주세요

우등생 온라인 학습 활용법

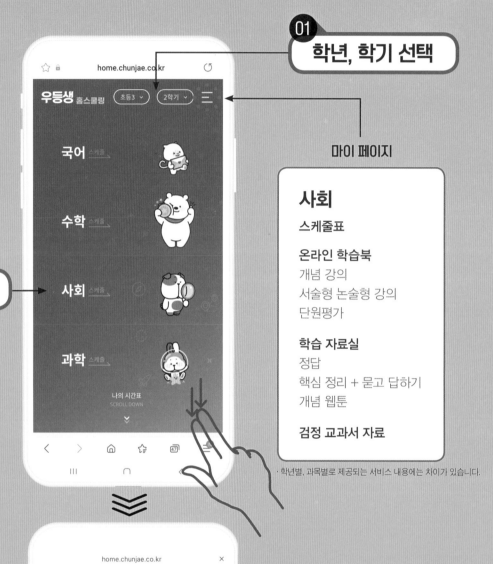

01 학년, 학기 선택

home.chunjae.co.kr

우등생 홈스쿨링   초등3 ∨   2학기 ∨   ☰

마이 페이지

02 과목 선택

국어 스케줄

수학 스케줄

사회 스케줄

과학 스케줄

나의 시간표
SCROLL DOWN

사회

스케줄표

온라인 학습북
개념 강의
서술형 논술형 강의
단원평가

학습 자료실
정답
핵심 정리 + 묻고 답하기
개념 웹툰

검정 교과서 자료

· 학년별, 과목별로 제공되는 서비스 내용에는 차이가 있습니다.

≫

home.chunjae.co.kr   ×

스케줄표

꼼꼼   ∨

꼼꼼
우등생 사회를 한 학기 동안 차근차근 공부하기 위한 스케줄표

1회~10회 ∨

1회

사회
1. ① 우리가 생각…

교과서 진도북 8~15쪽

2회

사회
1. ① 우리가 생각…

교과서 진도북 16~19쪽

마이 페이지에서 첫 화면에 보일
스케줄표의 종류를 선택할 수 있어요.

통합 스케줄표
우등생 국어, 수학, 사회, 과학 과목이 함께 있는 12주 스케줄표

꼼꼼 스케줄표
과목별 진도를 회차에 따라 나눈 스케줄표

스피드 스케줄표
온라인 학습북 전용 스케줄표

과목 클릭

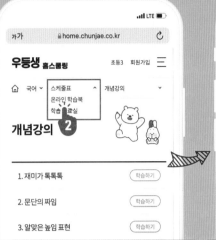

온라인 학습북 클릭

개념 강의 / 서술형 논술형 강의 / 단원평가

❶ 개념 강의

*온라인 학습북 단원별 주요 개념 강의

❷ 서술형 논술형 강의

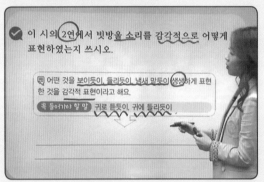

*온라인 학습북 서술형 논술형 강의

❸ 단원평가

① 내가 푼 답안을 입력하면

② 채점과 분석이 한번에

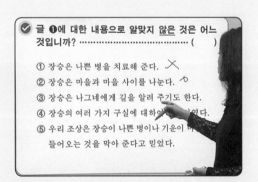

③ 틀린 문제는 동영상으로 꼼꼼히 확인하기!

· 스마트폰의 동영상 구동이 느릴 경우, 기본으로 설정된 비디오 재생 프로그램을 다른 앱으로 교체해 보세요.

· 사용자 사용 환경에 따라 서비스가 원활하지 않을 시에는 컴퓨터를 통한 접속을 권장합니다. 우등생 홈스쿨링 홈페이지(https://home.chunjae.co.kr)로 접속하거나 검색 엔진에서 우등생 홈스쿨링을 입력하여 접속해 주세요.

우등생 사회로 살펴보는 11종 교과서 가이드

	1. ❶ 우리가 생각하는 고장의 모습		1. ❷ 실제로 본 우리 고장의 모습		2. ❶ 우리 고장의 옛이야...
우등생 사회 3-1	· 고장에 있는 여러 장소 · 고장의 여러 장소에서 겪었던 경험 · 같은 장소에 관한 생각이나 느낌 · 고장의 장소 카드 만들기	교과서 진도북 8~11쪽 온라인 학습북 4쪽	· 바라보는 위치와 거리에 따른 장소의 모습 · 항공 사진, 위성 사진 · 디지털 영상 지도의 의미와 특징 · 디지털 영상 지도 사용 방법	교과서 진도북 20~23쪽 온라인 학습북 10쪽	· 고장의 옛이야기 · 고장의 옛이야기가 중요한 까닭 · 고장 사람들의 생활 모습을 알 수 있는 옛이야기 · 고장의 자연환경을 알 수 있는 옛이야기 · 고장의 인물을 알 수 있는 옛이야기 · 고장의 특징을 알 수 있는 지명	교과... 3... 온라...
	· 머릿속에 떠오르는 고장의 모습 그리기 · 고장을 그린 그림 비교하기 · 고장에 대한 생각과 느낌 나누기	교과서 진도북 12~15쪽 온라인 학습북 5쪽	· 디지털 영상 지도로 우리 고장의 주요 장소 찾기 · 고장의 주요 장소 백지도에 표현하기 · 고장에서 자랑하고 싶은 장소 조사하기 · 고장의 안내도로 고장의 장소 소개하기	교과서 진도북 24~27쪽 온라인 학습북 11쪽	· 옛이야기 조사 방법과 주의할 점 · 옛이야기 조사하기 · 옛이야기 소개하기	교과... 4... 온라...
천재교육	1. ❶ 우리가 생각하는 고장의 모습		1. ❷ 하늘에서 내려다본 고장의 모습		2. ❶ 우리 고장의 옛이야...
천재교과서	1. ❶ 우리가 생각하는 고장의 모습		1. ❷ 실제로 본 우리 고장의 모습		2. ❶ 우리 고장의 옛이야기
교학사	1. ❶ 우리가 생각하는 고장의 모습		1. ❷ 하늘에서 내려다본 고장의 모습		2. ❶ 우리 고장의 옛이야기
금성출판사	1. ❶ 우리가 생각하는 고장의 모습		1. ❷ 고장의 실제 모습		2. ❶ 우리 고장의 옛이야...
김영사	1. ❶ 우리가 생각하는 고장의 모습		1. ❷ 하늘에서 내려다본 고장의 모습		2. ❶ 우리 고장의 옛이야...
동아출판	1. ❶ 우리가 생각하는 고장의 모습		1. ❷ 하늘에서 내려다본 고장의 모습		2. ❶ 우리 고장의 옛이야기
미래엔	1. ❶ 우리가 생각하는 고장의 모습		1. ❷ 하늘에서 내려다본 우리 고장의 모습		2. ❶ 우리 고장의 옛이야기
비상교과서	1. ❶ 우리가 생각하는 고장의 모습		1. ❷ 하늘에서 내려다본 고장의 모습		2. ❶ 우리 고장의 옛이야기
비상교육	1. ❶ 우리가 생각하는 고장의 모습		1. ❷ 하늘에서 내려다본 고장의 모습		2. ❶ 우리 고장의 옛이야기
아이스크림 미디어	1. ❶ 우리가 생각하는 고장의 모습		1. ❷ 하늘에서 내려다본 고장의 모습		2. ❶ 우리 고장의 옛이야기
지학사	1. ❶ 머릿속에 떠오르는 고장의 모습		1. ❷ 우리 고장의 실제 모습		2. ❶ 우리 고장의 옛이야기

홈스쿨링 꼼꼼 스케줄표(24회)
우등생 사회 3-1

우등생 홈스쿨링 홈페이지에는 다양한 스케줄표가 있어요!

꼼꼼 스케줄표는 교과서 진도북과 온라인 학습북을 24회로 나누어 꼼꼼하게 공부하는 학습 진도표입니다.

● 교과서 진도북　　● 온라인 학습북

1. 우리 고장의 모습

1회 교과서 진도북 8~15쪽	**2**회 교과서 진도북 16~19쪽	**3**회 온라인 학습북 4~9쪽
월　　일	월　　일	월　　일

1. 우리 고장의 모습

4회 교과서 진도북 20~27쪽	**5**회 교과서 진도북 28~31쪽	**6**회 온라인 학습북 10~15쪽
월　　일	월　　일	월　　일

1. 우리 고장의 모습 　／　2. 우리가 알아보는 고장 이야기

7회 교과서 진도북 32~35쪽	**8**회 온라인 학습북 16~19쪽	**9**회 교과서 진도북 38~45쪽
월　　일	월　　일	월　　일

2. 우리가 알아보는 고장 이야기 　／　중간 범위

10회 교과서 진도북 46~49쪽	**11**회 온라인 학습북 20~25쪽	**12**회 온라인 학습북 26~29쪽
월　　일	월　　일	월　　일

절취선

꼼꼼하게 공부하는 24회 **꼼꼼 스케줄표** # 전과목 시간표인 **통합 스케줄표**
빠르게 공부하는 10회 **스피드 스케줄표** # 자유롭게 **내가 만드는 스케줄표**

홈스쿨링 24회
꼼꼼 스케줄표

● 교과서 진도북   ● 온라인 학습북

2. 우리가 알아보는 고장 이야기

13회	교과서 진도북 50~57쪽	**14**회	교과서 진도북 58~61쪽	**15**회	온라인 학습북 30~35쪽
	월 일		월 일		월 일

2. 우리가 알아보는 고장 이야기				3. 교통과 통신수단의 변화	
16회	교과서 진도북 62~65쪽	**17**회	온라인 학습북 36~39쪽	**18**회	교과서 진도북 68~75쪽
	월 일		월 일		월 일

3. 교통과 통신수단의 변화

19회	교과서 진도북 76~79쪽	**20**회	온라인 학습북 40~45쪽	**21**회	교과서 진도북 80~87쪽
	월 일		월 일		월 일

3. 교통과 통신수단의 변화				기말 범위	
22회	교과서 진도북 88~95쪽	**23**회	온라인 학습북 46~50쪽	**24**회	온라인 학습북 51~56쪽
	월 일		월 일		월 일

절취선

진도 완료
체크

QR로 학습 진도 체크!

공부하고 나서 QR 코드를 스캔하면
우등생 홈페이지로 갈 수 있어.
홈페이지에 있는 스케줄표에 체크하자.

두둥! 학습 완료

내 스케줄은 내가 관리!

우등생 온라인 학습

☑ **동영상 강의**
개념 / 서술형 · 논술형 평가 / 단원평가

☑ **온라인 채점과 성적 피드백**
정답을 입력하면 채점과 성적 분석이 자동으로

☑ **온라인 학습 스케줄 관리**
나에게 맞는 내 스케줄표로 꼼꼼히 체크하기

구성과 특징

교과서 진도북

1 쉽고 재미있게 개념을 익히고 다지기

검정 교과서 완벽 반영

2 Step ❶, ❷, ❸단계로 단원 실력 쌓기

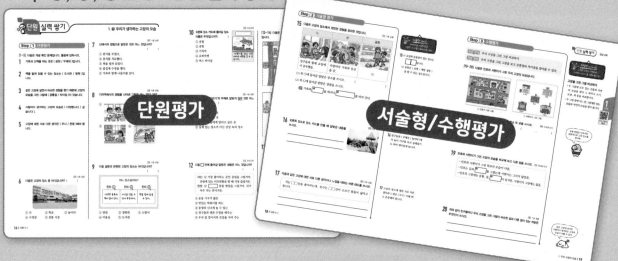

단원평가

서술형/수행평가

3 대단원 평가로 단원 마무리하기

1 온라인 개념 강의

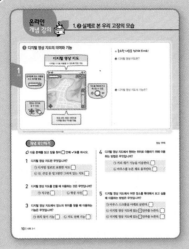

2 실력 평가

3 온라인 서술형·논술형 첨삭 강의

4 단원평가 풀고 온라인 피드백 받기

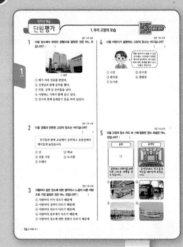

✓ 채점과 성적 분석이 한번에!

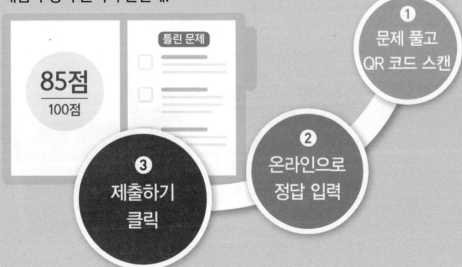

틀린 문제

85점
100점

① 문제 풀고
QR 코드 스캔

② 온라인으로
정답 입력

③ 제출하기
클릭

차례

◁ 학교

경주 첨성대 ▷

3 교통과 통신수단의 변화

◀ 고속 열차

등장인물 소개

운명

설희의 동갑내기 조상.
처음 머신냥을 보고
놀라지만 이내
귀여워하게 된다.

설희

재기 발랄 소녀.
과거로부터 날아온
동갑내기 조상과
티격태격한다.

병태

설희의 친구.
책임감이 강하다.

머신냥

설희의 애완 로봇 고양이.
방대한 정보를
지니고 있다.

연관 학습 안내

만화로 단원 미리보기

우리 고장의 모습

🌸 **단원 안내**

1️⃣ 우리가 생각하는 고장의 모습
2️⃣ 실제로 본 우리 고장의 모습

개념 ① 고장에 있는 여러 *장소

① 고장: 사람들이 모여 사는 곳

△ 높은 건물이 있는 고장

△ 논과 밭이 있는 고장

△ 바다가 가까이 있는 고장

② 고장의 여러 장소: 집, 학교, 놀이터, 도서관, 시장, 산, 공원, 소방서 등 다양한 장소가 있습니다.

☑ 고장

우리는 ❶ㄱㅈ 에 살고 있으며 각 고장마다 그 모습은 다양합니다.

☑ 고장의 장소

고장에는 집, 학교, 놀이터, 시장 등 다양한 ❷ㅈㅅ 가 있습니다.

정답 ❶ 고장 ❷ 장소

내 교과서 살펴보기 / 교학사

우리 고장의 특별한 장소
• 반려견과 함께하는 놀이터: 서울특별시 보라매 공원에는 반려견 놀이터가 있습니다.
• 악기를 빌려주는 도서관: 경기도 오산시에 있는 소리울도서관에서는 악기도 빌려줍니다.
• 벚꽃이 아름다운 기차역: 경상남도 창원시에 있는 경화역은 봄에 기찻길을 따라 아름다운 벚꽃이 핍니다.

△ 벚꽃이 핀 경화역

용어 사전
*장소 (場 마당 장 所 바 소)
어떤 일이 이루어지거나 일어나는 곳

^{중요} 개념 ② 고장의 여러 장소에서 겪었던 [●]경험 → 가족이나 친구들과 함께한 경험을 중심으로 우리 고장의 여러 장소를 떠올려 볼 수 있습니다.

병원	학교	도서관

아플 때 의사 선생님께 진찰을 받았음.	친구들과 함께 공부도 하고 즐겁게 놀았음.	친구와 동화책을 읽으러 도서관에 갔음.

우리 집	산	공원

사랑하는 가족이 함께 살고 있음.	주말마다 가족과 동네 뒷산에 올라감.	가족과 산책하거나 자전거를 타러 갔음.

태권도장	전통 시장	기차역

열심히 연습해 품띠를 땄음.	가족과 함께 장을 보러 갔음.	멀리 사는 친척 집에 가려고 기차를 탔음.

내 교과서 살펴보기 / **미래엔**

편의점	문구점

🔎 친구와 간식을 샀음.	🔎 학용품과 수업 준비물을 샀음.

☑ **도서관에서의 경험**

도서관은 ^❸ㅊ 을 빌려 읽을 수 있는 장소입니다.

도서관은 책을 읽는 곳이라고. 못 말려.

☑ **전통 시장에서의 경험**

전통 시장은 생활에 필요한 물건을 ^❹ㅅ ㄱ 파는 곳입니다.

시장에서 국수를 먹었어. 시장에서 과일을 샀어.

정답 ❸ 책 ❹ 사고

^{용어} 사전

● **경험**
실제로 보거나 겪은 일
● **역 (驛 역 역)**
열차가 출발과 도착을 하는 곳

개념알기

 개념 체크

개념③ 같은 장소에 관한 생각이나 느낌

나는 태권도장에서 품띠를 땄던 게 생각나.

나도! 그런데 태권도장이 언덕 위에 있어서 갈 때마다 힘들어.

① 태권도장에 관해 갖는 생각과 느낌이 각자 다릅니다.
② 같은 장소라도 각자의 경험에 따라 장소에 관해 갖는 생각과 느낌이 다를 수 있습니다. → 친구들과 같은 장소에서 한 경험이 비슷하기도 하고, 다르기도 합니다.

☑ **장소에 관한 생각이나 느낌**

같은 장소라도 ❺ ⌐ ㅎ 에 따라 장소에 관한 생각이 다를 수 있습니다.

산책을 할 수 있는 뒷산은 최고야!

오르기가 너무 힘들어서 싫어.

개념④ 고장의 장소 카드 만들기

① 내가 떠올린 고장의 장소를 쓰고 그곳에서 겪은 경험을 써 봅니다.
② 떠올린 장소에 대한 생각과 느낌을 표정으로 표현해 봅니다.

· 고장의 장소

　소방서

· 그곳에서의 경험

　이웃집에 화재가 나서 소방차가 출동했다.

　그때 마음이 놓였다.

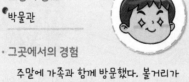

· 고장의 장소

　●박물관

· 그곳에서의 경험

　주말에 가족과 함께 방문했다. 볼거리가

　많아서 흥미로웠다.

☑ **장소 카드 만들기**

장소 카드에 장소 ❻ ㅇ ㄹ, 장소에서의 경험과 느낀 점 등을 씁니다.

우리가 놀던 느낌을 살려 만들었어.

울고 있는 아이가 나인 것 같은데.

내 교과서 살펴보기 / 비상교육

고장의 장소 카드 만들기

· 장소 이름을 쓰고, 장소 모습과 장소에 대한 설명, 생각이나 느낌 등을 적습니다.
· 카드를 만들 때 장소의 모습을 사진이나 그림으로 표현하면 장소에 대한 생각과 느낌을 더욱 잘 나타낼 수 있습니다.

공항

공항에서 비행기를 타면 다른 나라로 여행을 갈 수 있습니다.

공연장

공연장에서 친구들과 연극을 재미있게 보았습니다.

정답 ❺ 경험 ❻ 이름

용어
사전

●박물관 (博 넓을 박 物 물건 물 館 집 관) 다양한 분야의 학술 자료를 수집, 연구, 진열하고 알리는 곳

개념 다지기

📖 11종 공통

1 다음과 같은 의미를 가진 단어는 무엇입니까? ( )

> 사람들이 모여 사는 곳

① 고장   ② 우주   ③ 지도
④ 공간   ⑤ 장소

📖 11종 공통

2 물건을 사러 가는 고장의 장소는 어디입니까? ( )

①

⬆ 병원

②

⬆ 놀이터

③

⬆ 학교

④

⬆ 전통 시장

📖 교학사

3 다음과 같은 특징을 가진 장소를 바르게 줄로 이으시오.

(1) 반려견 놀이터가 있음.   •

(2) 도서관에서 악기를 빌려줌.   •

(3) 벚꽃이 아름다운 기차역임.   •

  • ㉠ 서울특별시 보라매 공원

  • ㉡ 경상남도 창원시 경화역

  • ㉢ 경기도 오산시 소리울도서관

📖 11종 공통

4 친구들과 교실에 모여 공부를 하는 고장의 장소는 어디입니까? ( )

① 산   ② 학교   ③ 놀이터
④ 편의점   ⑤ 아파트

📖 천재교육

5 다음 대화를 통해 알 수 있는 점으로 알맞은 것에 ○ 표를 하시오.

> 미소: 힘찬 태권도장하면 나는 품띠를 땄던 게 생각나.
> 지후: 나는 태권도장이 언덕 위에 있어서 갈 때마다 힘들어.

(1) 사람마다 장소에 대한 경험이나 생각이 같습니다.   ( )

(2) 같은 장소라도 사람마다 생각이나 느낌이 다릅니다.   ( )

📖 천재교과서

6 다음 장소 카드의 ☐ 안에 들어갈 장소는 어디입니까? ( )

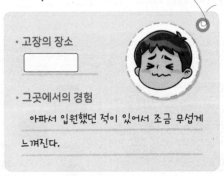

> • 고장의 장소
> ☐
> • 그곳에서의 경험
> 아파서 입원했던 적이 있어서 조금 무섭게 느껴진다.

① 산   ② 병원   ③ 소방서
④ 박물관   ⑤ 놀이터

개념① 머릿속에 떠오르는 고장의 모습 그리기

1. 고장의 모습 그리기

그리는 순서	그리고 싶은 고장의 장소 떠올리기 ➡ 중요하다고 생각하는 장소, 학교나 집, 그 밖에 표시하고 싶은 장소나 길 그리기 ➡ 장소에 관한 경험과 느낌을 다양한 색과 모양으로 표현하기
주의할 점	• 모든 장소를 꼭 다 그리지 않아도 됨. • 상상의 장소가 아니라 고장의 실제 장소를 그림. • 너무 실제 지도처럼 정확하게 그리지 않아도 됨.

장소의 대략적인 방향과 위치를 생각하며 그립니다.

내 교과서 살펴보기 / **천재교육**

머릿속에 떠오르는 고장의 모습을 그리는 순서 예

학교에서 집으로 가는 길 그리기 ➡ 동네의 큰길 그리기 ➡ 내가 그리고 싶은 장소 그리기 ➡ 다양한 방법으로 표현하기

2. 머릿속에 떠오르는 고장의 장소를 중심으로 그린 고장의 모습 예

주제	그리고 싶은 장소와 까닭
내가 자주 가는 곳	학교: 매일 가고, 가장 많은 시간을 보내기 때문에
우리에게 도움을 주는 곳	소방서: 우리의 안전을 지켜 주는 고마운 장소이기 때문에
새롭게 달라진 곳	체육관: 고장에 체육관이 새로 생겼기 때문에
내가 가장 좋아하는 곳	놀이터: 친구와 미끄럼틀을 탈 때 가장 즐겁기 때문에
다른 사람에게 알리고 싶은 곳	박물관: 여러 체험관이 많아서 다른 고장 친구들에게 소개하고 싶기 때문에

내가 자주 가는 장소

△ 학교, 공원 등을 그리고, 길과 도로를 자세히 그림.

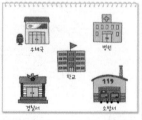

도움을 주는 장소

△ 우리에게 도움을 주는 우체국, 병원, 경찰서, 소방서를 그림.

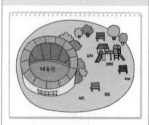

새로 생긴 장소

△ 새로 생긴 체육관과 주변에 있는 공원을 그림.

☑ **고장의 모습을 그릴 때 주의할 점**

고장의 ❶ ㅅ ㅈ 장소를 그리고, 모든 장소를 다 그리지 않아도 됩니다.

☑ **머릿속에 떠오르는 고장의 모습 그리기**

자주 가는 곳, 내가 ❷ ㅈ ㅇ 하는 곳 등 머릿속에 떠오르는 장소를 중심으로 그립니다.

정답 ❶ 실제 ❷ 좋아

용어사전

•지도 (地 땅 지 圖 그림 도)
지구 표면의 상태를 일정한 비율로 줄여, 이를 약속된 기호로 평면에 나타낸 그림

개념② 고장을 그린 그림 비교하기 →

나와 친구들이 우리 고장을 그린 그림은 비슷한 점이 있고, 다른 점도 있습니다.

내 교과서 살펴보기 / **천재교육**

❶ 두 그림에 모두 있는 건물과 자연의 모습을 찾음. 그리고 그 위치나 크기, 모양, 색 등을 비교함.

▲ 하린이가 그린 고장의 모습

❷ 두 그림 중에 어느 한 그림에만 있는 건물과 자연의 모습을 찾아봄.

▲ 도윤이가 그린 고장의 모습

공통점	• 용뫼산이 세모 모양이고, 초록색임. • 어린이 수영장, 학교, 상갈역, 어린이 박물관이 있음. • 왼쪽에 큰길이 있고 가운데 동그란 모양의 길이 있음.
차이점	**같은 건물이나 자연의 모습인데 다르게 표현한 것** • 하린이는 학교와 상갈역이 먼데, 도윤이 그림에서는 가까움. • 하린이는 용뫼산을 크고 자세하게 그렸는데, 도윤이는 작고 간단하게 그렸음. • 하린이는 어린이 수영장을 간단히 그렸는데, 도윤이는 문이랑 튜브도 그렸음. **둘 중 한 그림에만 있는 것** • 하린이는 신갈천을 그렸지만, 도윤이는 그리지 않았음. • 도윤이는 민속 마을을 그렸지만, 하린이는 그리지 않았음.
공통점이 있는 까닭	• 같은 고장에 살고 있기 때문에 • 고장의 모습에 관한 생각이 비슷하기 때문에
차이점이 있는 까닭	• 각자 생각하는 고장의 모습이 다르기 때문에 • 사람마다 고장에서 하는 경험이 다르기 때문에 • 경험을 표현하는 방법이 사람마다 다르기 때문에

개념 체크

☑ **고장의 모습 비교하기**

친구들이 그린 고장 그림에 공통점과

❸ ㅊ ㅇ ㅈ 을 찾아봅니다.

둘 다 빵집을 그렸지만 모양은 다르네.

1
단원

☑ **고장을 그린 그림에 차이가 있는 까닭**

사람마다 ❹ ㄱ ㅎ 이 다르기 때문에 고장을 그린 그림에 차이점이 있습니다.

산을 좋아해서 산을 크게 그렸어.

빵을 좋아해서 빵집을 가운데에 그렸어.

정답 ❸ 차이점 ❹ 경험

용어
사전

●비교 (比 견줄 비 較 견줄 교)
둘 이상의 사물을 견주어 공통점과 차이점 등을 찾는 일

1. 우리 고장의 모습 | **13**

개념 체크

개념 ③ 고장에 대한 생각과 느낌 나누기

태권도장은 내가 자주 가는 곳이야. 내가 태권도를 정말 좋아하거든.

어린이 박물관은 볼거리가 많아서 다른 고장 친구들에게 알려 주고 싶었어.

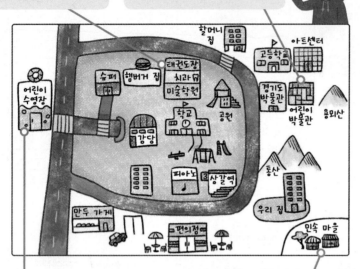

나는 수영이 재미있어. 수영장은 친구들과 생존 수영을 배우는 중요한 곳이야.

어렸을 때부터 자주 갔던 민속 마을을 초가집과 기와집으로 표현했어.

▲ 하린

나는 물이 무서워서 수영장을 안 좋아해. 하지만 도윤이가 수영이 재밌다고 해서 수영을 배워 보려 해.

하린이가 수영장을 안 좋아해서 놀랐지만, 물을 무서워하면 그럴 수도 있을 것 같아.

▲ 도윤

▲ 우빈

도윤이 덕분에 내가 몰랐던 박물관을 알게 됐어. 궁금해서 나도 할머니와 가 보려고 해.

너희들이 고장에 관해 자세히 알고 있어서 놀랐어. 나도 우리 고장에 더 관심을 가져야지.

▲ 재영

➡ 고장에 관해 갖는 생각과 느낌은 비슷하기도 하지만, 경험에 따라 서로 다를 수 있습니다.

➡ 고장에 대한 생각과 느낌이 서로 다를 때 고장에 관한 다양한 생각과 느낌은 서로 이해하고 존중해야 합니다.

내 교과서 살펴보기 / 천재교과서

병원에 관한 친구들의 생각 ➡ 병원에 대한 친구들의 경험과 생각이 다릅니다.

고마운

나는 병원을 떠올렸어. 병원은 내가 아플 때 치료해 준 고마운 곳이야.

나는 생각이 좀 달라. 아파서 입원했던 적이 있어서 병원이 조금 무섭게 느껴져.

☑ **고장에 대한 생각 이야기하기**

고장에 관해 갖는 생각과 느낌은 서로

❺ ☐ㄷ☐ ☐ㄹ☐ 수 있습니다.

놀이터에 숨바꼭질 할 때 숨을 곳이 많아서 좋아.

놀이터에 모래가 있다면 더 재미있을 것 같아.

☑ **생각이 다를 때 가져야 할 태도**

고장에 관한 나와 다른 생각도 이해

하고 ❻ ☐ㅈ☐ ☐ㅈ☐ 해야 합니다.

떡볶이집은 꼭 그렸어야지.

나와 다른 생각도 존중해야지.

정답 ❺ 다를 ❻ 존중

용어
사전

• 존중 (尊 높을 존 重 무거울 중)
높이어 귀중하게 대함.

개념 다지기

📖 11종 공통

1 머릿속에 떠오르는 고장의 모습을 그릴 때 주의할 점을 **보기** 에서 찾아 기호를 쓰시오.

> **보기**
> ㉠ 지도처럼 정확하게 그려야 합니다.
> ㉡ 고장에 있는 모든 장소를 그려야 합니다.
> ㉢ 상상 속에 있는 장소가 아닌 실제 있는 장소를 그려야 합니다.

( )

📖 11종 공통

2 고장의 장소와 그리고 싶은 까닭을 바르게 줄로 이으시오.

(1) 박물관 •

• ㉠ 친구와 미끄럼틀을 탈 때 가장 즐거워서

(2) 놀이터 •

• ㉡ 체험관이 많아 다른 고장 친구에게 소개하고 싶어서

📖 천재교과서

3 다음 주제로 고장을 그린 어린이를 쓰시오.

> 우리에게 도움을 주는 우체국, 병원, 경찰서, 소방서를 그렸습니다.

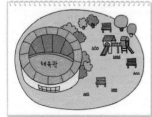
🔺 연후가 그린 그림

🔺 서현이가 그린 그림

( )

📖 천재교육

4 하린이와 도윤이가 공통으로 그린 고장의 장소는 어디입니까? ( )

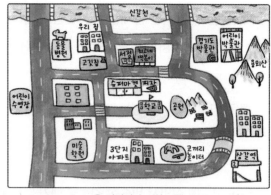
🔺 하린이가 그린 그림

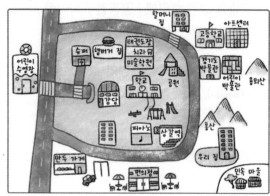
🔺 도윤이가 그린 그림

① 용뫼산 ② 신갈천
③ 태권도장 ④ 민속 마을
⑤ 동물 병원

📖 11종 공통

5 고장에 대한 생각과 느낌을 공유할 때 가져야 할 태도로 옳은 것은 어느 것입니까? ( )

① 내 생각만 고집한다.
② 서로의 생각을 존중해야 한다.
③ 상대방의 생각은 듣지 않는다.
④ 나와 같은 생각만 존중해 준다.
⑤ 내 생각에 동의하도록 강요한다.

Step 1 단원평가

[1~5] 다음은 개념 확인 문제입니다. 물음에 답하시오.

1 가족과 산책을 하는 곳은 (공원 / 우체국)입니다.

2 책을 빌려 읽을 수 있는 장소는 (도서관 / 병원)입니다.

3 같은 고장에 살면서 비슷한 경험을 했기 때문에 고장의 모습을 그린 그림에 (공통점 / 차이점)이 있습니다.

4 사람마다 생각하는 고장의 모습은 (다양합니다 / 같습니다).

5 고장에 대한 서로 다른 생각은 (무시 / 존중)해야 합니다.

📖 11종 공통

6 다음은 고장의 장소 중 어디입니까? (   )

① 산   ② 학교   ③ 놀이터
④ 수영장   ⑤ 전통 시장

📖 11종 공통

7 산에서의 경험으로 알맞은 것은 어느 것입니까?
(   )

① 편지를 부쳤다.
② 충치를 치료했다.
③ 책을 빌려 읽었다.
④ 즐겁게 수영을 했다.
⑤ 가족과 함께 나들이를 갔다.

📖 11종 공통

8 기차역에서의 경험을 나타낸 그림은 어느 것입니까?
(   )

①    ②

③    ④

📖 11종 공통

9 다음 설명과 관련된 고장의 장소는 어디입니까?
(   )

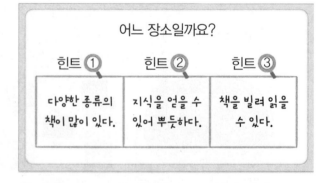

어느 장소일까요?

힌트 ①	힌트 ②	힌트 ③
다양한 종류의 책이 많이 있다.	지식을 얻을 수 있어 뿌듯하다.	책을 빌려 읽을 수 있다.

① 병원   ② 영화관   ③ 소방서
④ 미용실   ⑤ 도서관

10 오른쪽 장소 카드에 들어갈 장소 이름은 무엇입니까?( )

📖 비상교육

비행기를 타고 다른 나라로 여행을 갈 수 있습니다.

① 공원
② 공항
③ 기차역
④ 슈퍼마켓
⑤ 버스 터미널

📖 11종 공통

11 '고장의 모습 그리기'의 주제로 알맞지 <u>않은</u> 것은 어느 것입니까? ( )

① 내가 잘 아는 곳
② 내가 좋아하는 곳
③ 새롭게 달라진 곳
④ 다른 사람들에게 알리고 싶은 곳
⑤ 실제 있는 장소가 아닌 상상 속의 장소

📖 천재교육

12 다음 ☐ 안에 들어갈 알맞은 내용은 어느 것입니까?
( )

> 지민: 난 가장 좋아하는 곳인 공원을 그릴거야. 공원에 있는 미끄럼틀을 탈 때 가장 즐겁거든.
> 원권: 난 ☐☐☐☐ 동물 병원을 그릴거야. 내가 자주 가는 곳이거든.

① 운동 기구가 많은
② 맛있는 떡볶이를 파는
③ 동생과 신나게 놀 수 있는
④ 친구들과 생존 수영을 배우는
⑤ 우리 집 강아지의 건강을 지켜 주는

[13~14] 다음은 하린이와 도윤이가 그린 우리 고장의 모습입니다.

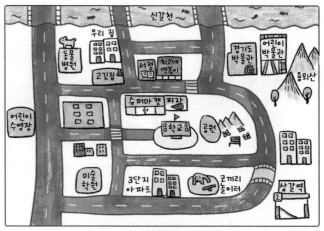

🔺 하린이가 그린 그림

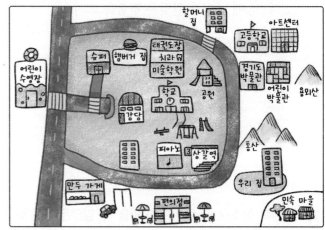

🔺 도윤이가 그린 그림

📖 천재교육

13 수영장을 다음과 같이 표현한 어린이를 쓰시오.

(1)   (2)

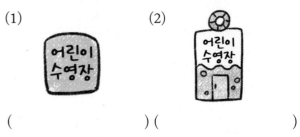

(   ) (   )

📖 천재교육

14 두 그림을 비교한 내용으로 알맞은 것은 어느 것입니까? ( )

① 하린이만 태권도장을 그렸다.
② 하린이의 그림에만 신갈천이 있다.
③ 도윤이의 그림에만 동물 병원이 있다.
④ 도윤이가 하린이보다 용뫼산을 자세히 그렸다.
⑤ 하린이만 길을 그리고 도윤이는 그리지 않았다.

15 다음은 고장의 장소에서 겪었던 경험을 정리한 것입니다. 📖 11종 공통

㉠	산	공원
친구들과 함께 교실에서 공부했음.	주말마다 가족과 등산을 감.	㉡

(1) 위 ㉠에 들어갈 알맞은 장소를 쓰시오. ( )

(2) 위 ㉡에 들어갈 알맞은 경험을 쓰시오.

답 가족과 ❶ [ ] 을 하거나 ❷ [ ] 를 타러 간다.

16 오른쪽 장소로 장소 카드를 만들 때 알맞은 내용을 쓰시오. 📖 11종 공통

_____

_____

17 다음과 같은 고장에 대한 서로 다른 생각이나 느낌을 대하는 바른 태도를 쓰시오. 📖 11종 공통

> 저는 □□산을 좋아하는데, 친구는 □□산이 오르기 힘들어 싫다고 합니다.

_____

_____

서술형 가이드
어려워하는 서술형 문제!
서술형 가이드를 이용하여 풀어 봐!

15 (1) 교실과 운동장이 있는 장소는 [ ][ ] 입니다.

(2) 공원은 (산책 / 예방 접종)을 할 수 있는 장소입니다.

16 친구들과 (우체국 / 놀이터)에서 놀이 기구를 타고 술래잡기도 하며 재미있게 놉니다.

17 고장의 장소에 대한 서로 다른 생각과 느낌은 (무시 / 이해)하고 존중해야 합니다.

Step ③ 수행평가

학습 **주제**   우리 고장을 그린 그림 비교하기

학습 **목표**   우리 고장을 그린 그림을 보고 공통점과 차이점을 찾아볼 수 있다.

[18~20] 다음은 민호와 서현이가 그린 우리 고장의 모습입니다.

⬆ 민호가 그린 그림   ⬆ 서현이가 그린 그림

수행평가 가이드
다양한 유형의 수행평가!
수행평가 가이드를 이용해 풀어 봐!

1 단원

진도 완료 체크

고장을 그린 그림 비교하기

• 두 그림에 모두 있는 건물과 자연의 모습을 찾아 그 위치나 크기, 모양, 색 등을 비교합니다.

• 두 그림 중에 어느 한 그림에만 있는 건물과 자연의 모습을 찾아 봅니다.

18 민호와 서현이가 공통적으로 그린 고장의 장소 두 곳을 쓰시오.   📖 천재교과서

(,   )

표현 방법은 다르지만 공통적으로 그린 장소를 찾아봐.

19 민호와 서현이가 그린 고장의 모습을 비교해 보고 다른 점을 쓰시오.   📖 천재교과서

• 민호와 서현이가 그린 학교의 모습이 다름.

• 민호는 길과 ❶ [   ] 를 그렸는데 서현이는 그리지 않았음.

• 민호의 그림에는 공원, 집, ❷ [   ] 이 있지만, 서현이의 그림에는 없음.

📖 11종 공통

20 위와 같이 친구들마다 우리 고장을 그린 그림이 비슷한 점과 다른 점이 있는 까닭은 무엇인지 쓰시오.

_____

_____

같은 고장에 살지만 사람마다 생각하는 고장의 모습이 다를 수 있어.

개념① 바라보는 위치와 거리에 따른 장소의 모습 예) 야구장

내 교과서 살펴보기 / 천재교육

[출처: 뉴스뱅크]

정면에서 본 모습: 야구장 건물의 벽이 보임.

[출처: 연합뉴스]

위에서 내려다본 모습: 관중석과 운동장, 야구장 가까이에 있는 건물들을 볼 수 있음.

→ 야구장이 작게 보입니다.

[출처: 국토정보플랫폼 국토정보맵]

→ 인공위성에서 찍은 사진입니다.

아주 높은 하늘에서 찍은 모습: 주변에 있는 다른 곳들과 비교해 야구장의 위치와 크기를 파악할 수 있음.

➡ 우리가 바라보는 위치나 거리에 따라 같은 장소도 다양하게 보입니다.
➡ 높은 하늘 위에서 내려다보면 고장의 전체 모습을 살펴볼 수 있습니다.

개념② 항공 사진, 위성 사진 → 디지털 영상 지도를 만들기 위해서는 항공 사진과 위성 사진이 필요합니다.

항공 사진	비행기를 타고 하늘 위로 올라가 항공 사진용 디지털 카메라를 이용해 찍음.
위성 사진	인공위성에서 촬영한 영상으로, 우주에서 지구 주변을 돌면서 영상을 찍은 후 전달함.

[출처: ©3Dsculptor/shutterstock]

△ 인공위성

내 교과서 살펴보기 / 금성출판사

인공위성에서 찍은 사진의 특징
• 시간과 장소와 관계 없이 관찰할 수 있습니다.
• 어떤 장소의 전체적인 모습을 한눈에 볼 수 있습니다.
• 고장의 실제 모습을 더 정확하고 편리하게 살펴볼 수 있습니다.

☑ 바라보는 위치와 거리에 따른 장소 모습

같은 장소라도 바라보는 ❶ ⬜ㄱ ⬜ㄹ 나 위치에 따라 다르게 보입니다.

☑ 위성 사진

인공위성이 ❷ ⬜ㅇ ⬜ㅈ 에서 지구 주변을 돌면서 찍은 영상입니다.

정답 ❶ 거리 ❷ 우주

용어 사전

• 인공위성
(人 사람 인 工 장인 공 衛 지킬 위 星 별 성) 사람들이 우주로 쏘아 올린 비행 물체로, 위치나 날씨 등의 정보를 알려 줌.

개념③ 디지털 영상 지도의 의미와 특징

1. 의미: 인공위성이나 비행기에서 찍은 사진을 디지털 기기로 이용할 수 있도록 만든 지도

2. 특징

① 고장의 모습을 생생하게 볼 수 있습니다.
② 어떤 장소의 위치를 정확하게 알 수 있습니다.
③ 고장의 전체적인 모습과 자세한 모습을 볼 수 있습니다.

→ 장소의 이름, 땅의 생김새, '동' 이름 등이 나타나 있습니다.

과천시는 큰 산에 둘러싸여 있네. 지하철은 시를 가로지르는구나.

[출처: G사 누리집]

🔺 우리 고장의 전체적인 모습

평소에 보는 학교의 모습과 달리 학교의 옥상이 보이네.

→ 초등학교를 위에서 바라본 모습입니다.

[출처: 국토정보플랫폼 국토정보맵]

🔺 우리 고장의 자세한 모습

3. 디지털 영상 지도를 이용하는 모습

① 스마트폰으로 어떤 장소의 위치를 찾을 때 이용합니다.
② 길 도우미로 목적지까지 가는 길을 알기 위해 이용합니다.

> 내 교과서 살펴보기 / **비상교육**
>
> **일상생활에서 디지털 영상 지도를 이용하는 모습**
> • 실시간 도로 교통 상황을 알 수 있습니다.
> • 세계 여러 나라의 정보를 찾아볼 수 있습니다.
> • 비행기 안에서 현재 위치 및 목적지까지의 남은 거리 등을 알 수 있습니다.
>
>
> 비행기 안에서 디지털 영상 ▶ 지도를 이용하는 모습

개념 체크

☑ **디지털 영상 지도**

디지털 영상 지도는 인공위성에서 찍은 사진을 ③ⓓ ⓙ ⓣ 기기로 이용할 수 있도록 만든 지도입니다.

디지털 영상 지도는 컴퓨터에서 쉽게 이용할 수 있구나.
스마트폰에서도 이용할 수 있어.

☑ **디지털 영상 지도의 이용**

어떤 장소의 ④ⓞ ⓒ 를 찾을 때 이용합니다.

빵집은 멀었어?
여기에서 멀지 않은 곳에 있네.

정답 ❸ 디지털 ❹ 위치

📖 용어 사전

∙스마트폰
무선 인터넷 접속 기능을 가진 휴대 전화

^{중요} 개념④ 디지털 영상 지도 사용 방법 → 컴퓨터로 지도 서비스를 제공하는 누리집에 들어가거나 스마트폰으로 지도 서비스 애플리케이션을 켭니다.

국토정보플랫폼에 접속한 후 국토정보맵의 '통합 지도 검색'에 들어감.

》 '지도 선택'에서 영상 지도를 누르고 검색창에 장소 이름을 넣고 검색함.

》 확대, 축소, 이동 기능 등을 사용해 살펴봄.

위치 찾기 기능
검색창에 찾고 싶은 곳의 이름을 쓰고, 돋보기 단추를 누름.

지도 선택 기능
디지털 영상 지도뿐 아니라 일반 지도, 백지도 등으로 바꾸어 볼 수 있음.

[출처: 국토정보플랫폼 국토정보맵]

위치 이동 기능
마우스 왼쪽 단추를 누른 채로 움직이면 원하는 위치로 이동할 수 있음.

확대와 축소 기능
➕, ➖ 단추를 누르거나 마우스 스크롤을 위아래로 움직이면 지도를 확대하거나 축소할 수 있음.

내가 지금 보고 있는 곳을 좀 더 자세하게 볼 때	➕ 단추를 누르거나 마우스 스크롤을 위로 굴림.
지도를 축소해서 지금 보고 있는 곳의 주변을 살펴볼 때	➖ 단추를 누르거나 마우스 스크롤을 아래로 굴림.

---

❺ ㄱ ㅅ ㅊ 에 찾고 싶은 곳의 이름을 쓰고 검색합니다.

☑ 확대 기능

보고 있는 곳을 좀 더 자세하게 보고 싶을 때 ❻ ㅎ ㄷ 기능을 이용합니다.

정답 ❺ 검색창 ❻ 확대

용어 사전

●마우스
컴퓨터 입력 장치의 하나

📖 천재교육

1 다음 중 야구장을 정면에서 바라본 모습에 ○표를 하시오.

(1)

( )

(2)

( )

📖 11종 공통

4 디지털 영상 지도를 이용할 수 있는 방법으로 알맞은 것에 ○표를 하시오.

(1) 지구본을 살펴봅니다. ( )

(2) 백과사전을 찾아봅니다. ( )

(3) 국토정보플랫폼에 접속합니다. ( )

[5~6] 다음은 디지털 영상 지도입니다.

📖 11종 공통

2 디지털 영상 지도를 만드는 데 사용되는 자료를 두 가지 고르시오. (,)

① 지구본
② 백과사전
③ 항공 사진
④ 위성 사진
⑤ 세계 지도

📖 11종 공통

5 위 ㉠~㉣ 중 디지털 영상 지도를 확대하고 싶을 때 눌러야 하는 것은 무엇인지 기호를 쓰시오.

( )

📖 11종 공통

3 디지털 영상 지도에 대한 설명으로 알맞지 않은 것은 어느 것입니까? ( )

① 일상생활에서 이용된다.
② 고장의 모습을 생생하게 볼 수 있다.
③ 컴퓨터나 스마트폰에서 이용할 수 없다.
④ 어떤 장소의 위치를 정확하게 알 수 있다.
⑤ 고장의 전체적인 모습과 자세한 모습을 볼 수 있다.

📖 11종 공통

6 위 ㉠과 관련된 디지털 영상 지도의 기능은 무엇입니까? ( )

① 이미지를 저장한다.
② 장소의 위치를 찾는다.
③ 지도의 종류를 선택한다.
④ 장소 사이의 거리를 잰다.
⑤ 지도를 확대하거나 축소한다.

개념 알기

개념 ① 디지털 영상 지도로 우리 고장의 주요 장소 찾기

1. 주요 장소: 여러 장소 중에서 기차역, 산, 도로 등과 같이 눈에 잘 띄거나 많은 사람이 찾는 장소

2. 디지털 영상 지도로 우리 고장의 주요 장소 찾기 ⓔ 과천

① 찾아볼 주요 장소의 주제 정하기

주제 1	주제 2	주제 3
사람들의 생활을 편리하게 도와주는 곳	다른 고장으로 이동할 때 이용하는 곳	자연과 관련 있는 곳
주제 4	주제 5	주제 6
유명한 관광지가 있는 곳	물건을 사고파는 곳	다른 고장 친구들에게 소개하고 싶은 곳

선택한 주제	다른 고장 친구들에게 소개하고 싶은 곳

② 디지털 영상 지도에서 주제에 맞는 주요 장소 찾기

내가 찾은 주요 장소	공원, △△천, □□산

③ 주요 장소 정리하기 내 교과서 살펴보기 / **천재교육**

사람들의 생활을 편리하게 도와주는 곳	과천시청, 정부과천청사, 경찰서 ↳ 관청의 사무실로 쓰는 건물
다른 고장으로 이동할 때 이용하는 곳	과천역, 대공원역, 제2경인고속국도
자연과 관련 있는 곳	청계산, 양재천, 관악산
유명한 관광지가 있는 곳	놀이공원, 과천 향교, 국립현대미술관
물건을 사고파는 곳	과천○○시장, □마트, 할인점
다른 고장 친구들에게 소개하고 싶은 곳	대공원, 청계산, 국립과천과학관

☑ **주요 장소**

고장의 주요 장소는 눈에 잘 띄거나 많은 ❶ⓢⓡ 이 찾는 곳입니다.

내 교과서 살펴보기 / **동아출판, 지학사**

고장의 주요 지형지물
· 지형지물은 땅의 생김새와 땅 위에 있는 모든 물체를 나타내는 말입니다. ⓔ 산, 강, 길(도로, 철도 등), 건물 등
· 바다를 가로지르는 다리, 강 위에 만들어진 섬, 풍력 발전 단지처럼 과학 기술을 활용한 신기한 지형지물들도 있습니다.

☑ **고장의 주요 장소 찾기**

디지털 ❷ⓞⓢ 지도로 고장의 주요 장소를 편리하게 알 수 있습니다.

정답 ❶ 사람 ❷ 영상

 개념 ② 고장의 주요 장소 백지도에 표현하기

내 교과서 살펴보기 / **천재교육**

백지도에 나타내고 싶은 장소 정하기	• 백지도: 강, 큰길 등 밑그림만 그려져 있는 지도 • 백지도에 나타내고 싶은 장소를 정함. 나는 국립과천과학관을 나타내고 싶어.

디지털 영상 지도 에서 주요 장소의 위치 찾기	디지털 영상 지도의 검색, 이동, 확대, 축소 기능을 이용하여 주요 장소의 위치를 찾아봄.  아주 자세히 보인다.　이동해서 보니 근처에 대공원이 있네. [출처: 국토정보플랫폼 국토정보맵]

백지도에 주요 장소의 위치 표시하기	 국립과천과학관 과학관 근처 큰길을 백지도에서 찾아보고 과학관의 위치를 표시해.

장소들에 대한 생각과 느낌을 담아 백지도에 표현하기	장소의 특징이 잘 드러나도록 다양한 방법으로 표현함.  놀이 기구를 그렸습니다. 초록색으로 칠하고 호랑이를 그렸습니다.

☑ **백지도**

고장의 ❸ ㅂ ㅈ ㄷ 에는 큰길, 강 등이 표시되어 있습니다.

디지털 영상 지도는 복잡한데 백지도는 간략하네.　고장의 큰길, 강 등만 그려져 있어.

☑ **백지도 꾸미기**

백지도에 장소의 ❹ ㅌ ㅈ 이 잘 드러나도록 표현합니다.

○○산은 초록색으로 칠하고 꽃을 그려볼까?　좋아. ○○산은 꽃이 많이 피잖아.

정답 ❸ 백지도 ❹ 특징

용어 사전

˙**검색** (檢 검사할 검 索 찾을 색)
책이나 컴퓨터에서, 목적에 따라 필요한 자료들을 찾아내는 일

개념 ③ 고장에서 자랑하고 싶은 장소 조사하기

1. 자랑할 만한 장소의 특징

① 고장 사람들이 많이 찾는 장소

② 우리 고장에만 있는 특별한 장소

③ 자연이 아름답거나 역사적으로 의미가 있는 장소

2. 자랑할 만한 장소에 관한 자료를 조사하는 방법 → 우리 고장의 홍보 동영상, 관광 안내도 등을 보며 알 수도 있습니다.

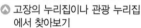
⚐ 고장의 누리집이나 관광 누리집에서 찾아보기

⚐ 고장 안내 책자 찾아보기

⚐ 고장을 잘 알고 있는 어른들께 직접 여쭈어보기

개념 ④ 고장의 안내도로 고장의 장소 소개하기

내 교과서 살펴보기 / 천재교육

① 장소를 표현한 백지도에 장소의 특징과 모습이 담긴 장소 카드를 붙여 만듭니다.

② 장소의 특징과 함께 위치를 알 수 있어서 좋습니다.

③ 고장의 여러 장소를 소개할 때 편리합니다.

개념 체크

☑ 장소에 관한 자료 찾는 방법

고장 ⑤ [ㄴ][ㄹ][ㅈ] 검색하기, 어른께 여쭈어보기 등의 방법으로 장소에 관한 자료를 찾아볼 수 있습니다.

할아버지, △△향교는 언제 만들어졌나요?

☑ 안내도로 고장 소개하기

안내도는 장소의 특징과 함께 장소의 ⑥ [ㅇ][ㅊ]를 알 수 있어서 좋습니다.

장소의 위치나 특징이 한눈에 보이네.

정답 ⑤ 누리집 ⑥ 위치

용어 사전

⚘ 안내도 (案 책상 안 內 안 내 圖 그림 도) 알리고자 하는 내용을 자세히 표시해 놓은 지도

개념 다지기

📖 11종 공통

1 고장의 주요 장소로 알맞지 <u>않은</u> 곳은 어디입니까?

(   )

① 산   ② 시장   ③ 경찰서
④ 시청   ⑤ 우리 집

📖 11종 공통

2 다음 주제와 관련된 고장의 주요 장소를 바르게 줄로 이으시오.

(1) 물건을 사고파는 곳 ·   · ㉠ 지하철역

(2) 다른 고장으로 이동하는 곳 ·   · ㉡ 시장

📖 천재교육

3 다음 고장의 주요 장소의 공통점은 무엇입니까?

(   )

• 경찰서   • 과천시청   • 정부과천청사

① 관광지가 있는 곳
② 물건을 사고파는 곳
③ 자연과 관련 있는 곳
④ 다른 고장으로 이동할 때 이용하는 곳
⑤ 사람들의 생활을 편리하게 도와주는 곳

📖 11종 공통

4 고장의 주요 장소를 백지도에 나타내는 방법을 순서 대로 기호를 쓰시오.

㉠ 백지도 꾸미기
㉡ 백지도에 장소의 위치 표시하기
㉢ 백지도에 나타내고 싶은 장소 정하기
㉣ 디지털 영상 지도에서 주요 장소의 위치 찾기

(   ) → (   ) → (   ) → (   )

1
단원

진도 완료
체크

📖 11종 공통

5 고장의 자랑할 만한 장소가 되기 위한 조건으로 알맞은 것을 두 가지 고르시오. (,   )

① 자연이 오염된 곳
② 역사적으로 의미가 없는 곳
③ 고장 사람들이 많이 찾는 곳
④ 우리 고장에만 있는 특별한 곳
⑤ 다른 고장 사람들이 찾지 않는 곳

📖 천재교육, 천재교과서, 교학사, 금성출판사, 김영사, 동아출판, 미래엔, 비상교과서, 비상교육, 아이스크림 미디어

6 다음 중 고장의 장소에 관한 자료를 어른께 여쭈어보며 조사하는 모습에 ○표를 하시오.

(1)   (2)

(   )   (   )

Step 1 단원평가

[1~5] 다음은 개념 확인 문제입니다. 물음에 답하시오.

1 야구장을 정면에서 찍는 것보다 높은 곳에서 찍으면 야구장의 모습이 (작게 / 크게) 보입니다.

2 사람들이 우주로 쏘아 올린 비행 물체로, 위치나 날씨 등의 정보를 알려 주는 것은 무엇입니까?

(   )

3 디지털 영상 지도는 인공위성이나 (배 / 비행기)에서 찍은 사진으로 만듭니다.

4 물건을 사고파는 고장의 장소는 (지하철역 / 할인점) 입니다.

5 강, 큰길 등 밑그림만 그려져 있는 지도는 무엇입니까?

(   )

📖 천재교육

6 다음 중 야구장을 더 높은 곳에서 바라본 모습에 ○표를 하시오.

(1)    (2)

(   )   (   )

📖 11종 공통

7 다음에서 설명하는 것은 무엇입니까? (   )

> 인공위성이나 비행기에서 찍은 사진을 디지털 기기로 이용할 수 있도록 만든 지도입니다.

① 백지도   ② 안내도
③ 지구본   ④ 세계 지도
⑤ 디지털 영상 지도

📖 11종 공통

8 디지털 영상 지도로 고장의 모습을 살펴볼 때 좋은 점으로 알맞지 <u>않은</u> 것은 어느 것입니까? (   )
① 고장의 모습을 생생하게 볼 수 있다.
② 고장의 미래 모습도 살펴볼 수 있다.
③ 어떤 장소의 위치를 정확하게 알 수 있다.
④ 컴퓨터와 스마트폰으로 쉽게 이용할 수 있다.
⑤ 고장의 전체적인 모습과 자세한 모습을 볼 수 있다.

📖 비상교육

9 디지털 영상 지도를 일상생활에서 이용한 경험을 이야기한 어린이를 쓰시오.

> 현아: 여행을 갈 때 비행기 안에서 목적지까지 남은 거리를 알아봤어.
> 지후: 고장의 전체 모양만 그려져 있는 지도에 내가 좋아하는 장소를 표시해 봤어.

(   )

📖 11종 공통

10 다음 대화의 빈칸에 들어갈 내용으로 알맞은 것은 어느 것입니까? ( )

> 연후: 원권아, 뭐 하고 있어?
> 원권: 디지털 영상 지도에서 우리 고장을 살펴보고 있었어.
> 연후: 옆 동네를 살펴보고 싶으면 어떻게 해?
> 원권: [ ]

① 옆 동네를 살펴볼 수는 없어.
② 마우스 스크롤을 위로 굴리면 돼.
③ 지도의 종류를 백지도로 바꾸면 돼.
④ 디지털 영상 지도에서 ➕ 단추를 눌러.
⑤ 마우스 단추를 누른 채로 움직이면 원하는 위치로 갈 수 있어.

📖 11종 공통

11 다음 방법으로 이용할 수 있는 디지털 영상 지도의 기능은 어느 것입니까? ( )

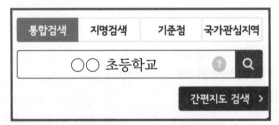

🔺 검색창에 찾고자 하는 장소를 입력함.

① 지도 선택 기능
② 위치 찾기 기능
③ 증강 현실 기능
④ 길이 재기 기능
⑤ 확대와 축소 기능

📖 천재교육

12 자연과 관련된 과천시의 주요 장소는 어디입니까?
( )

① 청계산 ② 과천역
③ 과천 향교 ④ 과천시청
⑤ 국립현대미술관

📖 천재교육

13 다음 장소를 백지도에 효과적으로 나타내려고 할 때 표시로 가장 알맞은 것은 어느 것입니까? ( )

> 과천 놀이공원: 여러 가지 놀이 기구가 있습니다.

①  ② ③

④ ⑤

📖 천재교육, 천재교과서, 교학사, 금성출판사, 김영사, 동아출판, 미래엔, 비상교과서, 비상교육, 아이스크림 미디어

14 오른쪽 그림은 고장의 자랑할 만한 장소를 조사하는 방법 중 무엇입니까? ( )

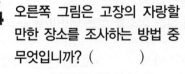

① 어른들께 여쭈어보기
② 고장의 누리집 찾아보기
③ 고장의 안내도 살펴보기
④ 고장의 디지털 영상 지도 살펴보기
⑤ 자랑할 만한 장소에 직접 가서 살펴보기

📖 천재교육

15 다음 디지털 영상 지도로 과천시에 관해 어떤 점을 알 수 있는지 쓰시오.

답 관악산과 같이 큰 [❶   ]에 둘러싸여 있으며, [❷   ]이 시를 가로질러 지나간다.

💡 **서술형 가이드**
어려워하는 서술형 문제!
서술형 가이드를 이용하여 풀어 봐!

15 디지털 영상 지도에는 (땅 / 하늘)의 생김새가 나타나 있습니다.

16 다음 상황에서 이용할 수 있는 디지털 영상 지도의 기능을 쓰시오.   📖 11종 공통

> 지금 보고 있는 곳을 좀 더 자세하게 보고 싶습니다.

_____

_____

16 디지털 영상 지도에서 어떤 장소를 (확대 / 축소)해서 보고 싶을 때에는 디지털 영상 지도에 있는 ⊕ 단추를 누릅니다.

📖 11종 공통

17 민호네 모둠은 물건을 사고파는 장소를 주제로 고장의 주요 장소를 찾아봤습니다. 주제와 어울리지 <u>않는</u> 장소를 찾은 어린이를 쓰고, 그렇게 생각한 까닭을 쓰시오.

> • 민호: ○○ 마트   • 효선: □□ 시장   • 진영: △△시청

(1) 잘못 찾은 어린이: (   )

(2) 그렇게 생각한 까닭: _____

_____

17 경찰서, (시청 / 산) 등은 고장 사람들의 생활을 편리하게 해 주는 곳이고, 시장, 할인점 등은 물건을 사고파는 곳입니다.

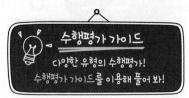

학습 **주제** 고장에서 자랑하고 싶은 장소 소개하기

학습 **목표** 고장을 소개하는 안내도를 만들 수 있습니다.

[18~20] 다음은 소정이가 만든 고장의 안내도입니다.

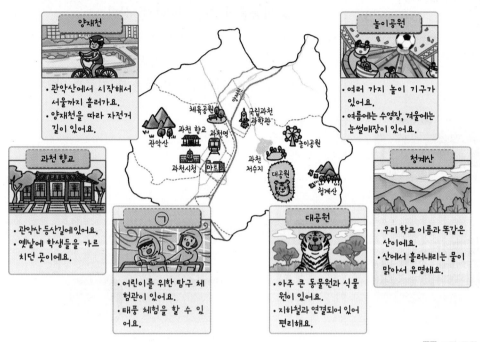

📖 11종 공통

18 위와 같이 고장의 장소를 소개하는 안내도를 만들 때 고장의 장소에 관한 자료를 찾는 방법을 알맞게 말한 어린이를 쓰시오.

> 민지: 고장 누리집에서 찾을 수 있어.
> 영민: 지구본에서 우리나라의 위치를 찾아봤어.

(   )

19 위 ㉠에 들어갈 장소로 알맞은 것을 보기 에서 찾아 ○표를 하시오. 📖 천재교육

> 보기
> • 과천역   • 국립과천과학관   • 과천시청

20 위와 같은 고장의 안내도로 고장의 장소를 소개할 때 좋은 점을 쓰시오. 📖 11종 공통

_____

_____

고장의 안내도
• 고장에서 자랑할 만한 장소의 모습이나 위치가 담겨 있습니다.
• 고장을 소개할 때 고장의 안내도를 이용할 수 있습니다.

1
단원

진도 완료
체크

소개할 장소에 대한 자료를 모으기 위해서 고장의 특징을 잘 아시는 분께 여쭈어 볼 수도 있어.

고장의 안내도에는 장소의 위치나 특징이 잘 나타나 있어.

배점 표시가 없는 문제는 문제당 4점입니다.

1 우리가 생각하는 고장의 모습

📖 11종 공통

1 다음 경험과 관련된 고장의 장소는 어디입니까?
( )

멀리 사는 친척 집에 가려고 기차를 탔습니다.

①
⬆ 병원

②
⬆ 놀이터

③
⬆ 기차역

④
⬆ 학교

📖 미래엔

2 다음 경험과 관련이 있는 고장의 장소는 어디입니까?
( )

⬆ 준비물을 샀음.

① 병원   ② 문구점
③ 도서관   ④ 놀이터
⑤ 박물관

📖 11종 공통

3 공원에서의 경험으로 알맞은 것은 어느 것입니까?
( )

① 예방 접종을 했다.
② 학용품과 수업 준비물을 샀다.
③ 할머니 댁에 가려고 기차를 탔다.
④ 가족과 산책하거나 자전거를 탔다.
⑤ 우리 집 강아지가 아팠을 때 치료를 받았다.

[4~5] 다음은 소방서 장소 카드입니다.

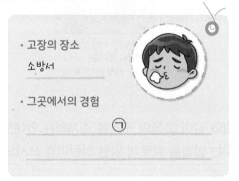

• 고장의 장소
  소방서

• 그곳에서의 경험
  ㉠

📖 천재교육

4 위 장소 카드에 어울리는 장소 사진에 ○표를 하시오.

(1) ( )   (2) ( )

🗂 서술형·논술형 문제   📖 천재교육

5 위 ㉠에 들어갈 경험으로 알맞은 내용을 쓰시오. [10점]

_____

_____

6 공연장을 장소 카드로 만들 때 들어갈 내용으로 알맞은 것은 어느 것입니까? (   )

📖 비상교육

① 생존 수영을 배웠다.

② 주말에 가족과 나들이를 갔다.

③ 엄마와 맛있는 떡볶이를 만들었다.

④ 친구들과 함께 연극을 재미있게 봤다.

⑤ 전학을 간 친구에게 쓴 편지를 보냈다.

[7~8] 다음은 서현이와 연후가 자신이 그린 고장의 모습을 설명하는 내용입니다.

• 서현: 우리에게 도움을 주는 장소를 그리고 싶었어.

• 연후: 새로 생긴 체육관과 주변에 있는 공원을 소개하고 싶었어.

📖 천재교과서

7 서현이와 연후가 그린 그림은 무엇인지 각각 쓰시오.

(1)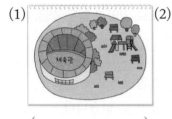

(   )

(2)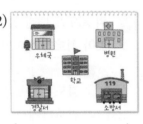

(   )

📖 11종 공통

8 위와 같이 친구들이 고장을 그린 모습이 다른 까닭을 보기 에서 찾아 기호를 쓰시오.

보기

ㄱ 겪은 일이 서로 다르기 때문에

ㄴ 고장에 대한 생각이 서로 같기 때문에

ㄷ 관심 있어 하는 것이 비슷하기 때문에

(   )

[9~10] 다음은 하린이와 도윤이가 그린 우리 고장의 모습입니다.

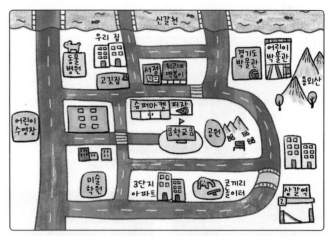

⬆ 하린이가 그린 그림

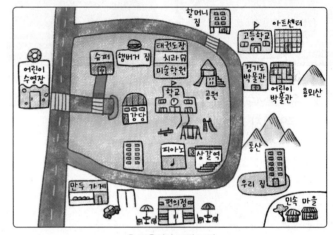

⬆ 도윤이가 그린 그림

📖 천재교육

9 도윤이의 그림에만 있고 하린이의 그림에는 없는 장소는 어디입니까? (   )

① 학교

② 용뫼산

③ 수영장

④ 동물 병원

⑤ 민속 마을

📖 11종 공통

10 위 그림을 보고 바르게 말한 어린이를 쓰시오.

지한: 사람마다 생각하는 고장의 모습이 같아.

효선: 나와 다른 생각도 이해하고 존중해야 해.

소정: 사람마다 경험을 표현하는 방법이 다를 수는 없어.

(   )

2 실제로 본 우리 고장의 모습

[11~12] 다음은 야구장을 다양한 위치에서 찍은 사진입니다.

㉠

㉡  ㉢

천재교육

11 위 ㉠~㉢ 중 가장 높은 곳에서 야구장을 찍은 모습은 무엇인지 기호를 쓰시오.

(   )

천재교육

12 위 ㉠~㉢ 사진을 통해 알 수 있는 점을 바르게 줄로 이으시오. [6점]

(1) [㉠] •

(2) [㉡] •

(3) [㉢] •

• (가) 야구장 건물의 벽면을 볼 수 있음.

• (나) 주변과 비교해 야구장의 위치와 크기를 알 수 있음.

• (다) 관중석과 운동장, 야구장 가까이에 있는 건물들 등을 볼 수 있음.

[13~15] 다음 지도를 보고, 물음에 답하시오.

[출처: 국토정보플랫폼 국토정보맵]

11종 공통

13 위 지도는 무엇입니까? (   )

① 백지도   ② 지구본

③ 안내도   ④ 그림지도

⑤ 디지털 영상 지도

11종 공통

14 위 지도에 대한 설명으로 알맞지 않은 것을 보기 에서 찾아 기호를 쓰시오.

보기
㉠ 길도우미에 사용됩니다.
㉡ 컴퓨터에서 이용할 수 없습니다.
㉢ 인공위성에서 찍은 사진을 이용해 만듭니다.

(   )

서술형·논술형 문제   11종 공통

15 위 지도로 고장을 살펴볼 때 좋은 점은 무엇인지 쓰시오. [10점]

_____

_____

16 다음에서 설명하는 디지털 영상 지도의 기능은 무엇인지 기호를 쓰시오.

> 일반 지도, 영상 지도, 백지도 등을 선택할 수 있습니다.

(   )

📦 서술형·논술형 문제

17 다음 대화를 읽고, 물음에 답하시오. [총 10점]

> 소영: 디지털 영상 지도에서 먼저 국립과천과학관을 찾아보자. 어떻게 해야 하지?
>
> 미소: ㉠   에 장소의 이름을 쓰고 돋보기를 누르면 국립과천과학관의 위치를 알 수 있어.
>
> 소영: 여기 있네. 아주 자세히 보인다. ㉡ 주변에 있는 장소들을 보게 지도를 축소해 보자.

(1) 위 ㉠에 들어갈 알맞은 말을 [보기]에서 찾아 쓰시오. [3점]

> **보기**
> · 검색창   · 북마크   · 누리집

(   )

(2) 위 밑줄 친 ㉡과 같이 지도를 축소하려면 어떻게 해야 하는지 쓰시오. [7점]

_____

_____

18 다음 주제와 어울리는 고장의 주요 장소는 어디입니까?

(   )

> 유명한 관광지가 있는 곳

① 시청   ② 할인점

③ 소방서   ④ 놀이공원

⑤ 지하철역

1 단원

진도 완료 체크

19 백지도에 다음과 같이 표현된 고장의 장소는 어디인지 쓰시오.

> 초록색으로 칠하고, 호랑이를 그렸습니다.

(   )

20 고장의 자랑할 만한 장소를 조사하는 방법으로 알맞은 것을 두 가지 고르시오. (,   )

① 지구본 살펴보기

② 세계 지도 살펴보기

③ 학교 누리집 살펴보기

④ 고장의 누리집 찾아보기

⑤ 고장의 관광 안내 책자 찾아보기

연관 학습 안내

만화로 단원 미리보기

우리가 알아보는 고장 이야기

2

개념 알기

2. ❶ 우리 고장의 옛이야기 (1)

6 고장의 옛이야기에 담긴 고장의 유래와 특징

개념 ① 고장의 옛이야기

① 옛이야기: 옛날에 있었던 일이라고 전해 내려오거나 꾸며서 재미있게 하는 이야기입니다.

② 고장의 옛이야기는 지명, 노래, 속담, 고사성어 등에 담겨 있습니다.
    └→ 땅에 붙은 이름

지명에 담긴 옛이야기	**효자동(전라북도 전주시)** 전주시에서 효자 장개남의 효심을 알리려고 동네 이름을 효자라고 지었음. ➡ 효자로, 효자공원, 효자다리 등 '효자동'이라는 지명이 고장의 건물, 도로, 다리 이름 등 곳곳에 쓰임.
노래에 담긴 옛이야기	**민요 강강술래(전라남도 진도군, 해남군)** 이순신 장군의 업적을 알리고 기억하기 위해 강강술래 노래에 이순신 장군 이야기를 넣어 불렀음.
속담, 고사성어 등에 담긴 옛이야기	**안성맞춤(경기도 안성시)** 옛날 경기도 안성에서 만든 유기가 품질이 뛰어나 손님들이 마음에 들어했음. ➡ 어떤 일이나 물건이 마음에 쏙 들거나 딱 들어맞을 때 안성맞춤이라는 말을 씀.

> **내 교과서 살펴보기 / 미래엔**
>
> **전라북도 남원시의 옛이야기**   춘향로, 춘향제처럼 『춘향전』과 관련된 도로와 축제가 있습니다.
> • 『춘향전』: 남원시를 배경으로 한 성춘향과 이몽룡의 사랑 이야기가 전해옵니다. ┘
> • 향교동: 옛날의 교육 기관이던 향교가 있었기 때문에 붙여진 이름입니다.
> • 산내면: 산의 안쪽에 위치한 마을이라는 뜻으로 붙여진 이름입니다.

개념 ② 고장의 옛이야기가 중요한 까닭

① 고장의 자연환경을 알 수 있기 때문에

② 고장의 역사적 유래나 특징을 알 수 있기 때문에

③ 옛날 고장 사람들의 생활 모습을 알 수 있기 때문에

④ 예로부터 이름난 고장의 인물에 관해 알 수 있는 내용이 담겨 있기 때문에

⑤ 고장에 있는 마을, 도로, 행사 등의 여러 이름이 어떻게 지어졌는지 알 수 있기 때문에

> ㉔ 율곡 이이가 어린 시절을 보냈던 파주시에는 율곡로, 율곡 습지 공원, 율곡 문화제 등 '율곡'이 들어간 이름이 많습니다.

개념 체크

☑ **고장의 옛이야기**

고장의 ❶ [ㅈ][ㅁ], 노래, 속담, 고사성어 등에 고장의 옛이야기가 담겨 있기도 합니다.

> 강강술래 노래에는 이순신 장군 이야기가 담겨 있어.

☑ **옛이야기의 중요성**

고장의 옛이야기에서 고장의 유래나 ❷ [ㅌ][ㅈ]을 알 수 있습니다.

> 옆 고장은 효자 이야기가 전해 내려와서 효자 마을이라고 불리게 되었단다.

정답 ❶ 지명 ❷ 특징

용어 사전

● **유래** (由 말미암을 유 來 올 래) 물건이나 일이 생겨난 것

개념③ 고장 사람들의 생활 모습을 알 수 있는 옛이야기

1. 빙고리 이야기(전라북도 전주시 서완산동)

- 겨울에 하천이 얼면 얼음을 잘라 빙고에 저장했다가 여름에 꺼내 사용했음.
- 마을에 얼음을 저장하는 창고인 빙고가 있어서 빙고리라고 했음.

2. 피맛골 이야기(서울특별시 종로구)

- 백성들은 말을 탄 높은 신분의 양반이 지나갈 때까지 길에 엎드려 있어야 했음. → 신분의 차이가 있었음을 알 수 있습니다.
- 백성들이 말을 탄 양반을 피해 돌아가던 좁은 길을 피맛골이라고 했음.

내 교과서 살펴보기 / 교학사, 김영사, 동아출판

말죽거리 이야기(서울특별시 서초구 양재동)
서울특별시 서초구의 양재역 주변은 서울을 오가는 사람들이 타고 온 말에게 죽을 끓여 먹인 곳이어서 말죽거리라 했습니다.

잠실 이야기(서울특별시 송파구 잠실동)
옛날 이곳에 누에를 기르는 방인 잠실이 많아 잠실동이 되었습니다. 옛날 사람들이 누에를 길러 비단을 만들었음을 알 수 있습니다.

개념④ 고장의 자연환경을 알 수 있는 옛이야기

고려를 세운 왕건이 군사를 이끌고 경상북도 문경시의 산길을 지날 때의 이야기입니다.

설문대 할망 이야기(제주도)	토끼비리 이야기(경상북도 문경시)
설문대 할망이 섬을 만들기로 마음을 먹고, 바닷속 흙을 떠 제주도를 만들고 치마폭에 돌과 흙을 담아 옮겨 한라산을 쌓았음. 이때 치마에서 떨어진 돌과 흙이 오름이 되었음.	왕건과 군사들이 남쪽으로 나아가는데 길이 끊겨 갈 수 없었음. 그때 벼랑을 따라 난 좁은 길을 뛰어가는 토끼를 보고, 토끼가 가는 길을 따라 무사히 지나갈 수 있었음.
제주도는 섬이어서 주변이 바다로 둘러싸여 있고, 높은 산과 여러 개의 오름이 있음.	고장에 다른 지역으로 가기 위해 넘어야 할 산이 있고, 그 산에 좁고 험한 길이 있음.

개념 ⑤ 고장의 인물을 알 수 있는 옛이야기

김수로왕 이야기 (경상남도 김해시)	• 김해 지역에 나라(가야)를 세운 김수로왕에 대한 이야기가 전해옴. → 사람들이 구지봉에 모여 노래를 부르고 춤을 추자 하늘에서 여섯 개의 알이 내려왔고, 그중 가장 처음 태어난 아이가 김수로왕입니다. • 김해 지역에 가야, 김수로왕과 관련된 지명이 있음.
낙성대 이야기 (서울특별시 관악구)	• 외적을 물리친 강감찬이 태어난 곳을 별이 떨어진 자리라는 뜻의 낙성대라고 부르고 있음. • 관악구에 낙성대역, 낙성대 공원이 있음.

내 교과서 살펴보기 / 미래엔

왕건 이야기(대구광역시)
• 팔공산: 여덟 명의 신하가 왕건의 목숨을 구했다고 하여 팔공산이라 했습니다.
• 안심동: 왕건이 적을 피해 도망을 치다 안심한 곳이라고 해서 안심동이라 했습니다.

개념 ⑥ 고장의 특징을 알 수 있는 지명

1. 고장의 자연환경과 관련된 지명

마이산(전라북도 진안군)	얼음골(경상남도 밀양시)	두물머리(경기도 양평군)
[출처: 뉴스뱅크]	[출처: 뉴스뱅크]	[출처: 게티이미지]
두 봉우리의 모양이 말의 귀처럼 생겼다고 하여 마이산이라고 했음.	더운 여름에도 바위틈에 얼음이 생긴다고 하여 얼음골이라고 했음.	남한강과 북한강의 두 물줄기가 만나는 곳이라고 하여 이름 붙었음.

2. 고장의 생활 모습과 관련된 지명

염창동	소금을 보관하는 창고인 염창이 있어 붙여진 이름임.
기와말	기와를 굽던 큰 가마가 있었기 때문에 붙여진 이름임.
종로	옛날에는 종을 쳐서 사람들에게 시각을 알려 주었는데, 종이 있던 곳의 앞길을 종로라고 불렀음.

옛날에는 사람들이 성에 드나들 수 있는 시간이 정해져 있었습니다. ←

☑ **김수로왕 이야기**

김해시에는 ❺ [ㄱ][ㅅ][ㄹ] 왕과 관련된 지명이 많이 있습니다.

김해시에는 김수로왕 이야기가 전해진단다.

아하! 그래서 김해 시에는 거북이나 수로왕과 관련된 이름이 많구나.

구지봉 / 구지터널 / 수로왕릉 / 가야로

☑ **지명에 담긴 고장의 특징**

얼음골은 고장의 ❻ [ㅈ][ㅇ] 환경을 알 수 있는 지명입니다.

덥다. 시원한 곳에 놀러가고 싶어.

얼음골 어때? 지명처럼 시원할 것 같은데.

정답 ❺ 김수로 ❻ 자연

내 교과서 살펴보기 / 천재교육, 비상교과서

독도의 지명
• 물골: 물이 고이는 곳이어서 붙여진 이름
• 촛대 바위: 바위 모양이 촛대처럼 생겨서 붙여진 이름
• 코끼리 바위: 바위 모양이 코끼리가 물을 먹는 모습을 닮아 붙여진 이름
• 숫돌 바위: 바위의 성질이 칼을 갈 때 쓰는 숫돌과 비슷해 붙여진 이름

개념 다지기

📖 천재교육

1 다음 이야기와 관련된 지명으로 알맞은 것은 어느 것입니까? (   )

> 장개남은 어머니가 편찮으실 때 병이 낫길 간절히 기도했습니다. 그랬더니 하늘에서 기러기가 떨어졌고, 기러기로 약을 해 드려 어머니를 낫게 했습니다.

① 효자동   ② 기와말   ③ 빙고리
④ 염창동   ⑤ 마이산

📖 미래엔

2 다음 지명과 관련된 설명을 바르게 줄로 이으시오.

(1) 산내면 ·   · ㉠ 향교가 있었던 마을

(2) 향교동 ·   · ㉡ 산 안쪽에 위치한 마을

📖 교학사, 김영사, 동아출판, 비상교과서

3 잠실 이야기를 통해 알 수 있는 점은 무엇입니까?
(   )

① 고장에서 누에를 길렀다.
② 고장에 오래된 탑이 있다.
③ 고장에 밤나무가 많이 있다.
④ 고장에 한 쌍의 장승이 있다.
⑤ 고장에 얼음을 저장하던 창고가 있었다.

📖 천재교과서, 동아출판, 비상교육

4 설문대 할망 이야기를 통해 알 수 있는 것은 무엇입니까? (   )

① 강감찬의 업적
② 제주도의 자연환경
③ 이순신 장군의 업적
④ 김해 지역에 나라를 세운 인물
⑤ 옛날 안성 사람들의 생활 모습

📖 천재교육, 금성출판사, 동아출판, 미래엔, 비상교과서

5 다음 자연환경과 관련된 지명으로 알맞은 것은 어느 것입니까? (   )

① 낙성대   ② 기와말   ③ 마이산
④ 염창동   ⑤ 말죽거리

📖 천재교과서

6 '염창동'이라는 지명을 통해 알 수 있는 고장 사람들의 생활 모습에 ○표를 하시오.

(1) 소금을 창고에 보관했습니다.   (   )
(2) 큰 가마에 기와를 구웠습니다.   (   )
(3) 종을 쳐서 시각을 알려 주었습니다.   (   )

6 고장의 옛이야기 조사하고 소개하기

개념 ① 옛이야기 조사 방법과 주의할 점

1. 조사 방법

문화원 방문하기	책 찾아보기	답사하기
고장의 문화원을 방문하여 조사함.	고장의 옛이야기를 소개하는 책을 찾아봄.	옛이야기와 관련된 장소에 가서 직접 보고 들음.

누리집 검색하기	면담하기
시·군·구청 누리집, 고장의 문화원 누리집 등에 들어가 봄.	우리 고장에 대해 잘 아시는 분을 만나 여쭈어봄.

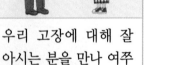
면담을 할 때에는 주제에서 벗어난 질문을 하지 않아야 해.

2. 조사할 때 주의할 점

답사하기	• 시설물을 함부로 만지지 않음. • 장소를 꼼꼼히 살펴보며 조사 내용을 기록함. → 조사 장소를 사진 찍거나 그림으로 표현합니다. • 안전 규칙과 질서를 잘 지키고 보호자와 함께 움직임.
누리집 검색하기	신뢰할 수 있는 정보를 검색함.
면담하기	• 방문할 날짜와 시간, 장소를 미리 정함. • 질문할 내용을 미리 구체적으로 정해 둠. • 고장에 대해 잘 아는 분께 여쭈어봐야 함. ⒠ 고장의 문화 관광 해설사, 고장의 역사를 연구하는 분 • 궁금한 내용을 모두 질문한 후에는 감사 인사를 함.

☑ **옛이야기 조사 방법**

옛이야기는 답사하기, 누리집 검색하기, 고장 어른과 ❶ ☐ ☐ 하기 등으로 조사할 수 있습니다.

할아버지께 옛이야기를 여쭤보려 했는데 여행가셨대.

그럼, 고장 누리집에서 검색해 보자.

☑ **면담할 때 주의할 점**

면담 전에 조사 ❷ ☐ ☐ 과 장소를 미리 약속해야 합니다.

문화 관광 해설사와 면담하러 가자!

방문 시간을 먼저 약속하고 가야지.

정답 ❶ 면담 ❷ 시간

용어 사전
• **문화원**(文 글월 문 化 될 화 院 집 원) 지역의 문화를 연구하고 알리는 곳

개념 ② 옛이야기 조사하기

내 교과서 살펴보기 / 천재교과서

조사 계획 세우기	조사 주제, 조사 기간, 조사 장소, 조사 내용, 조사 방법, 준비물, 조사할 때 주의할 점 등을 생각해 계획을 세움.

조사 계획서

조사 주제	곰나루에 얽힌 옛이야기 조사하기
조사 기간	20△△년 △△월 △△일~△△월 △△일
조사 장소	우리 고장의 문화원, 곰나루 국민 관광 단지
조사 방법	• 문화원 방문하기 • 옛이야기와 관련한 장소 답사하기
준비물	수첩, 필기도구, 녹음기, 휴대 전화, 사진기 등
주의할 점	• 고장의 문화원에 미리 연락하기 • 질문할 내용 준비하기 • 안전 규칙과 질서 지키기
조사할 내용	• 곰나루에는 어떤 옛이야기가 전해 내려올까? • 곰나루라는 이름의 뜻은 무엇일까? • 곰나루는 어떤 모습일까?

조사하기	• 문화원 방문하기: 문화 관광 해설사에게 궁금한 점 질문하기 등 → 문화 관광 해설사를 만나면 예의 바르게 인사하고 말씀을 귀 기울여 듣습니다. • 옛이야기와 관련된 장소인 곰나루 답사하기: 곰나루에 관한 안내문을 읽고 중요 내용 적기, 곰나루 모습 사진 찍기 등

조사 결과 정리하기	옛이야기를 조사하면서 알게 된 내용과 느낀 점, 더 알고 싶은 점을 정리함.

조사 보고서

조사 기간	20△△년 △△월 △△일~△△월 △△일
조사한 사람	예빈, 서준, 재우, 하영, 하영이네 부모님(보호자)
조사 장소	고장의 문화원, 곰나루 국민 관광 단지
조사 방법	• 문화원에 방문해 문화 관광 해설사에게 질문하기 • 곰나루 답사하기
조사 결과	• 곰나루는 '고마나루'라고도 불리며, 곰과 나무꾼 사이에 얽힌 슬픈 이야기가 전해 내려온다. • 옛날에 나루터가 있어서 곰나루라고 이름 붙여졌다. • 곰나루 앞에는 금강이 있고, 뒤에는 산과 곰 조각상이 있다.
느낀 점	곰나루에 얽힌 옛이야기를 알아보니 곰나루가 더욱 친근하게 느껴졌고, 우리 고장을 잘 알게 되어서 뿌듯했다.
더 알고 싶은 점	곰나루와 관련한 고장의 축제나 행사도 열릴까?

개념 체크

☑ **조사 계획 세우기**

조사 ❸ ㅈ ㅈ , 조사 장소, 조사 방법 등을 생각해 계획을 세웁니다.

짠! 조사 계획을 세워봤어.

조사 목적, 조사 장소, 조사 방법, 점심 메뉴?

☑ **조사 결과 정리하기**

조사 결과, 더 알고 싶은 점 등을 정리해 조사 ❹ ㅂ ㄱ ㅅ 를 씁니다.

옛이야기 조사 보고서 완성!

우리 고장을 더 잘 알게 된 거 같아서 뿌듯해.

정답 ❸ 주제 ❹ 보고서

 용어 사전

• **보고서** (報 알릴 보 告 고할 고 書 글 서) 일에 관한 내용이나 결과를 글로 정리한 것

개념 ③ 옛이야기 소개하기

안내 책자 만들기

우리 고장의 옛이야기를 소개하는 사진, 그림, 글, 만화, 홍보 캐릭터 등을 담아 책자를 만들어 소개함.

안내 책자 만드는 방법

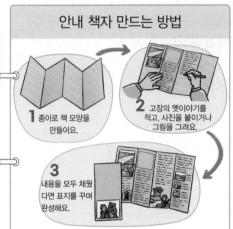

1 종이로 책 모양을 만들어요.

2 고장의 옛이야기를 적고, 사진을 붙이거나 그림을 그려요.

3 내용을 모두 채웠다면 표지를 꾸며 완성해요.

구연동화 들려주기

→ 옛이야기와 관련한 그림을 그려 보여 주면서 함께 소개할 수도 있습니다.

고장의 옛이야기를 실제로 연기하듯이 친구들에게 실감 나게 들려줌.

노래 가사 바꿔 부르기

이미 알고 있는 노래의 가사를 조사한 고장의 옛이야기 내용으로 바꿔 부름.

역할놀이하기

고장의 옛이야기에 등장하는 인물로 역할을 나누어 맡아 실감 나게 옛이야기의 장면을 연기해 표현함.

→ 옛이야기 속 상황에 알맞게 등장인물의 말투와 표정을 표현합니다.

내 교과서 살펴보기 / 비상교과서, 비상교육

동영상으로 소개하기

어른들께서 옛이야기를 들려주시는 모습 등을 동영상으로 찍어서 보여 줌.

만화 그리기

우리 고장의 옛이야기를 여러 장면으로 나누어 만화로 그려서 소개함.

☑ **안내 책자 만들기**

책 모양으로 만든 종이에 옛이야기를 소개하는 ❺ ㅅ ㅈ 이나 그림, 글 등을 담아 꾸밉니다.

옛이야기를 소개하는 안내 책자를 만들자.

좋아. 종이, 가위, 풀, 색연필, 옛이야기와 관련된 자료 등을 준비하자.

☑ **역할놀이하기**

옛이야기에 등장하는 인물로 역할을 나누어 맡아 ❻ ○ ㄱ 합니다.

역할놀이를 할 수 있게 대본을 만들자.

의상을 준비하면 더 생생할 거야.

정답 ❺ 사진 ❻ 연기

용어 사전

° **구연동화**
입으로 실감 나게 들려주는 동화

개념 다지기

📖 11종 공통

1 다음 중 면담으로 고장의 옛이야기를 조사하는 모습에 ○표를 하시오.

(1)

(   )

(2)

(   )

📖 11종 공통

2 고장의 옛이야기를 조사할 수 있는 누리집을 보기 에서 두 가지 찾아 기호를 쓰시오.

> **보기**
> ㉠ 청와대 누리집
> ㉡ 시·군·구청 누리집
> ㉢ 고장의 문화원 누리집

(,   )

📖 11종 공통

3 고장의 옛이야기를 조사할 때 주의할 점으로 알맞지 않은 것은 어느 것입니까? (   )

① 조사하면서 중요한 내용은 기록한다.
② 면담을 할 때에는 약속 시간을 미리 정한다.
③ 장소에 있는 시설물을 함부로 만지지 않는다.
④ 고장에 대해 잘 모르는 분께 여쭈어봐야 한다.
⑤ 믿을 수 있는 정보를 검색하는 것이 중요하다.

📖 11종 공통

4 고장의 옛이야기를 조사할 때 필요한 준비물로 알맞지 않은 것은 어느 것입니까? (   )

① 수첩   ② 녹음기   ③ 사진기
④ 색종이   ⑤ 필기도구

📖 11종 공통

5 조사 계획서와 비교하여 조사 보고서에만 들어갈 내용을 두 가지 고르시오. (,   )

① 조사 기간   ② 조사 방법
③ 조사 장소   ④ 알게 된 점
⑤ 더 알고 싶은 점

2 단원

진도 완료 체크

📖 천재교육, 천재교과서, 김영사, 비상교육, 아이스크림 미디어

6 고장의 옛이야기를 안내 책자로 소개하는 모습은 어느 것입니까? (   )

①

②

③

④

단원 실력 쌓기

Step 1 단원평가

[1~5] 다음은 개념 확인 문제입니다. 물음에 답하시오.

1 오늘날 전해지고 있는 고장의 옛이야기는 (한 가지 / 다양한) 형태로 전해 옵니다.

2 고장의 옛이야기로 오늘날 고장의 (유래 / 인구)를 알 수 있습니다.

3 (기와말 / 마이산)은 고장 사람들의 생활 모습이 담긴 지명입니다.

4 고장의 (문화원 / 소방서)을/를 방문하면 고장의 옛 이야기를 조사할 수 있습니다.

5 조사 (계획서 / 보고서)에는 조사로 알게 된 점을 씁니다.

📖 천재교육, 동아출판

6 다음 ☐ 안에 들어갈 알맞은 말은 무엇입니까?
(   )

> 강강술래라는 ☐☐에는 이순신 장군에 관한 이야기가 담겨 있습니다.

① 속담　　② 민요　　③ 설화
④ 지명　　⑤ 고사성어

📖 천재교과서, 교학사, 금성출판사

7 다음 고사성어로 알 수 있는 경기도 안성시의 옛이야기는 무엇입니까? (   )

① 소금 창고가 있었다.
② 밤 농사를 많이 지었다.
③ 사이좋은 형제가 살았다.
④ 기와를 굽는 일을 하는 사람들이 많았다.
⑤ 품질 좋은 유기를 만드는 사람들이 많았다.

📖 교학사, 김영사, 동아출판, 비상교육

8 말죽거리 이야기로 알 수 있는 옛날 고장 사람들의 생활 모습은 어느 것입니까? (   )

① 　　②

③ 　　④

📖 천재교육, 김영사, 동아출판, 비상교육

9 피맛골 이야기를 통해 알 수 있는 옛날 고장 사람들의 생활 모습은 무엇입니까? (   )

① 말에게 죽을 먹였다.

② 큰 가마에 기와를 구웠다.

③ 종을 쳐서 성문을 여닫는 시각을 알렸다.

④ 겨울에 하천이 얼면 얼음을 잘라 얼음 창고에 보관했다.

⑤ 백성들은 말을 탄 양반이 지나갈 때까지 길에 엎드려 있어야 했다.

📖 천재교육, 김영사, 비상교과서, 비상교육

10 시각을 알려 주는 종이 있던 곳의 앞길이어서 붙여진 이름은 무엇입니까? (   )

① 종로   ② 염창동   ③ 얼음골

④ 기와말   ⑤ 두물머리

📖 11종 공통

11 고장의 옛이야기를 조사하는 방법으로 알맞지 <u>않은</u> 것은 어느 것입니까? (   )

①
△ 지구본 살펴보기

②
△ 고장의 누리집 살펴보기

③
△ 면담하기

④
△ 고장의 문화원 방문하기

📖 11종 공통

12 다음 내용이 들어갈 옛이야기 조사 계획서의 항목으로 알맞은 것은 어느 것입니까? (   )

• 문화원 방문하기
• 옛이야기와 관련된 장소 답사하기

① 조사 기간   ② 조사 주제

③ 조사 방법   ④ 주의할 점

⑤ 조사한 사람

📖 11종 공통

13 옛이야기 조사 보고서의 느낀 점에 들어갈 알맞은 내용을 보기 에서 찾아 기호를 쓰시오.

보기
㉠ 우리 고장을 더 알게 되어서 뿌듯했습니다.
㉡ 문화원에 방문하여 문화 관광 해설사에게 질문했습니다.
㉢ 곰나루 앞에는 금강이 있고, 뒤에는 산과 곰 조각상이 있습니다.

(   )

📖 천재교육, 천재교과서, 교학사, 김영사, 동아출판, 미래엔, 비상교과서, 비상교육, 아이스크림 미디어

14 다음은 고장의 옛이야기를 소개하는 방법 중 무엇입니까? (   )

고장의 옛이야기를 실제로 연기하듯이 친구들에게 실감 나게 들려줍니다.

① 만화 그리기

② 안내 책자 만들기

③ 구연동화로 소개하기

④ 동영상으로 소개하기

⑤ 노래 가사 바꿔 부르기

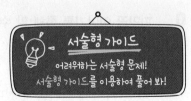

📖 천재교육

15 다음 이야기를 읽고, 빙고리라는 마을 이름이 생긴 까닭은 무엇인지 쓰시오.

> 옛날에는 냉장고가 없었습니다. 그래서 겨울에 하천이 얼면 얼음을 잘라 얼음 저장 창고인 빙고에 저장했다가 여름에 꺼내 사용했습니다. 전라북도 전주시 서완산동에 있었던 빙고리라는 마을에도 이러한 얼음 저장 창고가 있었습니다.

답 마을에 ❶ [   ]을 저장하는 창고인 ❷ [   ]가 있었기 때문이다.

15 빙고리는 얼음을 저장하던 창고인 (염창 / 빙고)이/가 있었던 것에서 유래했습니다.

📖 천재교육

16 다음 경상북도 문경시에 전해 내려오는 이야기를 통해 알 수 있는 고장의 자연환경은 무엇인지 쓰시오.

> 왕건과 군사들이 남쪽으로 나아가기 위해 길을 가는데 길이 끊겨 더이상 갈 수 없었습니다. 그때 벼랑을 따라 난 좁은 길을 뛰어가는 토끼를 보고, 토끼가 가는 길을 따라 무사히 그곳을 지나갈 수 있었습니다.

앗! 저기 토끼가 벼랑을 따라 달아나는구나. 토끼를 따라가면 분명 길이 있을 것이다.

16 토끼비리는 토끼가 길을 열어 주었다고 해서 붙여진 이름입니다. [ ][ ]는 위험한 낭떠러지를 뜻합니다.

_____

_____

📖 11종 공통

17 오른쪽과 같은 방법으로 고장의 옛이야기를 조사할 때 주의할 점을 한 가지만 쓰시오.

🔺 면담하기

17 고장의 옛이야기를 조사하려고 (면담 / 누리집 검색)을 할 때에는 고장에 오래 사신 분을 만나서 여쭈어봐야 합니다.

_____

_____

_____

학습 주제 고장의 특징을 알 수 있는 지명

학습 목표 지명을 통해 고장의 자연환경을 알 수 있다.

[18~20] 다음은 고장의 자연환경을 알 수 있는 지명입니다.

㉠	마이산	두물머리

더운 여름에도 바위틈에 얼음이 생긴다고 해서 붙여진 이름	두 봉우리의 모양이 말의 귀처럼 생겼다고 해서 붙여진 이름	㉡

18 위 ㉠에 들어갈 알맞은 지명을 보기 에서 찾아 쓰시오.   📖 천재교육, 교학사, 미래엔

보기
• 종로　　• 기와말　　• 염창동　　• 얼음골

(　　　　　　)

📖 천재교육, 비상교과서, 금성출판사, 동아출판, 미래엔

19 위 마이산의 지명을 통해 어떤 자연환경을 알 수 있는지 쓰시오.

답 마이산에는 봉우리가 [❶　　] 개 있고, 봉우리 모양이 [❷　　]의 귀처럼 생겼음을 알 수 있다.

20 위 ㉡에 들어갈 알맞은 내용을 쓰시오.　　📖 천재교육, 금성출판사, 미래엔

_____

_____

지명
• 지명은 땅에 붙은 이름입니다.
• 얼음골, 마이산, 두물머리 등은 고장의 자연환경과 관련 있는 지명입니다.

경상남도 밀양시에는 더운 여름에도 바위틈에 얼음이 생기는 지역이 있어.

두물머리는 경기도 양평군에 있어.

개념 알기

6 문화유산의 의미와 가치

개념① 문화유산

1. 의미: 옛사람들의 문화 중에서 후손들에게 물려줄 만한 가치가 있는 것

2. 문화유산의 구분

① 형태가 있는 유형 문화유산과 형태가 없는 무형 문화유산으로 구분합니다.

② 유형 문화유산에는 도자기, 건축물, 책, 과학 발명품 등이 있고, 무형 문화유산에는 노래나 춤, 연극, 기술 등이 있습니다.

	경주 첨성대	고려청자
유형 문화유산 (예)		[출처: 삼성미술관 리움]
	하늘의 별을 관찰하고 연구하던 곳	고려 시대에 만들어진 푸른 빛의 *자기
	기지시 줄다리기	판소리
무형 문화유산 (예)	[출처: 문화재청]	
	풍년을 기원하는 전통 놀이	소리꾼이 *고수의 장단에 맞추어 긴 이야기를 노래로 들려주는 공연

내 교과서 살펴보기 / 비상교과서, 천재교과서

다양한 문화유산

유형 문화유산		무형 문화유산
측우기	경복궁	탈춤
		[출처: ⓒwizdata / shutterstock]
⬧ 조선 시대 때 만들어진 비의 양을 측정하는 기구	⬧ 조선을 세운 태조가 지은 조선의 대표적인 궁궐	⬧ 탈을 쓰고 춤을 추면서 하는 놀이 연극

└ 백성들이 가슴 속에 맺힌 불만을 표현했습니다.

☑ 문화유산

옛사람들이 남긴 문화 중 후손들에게 물려줄 만한 가치가 있는 것을 ❶ ☐☐☐☐ 이라고 합니다.

옛날 사람들은 저기서 별을 관찰했단다.

우와, 정말 멋져요!

☑ 문화유산의 구분

문화유산은 ❷ (형태 / 색깔)의 유무에 따라 유형 문화유산과 무형 문화유산으로 구분합니다.

이건 유형 문화유산!

저건 무형 문화유산!

정답 ❶ 문화유산 ❷ 형태

용어 사전

● **자기**(瓷 사기그릇 자 器 그릇 기)
고운 흙을 빚어서 아주 높은 온도로 구워 만든 그릇

● **고수**(鼓 북 고 手 손 수)
북이나 장구 따위를 치는 사람

개념② 문화유산으로 배울 수 있는 것

1. 조상들의 슬기와 멋

누비옷	김장 → 가족이나 친족, 이웃의 힘을 모아 김장을 했습니다.
두 겹의 천 사이에 솜을 넣어 꿰맨 누비옷으로 따뜻한 겨울을 보냈음.	늦가을에 김치를 한꺼번에 많이 담가 겨울에도 신선한 채소를 먹었음.

앙부일구	옹기
조선 시대에 사용했던 해시계로 조상들이 시간과 계절을 살피며 농사를 짓는데 활용했음.	진흙으로 구워 만든 그릇인 옹기에 음식을 보관하여 음식이 상하지 않게 했음.

> **내 교과서 살펴보기 / 동아출판, 비상교육, 아이스크림 미디어**
>
> **한산 모시 짜기**
>
> • 베틀을 이용해 모시를 전통적인 방식으로 만드는 기술입니다.
> • 더운 여름을 시원하게 보내고자 했던 조상들의 지혜를 엿볼 수 있습니다.
>
> [출처: 문화재청]

2. 조상들의 생활 모습

농요와 농악	향교 → 지방의 교육을 담당했던 교육 기관입니다.
힘든 일도 서로 도우며 즐겁게 일했음.	옛날에도 교육을 중요하게 생각했음.

✓ **누비옷에 담긴 조상들의 지혜**

누비옷을 통해 따뜻한 ❸ ㄱ ㅇ 을 보냈던 조상들의 슬기를 배울 수 있습니다.

추운 겨울에도 끄떡없겠어!

조상님들 최고~

✓ **농악에 담긴 조상들의 생활 모습**

농요와 농악을 통해 서로 도우며 일했던 조상들의 ❹ ㅅ ㅎ 모습을 배울 수 있습니다.

조상님들은 이렇게 즐겁게 일하셨구나!

야호~ 신난다!

정답 ❸ 겨울 ❹ 생활

용어 사전

● **모시**
모시풀을 이용해 만든 여름용 옷감
● **농악**(農 농사 농 樂 노래 악)
농촌에서 농민들이 농사일을 할 때 연주했던 음악

개념
알기

개념 체크

내 교과서 살펴보기 / 천재교과서

개념③ 문화유산에 얽힌 옛이야기 예 진천 농다리 이야기

⬆ 진천 농다리 [출처: 문화재청]

- 고려의 임연 장군이 추운 겨울 아버지를 위해 물살이 거센 강을 건너려던 여인의 효심에 감동하여 돌다리를 만들었습니다.
- 옛날 사람들이 **효도**를 중요하게 생각했음을 알 수 있습니다.

➡ 문화유산과 관련된 옛이야기를 통해 옛날에 고장에서 있었던 일과 옛날 사람들의 생각을 알 수 있습니다.

내 교과서 살펴보기 / 미래엔

최씨 고택에 담긴 이야기

경주에서 대대로 살아온 최씨 집안은 약 300년 동안 경주에서 손꼽히는 부자였습니다. 최씨 집안 사람들은 손님을 후하게 대접하였고, 마을에 흉년이 들면 어려운 사람들에게 식량을 나눠주었다고 합니다. 이 모습을 통해 이웃에게 베푸는 마음을 배울 수 있습니다.

[출처: 문화재청]

☑ **문화유산과 관련된 옛이야기**

문화유산에 담긴 옛이야기를 통해 옛날 사람들의 ❺(생각 / 이름)을 알 수 있습니다.

개념④ 고장의 문화유산과 관련된 행사

1. 종류: 고장의 문화유산을 알리기 위한 다양한 행사가 있습니다.

수원 화성 문화제	정조의 효심과 화성의 의미를 기리는 축제로 다양한 전통문화 공연을 볼 수 있음.
전주 대사습놀이	전주에서 매년 열리고 있는 전국 규모의 국악 경연 대회임.
백제 문화제	백제의 수도였던 공주와 부여에서 열리는 축제로 당시 사람들의 생활 모습을 알 수 있음.
강진 청자 축제	청자 문화를 보존하고, 고려청자의 우수성을 널리 알리기 위한 축제임.

2. 문화유산 관련 행사를 통해 알 수 있는 것
① 우리 문화유산에 대한 자긍심을 가질 수 있습니다.
② 여러 가지 체험을 통해 고장의 문화유산을 재미있게 알 수 있습니다.
③ 조상들의 지혜를 배우고, 우리 문화유산의 소중함을 알 수 있습니다.

☑ **문화유산 관련 행사**

다양한 행사를 경험하며 조상들의 ❻ ⬜지 ⬜혜 를 배우고 우리 문화유산의 소중함을 알 수 있습니다.

정답 ❺ 생각 ❻ 지혜

용어
사전

● **고택**(古 옛 고 宅 집 택)
옛날에 지은 오래된 집

● **자긍심**
(自 스스로 자 矜 자랑할 긍 心 마음 심)
자랑스럽고 떳떳하게 여기는 마음

개념 다지기

📖 11종 공통

1 다음 □ 안에 들어갈 말로 알맞은 것은 어느 것입니까? (   )

> 문화유산은 옛사람들이 남긴 문화 중에서 □□□을 말합니다.

① 크기가 가장 큰 것
② 가격이 가장 비싼 것
③ 색깔이 가장 화려한 것
④ 후손들에게 물려줄 수 없는 것
⑤ 후손들에게 물려줄 만한 가치가 있는 것

📖 11종 공통

2 다음 중 무형 문화유산에 ○표를 하시오.

(1)
🔺 기지시 줄다리기
(   )

(2)
🔺 고려청자
(   )

📖 천재교육, 교학사, 아이스크림 미디어, 지학사

3 다음에서 설명하는 문화유산으로 알맞은 것은 어느 것입니까? (   )

> • 유형 문화유산입니다.
> • 옛날에 하늘의 별을 관찰하던 곳입니다.

① 측우기
② 앙부일구
③ 경주 첨성대
④ 불국사 다보탑
⑤ 경주 동궁과 월지

📖 천재교과서

4 우리 조상들이 누비옷을 입었던 까닭으로 알맞은 것은 어느 것입니까? (   )

① 시간을 알기 위해
② 따뜻한 겨울을 보내기 위해
③ 별을 관찰하고 기록하기 위해
④ 많은 사람에게 소식을 알리기 위해
⑤ 겨울에도 싱싱한 채소를 먹기 위해

📖 비상교과서, 비상교육

5 다음 문화유산을 통해 알 수 있는 것을 보기에서 찾아 기호를 쓰시오.

🔺 향교

> **보기**
> ㉠ 교육을 중요하게 생각했습니다.
> ㉡ 가슴속에 맺힌 불만을 시원하게 표현했습니다.

(   )

📖 천재교과서, 김영사, 동아출판, 비상교과서, 비상교육

6 문화유산과 관련된 행사들을 체험하며 알 수 있는 것은 무엇인지 알맞은 말에 각각 ○표를 하시오.

> 우리 문화유산에 대한 (1) (자긍심 / 무관심)을 가질 수 있고, 조상들의 (2) (언어 / 지혜)를 배울 수 있습니다.

2 단원

고장의 문화유산 조사하기

개념① 우리 고장의 문화유산을 조사하는 방법 → 문화유산 안내도를 살펴보는 방법도 있습니다.

누리집 방문하기 → 예 문화재청, 시·군·구청	관련 책이나 소개 자료 찾아보기	답사하기
언제든지 필요한 정보를 얻을 수 있음.	시간과 비용을 절약할 수 있음.	기억에 오래 남고, 생생한 정보를 얻을 수 있음.

내 교과서 살펴보기 / 비상교과서, 아이스크림 미디어

고장의 문화유산을 어떻게 조사할까? – 면담하기
→ 서로 만나서 얼굴을 보고 이야기하는 것입니다.
• 고장의 문화유산을 잘 알고 계신 분을 만나 이야기 할 수 있습니다.
• 문화유산에 대한 설명을 들으며 쉽게 이해할 수 있고 궁금한 점을 바로 질문할 수 있습니다.
→ 예 문화 관광 해설사

개념② 고장의 문화유산 안내도 살펴보기

1. 고장의 안내도를 활용하면 좋은 점
① 실제 문화유산과 비슷하게 그림으로 나타내 알기 쉽습니다.
② 고장에 어떤 문화유산이 있고, 어디에 있는지 알 수 있습니다.
2. 안내도 살펴보기 예 경상북도 안동: 안동에 봉정사, 도산 서원, 하회 마을, 병산 서원 등이 있다는 것을 알 수 있습니다.

안동시 문화유산 안내도

도산 서원
봉정사
하회 마을
병산 서원

[출처: 게티이미지, 셔터스톡]

☑ 문화유산 조사 방법

고장의 문화유산을 조사할 때는 누리집 방문하기, ❶ [ㄷ][ㅅ]하기, 면담하기 등 다양한 방법을 이용할 수 있습니다.

문화유산을 직접 보니 더 흥미로워!

☑ 고장의 안내도 활용하기

고장의 문화유산 안내도를 이용하면 고장에 있는 문화유산의 ❷ [ㅇ][ㅊ]를 알 수 있습니다.

우리 고장의 안내도야!

하회 마을이 여기 있었구나~

정답 ❶ 답사 ❷ 위치

용어 사전

*답사(踏 밟을 답 査 조사할 사)
현장에 가서 직접 보고 조사하는 것

개념 ③ 고장의 문화유산 조사하기 ⑩ 답사하기

1. 고장의 문화유산을 조사하며 알 수 있는 것: 고장의 역사와 특징, 문화유산의 역사적 가치 등을 알 수 있습니다.

2. 답사 계획하기

1 답사 목적 정하기
2 답사 장소와 날짜 정하기
3 조사 내용 정하기

하회 마을에서 무엇을 볼 수 있을까?

4 역할 나누기
기록하기
자료 정리하기
사진, 동영상 찍기
문화 관광 해설사님께 궁금한 점 질문하기

5 준비물 챙기기
6 답사하기

└→ 서로 배려하는 마음으로 역할을 나눕니다.

3. 답사할 때 주의할 점

① 보호자를 따라 이동합니다.
② 문화유산을 소중하게 다룹니다.
③ 질문할 내용은 미리 정해둡니다.
④ 답사 장소의 관람 규칙을 잘 지킵니다.
⑤ 설명을 들을 때는 집중하고, 중요한 내용은 기록합니다.

4. 답사 보고서 작성하기

① 답사 이후에는 답사 보고서를 작성합니다.
② 새롭게 알게 된 점, 느낀 점, 더 알고 싶은 점 등이 들어갑니다.

내 교과서 살펴보기 / 미래엔

고장의 문화유산을 조사하는 과정을 알아볼까요?

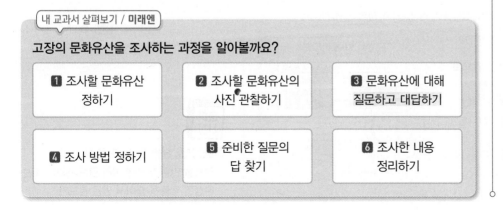

1 조사할 문화유산 정하기
2 조사할 문화유산의 사진 관찰하기
3 문화유산에 대해 질문하고 대답하기

4 조사 방법 정하기
5 준비한 질문의 답 찾기
6 조사한 내용 정리하기

☑ **답사 계획하기**

먼저 답사할 문화유산과 ❸(목적 / 결과)을/를 정하고 장소와 날짜, 조사 내용을 정해야 합니다.

답사는 언제 가면 좋을까?

잠깐! 그 전에 답사 목적을 정해야지.

☑ **답사할 때 주의할 점**

설명을 들을 때는 ❹(집중 / 이야기)하고, 문화유산을 소중하게 다루는 자세 등이 필요합니다.

문화유산이 훼손되지 않게 소중히 다뤄 주세요.

정답 ❸ 목적 ❹ 집중

용어 사전

● 집중(集 모을 집 中 가운데 중)
　한 가지 일에 모든 힘을 쏟아부음.
● 관찰(觀 볼 관 察 살필 찰)
　사물이나 현상을 주의하여 자세히 살펴봄.

개념 ④ 고장의 문화유산 소개하기

1. 고장의 문화유산을 소개하면 좋은 점

① 우리 고장에 대해 자랑스러움을 느낄 수 있습니다.

② 문화유산에 담긴 가치를 찾고 소중함을 느낄 수 있습니다.

③ 고장의 문화유산을 널리 알리면 문화유산을 잘 보호하는데 도움이 됩니다.

2. 고장의 문화유산 소개 방법 → 조사한 문화유산의 특징이 잘 드러나야 하고, 활동에 적극적으로 참여해야 합니다.

안내 포스터 만들기	조사한 내용을 재미있게 소개할 수 있음.
안내도 만들기	조사한 내용을 상세하게 소개할 수 있음.
모형 만들기	문화유산이 만들어진 과정을 잘 이해할 수 있음.
작은 전시회 만들기	다양한 문화유산을 소개할 수 있음.
신문 만들기	문화유산을 다양한 방법으로 소개할 수 있음.
문화 관광 해설사 되어 보기	많은 자료를 활용하여 재미있게 소개할 수 있음.

3. 소개 자료 만들기

문화유산 안내도

문화유산을 설명하는 자료를 만들어 고장의 백지도와 선으로 연결함.

문화유산 작은 전시회

도화지에 문화유산 사진과 작품 설명을 붙인 후 반으로 접어 세워 만듦.

내 교과서 살펴보기 / 천재교과서, 교학사, 금성출판사, 동아출판, 비상교과서, 아이스크림 미디어

문화유산 신문 만들기

• 모둠별로 각자 역할을 나누어 여러 가지 방법으로 신문을 완성합니다.

• 기사, 그림, 광고, 느낀 점 등의 내용이 들어갑니다.

• 모둠 구성원들이 맡은 역할을 열심히 하고, 친구들끼리 서로 도우면 훨씬 쉽게 만들 수 있습니다.

개념 체크

☑ 문화유산 소개 방법

안내 포스터, ❺ ㅇ ㄴ ㄷ , 신문, 작은 전시회 등 다양한 방법으로 문화유산을 소개할 수 있습니다.

☑ 문화유산을 소개할 때 주의할 점

문화유산을 소개할 때는 문화유산의 ❻ ㅌ ㅈ 이 잘 드러나도록 소개 방법을 선택합니다.

정답 ❺ 안내도 ❻ 특징

용어 사전

모형(模 본뜰 모 型 모형 형)

작품을 만들기 전에 미리 만든 본보기 또는 완성된 작품을 줄여서 만든 본보기

1 📖 11종 공통

다음은 고장의 문화유산을 조사하는 방법 중 무엇입니까? (   )

> 문화유산을 직접 보니 더 생생해!

① 관련 책 찾아보기
② 문화유산 답사하기
③ 소개 자료 찾아보기
④ 문화원에 가서 면담하기
⑤ 고장의 문화유산 안내도 살펴보기

2 📖 11종 공통

누리집으로 고장의 문화유산을 조사할 때 방문할 수 있는 곳을 보기 에서 찾아 쓰시오.

> **보기**
> • 문화재청   • 우리 학교

(   ) 누리집

3 📖 11종 공통

고장의 문화유산을 조사하며 알 수 <u>없는</u> 것을 두 가지 고르시오. (,   )

① 고장의 역사
② 고장의 특징
③ 고장의 내일 날씨
④ 문화유산의 역사적 가치
⑤ 고장에 사는 외국인의 수

4 📖 천재교육, 교학사, 비상교과서, 비상교육

답사 과정에서 가장 먼저 해야 할 일로 알맞은 것을 찾아 기호를 쓰시오.

㉠

🔺 답사 준비물 챙기기

㉡

🔺 답사 목적 정하기

(   )

5 📖 천재교육

답사를 계획하는 과정에서 역할을 나눌 때 가져야 할 태도로 알맞은 것은 어느 것입니까? (   )

① 내가 하고 싶은 일만 한다.
② 친구의 의견은 듣지 않는다.
③ 활동에 소극적으로 참여한다.
④ 친구의 의견을 무조건 따른다.
⑤ 서로 배려하는 마음을 가진다.

2 단원

진도 완료
체크

6 📖 천재교육

다음과 같이 문화유산을 소개하는 방법은 무엇입니까? (   )

> 고장의 백지도에 문화유산 설명 자료를 붙이자!

① 모형 만들기
② 신문 만들기
③ 안내도 만들기
④ 작은 전시회 만들기
⑤ 문화 관광 해설사 되어 보기

[1~5] 다음은 개념 확인 문제입니다. 물음에 답하시오.

1 문화유산 중 형태가 없는 문화유산은 무엇입니까?

(   )

2 옹기는 조상들이 음식을 (보관하기 / 버리기) 위해 사용했던 그릇입니다.

3 향교는 옛날 지방의 (농사 / 교육)을 담당했던 기관입니다.

4 문화유산이 있는 현장에 가서 직접 보고 조사하는 것을 (답사 / 면담)(이)라고 합니다.

5 답사 (계획서 / 보고서)에는 답사 이후 새롭게 알게 된 점, 느낀 점, 더 알고 싶은 점 등이 들어갑니다.

📖 11종 공통

6 문화유산에 대한 설명으로 알맞은 것은 어느 것입니까? (   )

① 형태가 없는 것만 있다.
② 오늘날 사람들의 문화이다.
③ 크기가 작으면 무형 문화유산이다.
④ 예술 활동은 문화유산이 될 수 없다.
⑤ 후손들에게 물려줄 만한 가치가 있는 것이다.

📖 11종 공통

7 다음 중 형태가 있는 문화유산은 어느 것입니까?

(   )

①
⬆ 탈춤

②
⬆ 한산 모시 짜기

③
⬆ 판소리

④
⬆ 경복궁

📖 비상교과서

8 조선 시대에 사용했던 해시계로, 조상들이 농사를 짓는 데 활용했던 문화유산은 무엇입니까? (   )
① 옹기   ② 누비옷   ③ 고려청자
④ 앙부일구   ⑤ 한산 모시

📖 천재교과서

9 다음 문화유산 속에 담긴 옛날 사람들의 생활 모습을 알맞게 말한 어린이를 쓰시오.

⬆ 농요와 농악

> 석규: 옛날에도 별을 관찰하고 기록했어.
> 태형: 힘든 일도 서로 도우며 즐겁게 일했어.

(   )

📖 천재교과서

10 다음 문화유산에 얽힌 옛이야기를 읽고 알 수 있는 옛날 사람들의 생각은 무엇입니까? (   )

> 임연 장군이 추운 겨울 아버지를 위해 물살이 거센 강을 건너려던 여인을 보고 진천 농다리를 만들었습니다.

① 농사를 중요하게 생각했다.
② 효도를 중요하게 생각했다.
③ 문화유산을 소중하게 생각했다.
④ 겨울에는 따뜻해야 한다고 생각했다.
⑤ 이웃에게는 베풀지 말아야 한다고 생각했다.

📖 11종 공통

11 고장의 문화유산을 조사하는 방법으로 알맞지 <u>않은</u> 것은 어느 것입니까? (   )

① 누리집 방문하기
② 안내 포스터 만들기
③ 문화유산에 직접 방문하기
④ 고장의 문화유산 안내도 보기
⑤ 문화 관광 해설사와 면담하기

📖 천재교육, 천재교과서, 교학사, 금성출판사,
비상교과서, 비상교육, 아이스크림 미디어

12 다음과 같이 실제 문화유산의 모습과 비슷하게 그림으로 알기 쉽게 나타낸 지도는 무엇입니까? (   )

① 백지도   ② 누리집   ③ 안내도
④ 세계 지도   ⑤ 디지털 영상 지도

📖 11종 공통

13 다음 중 문화유산을 답사하기 전에 해야 할 일로 알맞지 <u>않은</u> 것은 어느 것입니까? (   )

①
△ 답사 목적 정하기

②
△ 답사 장소와 날짜 정하기

③
△ 답사 결과 정리하기

④
△ 역할 나누기

📖 천재교과서, 교학사, 금성출판사, 동아출판,
비상교과서, 아이스크림 미디어

14 다음과 같은 방법으로 고장의 문화유산을 소개할 때 좋은 점을 보기 에서 찾아 기호를 쓰시오.

△ 문화유산 신문 만들기

> **보기**
> ㉠ 문화유산을 동영상으로 소개할 수 있습니다.
> ㉡ 문화유산을 다양한 방법으로 소개할 수 있습니다.

(   )

15 다음은 우리 조상들의 문화유산입니다.

📖 천재교과서

(1) 두 겹의 천 사이에 솜을 꿰매어 만든 옷인 위 문화유산의 이름을 쓰시오.

(   )

(2) 조상들이 위 (1)의 답을 만들었던 까닭을 쓰시오.

> 답 추운 겨울을 [   ] 하게 보내기 위해서이다.

16 조상들의 문화유산을 통해 알 수 있는 것을 한 가지만 쓰시오.

📖 11종 공통

_____

_____

17 다음은 고장의 문화유산을 조사하는 방법입니다.

📖 11종 공통

ㄱ

ㄴ

🔺 [   ]

🔺 누리집 방문하기

(1) 위 ㄱ과 같이 문화유산이 있는 현장에 가서 직접 조사하는 방법은 무엇인지 쓰시오.

(   )하기

(2) 위 ㄴ의 방법을 이용했을 때의 좋은 점을 쓰시오.

_____

_____

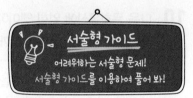

서술형 가이드

어려워하는 서술형 문제!
서술형 가이드를 이용하여 풀어 봐!

15 (1) 두 겹의 천 사이에 솜을 꿰매어 만든 옷을 (모시옷 / 누비옷)이라고 합니다.

(2) 조상들은 [ ][ ] 을 따뜻하게 보내기 위해 누비옷을 입었습니다.

16 문화유산을 살펴보면 (조상 / 후손)들의 지혜와 생활 모습을 알 수 있습니다.

17 (1) 문화유산이 있는 곳에 직접 가서 조사하는 방법을 (답사 / 면담)(이)라고 합니다.

(2) 현장에 가서 직접 보고 조사하는 방법을 이용하면 기억에 (오래 / 짧게) 남습니다.

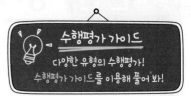
학습 주제 문화유산 알아보기

학습 목표 문화유산을 형태의 유무에 따라 구분할 수 있다.

[18~20] 다음은 우리나라의 문화유산과 그에 대한 설명이 적힌 표입니다.

㉠ 경주 **❶** ▢	㉡ 앙부일구
하늘의 별을 관찰하던 곳	조선 시대에 사용했던 **❷** ▢ 시계
㉢ **❸** ▢	㉣ 기지시 줄다리기
소리꾼이 고수의 장단에 맞추어 긴 이야기를 노래로 들려주는 공연	풍년을 기원하는 전통 놀이

📖 천재교육, 천재교과서, 교학사, 비상교과서, 비상교육, 아이스크림 미디어, 지학사

18 위 빈칸 **❶~❸**에 알맞은 말을 넣어 표를 완성하시오.

📖 11종 공통

19 위 ㉠~㉣을 유형 문화유산과 무형 문화유산으로 구분하여 기호를 쓰시오.

유형 문화유산	(1)	무형 문화유산	(2)

20 위 ㉡을 보고 알 수 있는 우리 조상들의 모습을 쓰시오.   📖 비상교과서

_____

_____

문화유산
- 유형 문화유산: 형태가 있는 문화유산 ⑩ 도자기, 건축물, 과학 발명품, 책 등
- 무형 문화유산: 형태가 없는 문화유산 ⑩ 전통 음악, 기술, 놀이 등

2 단원

진도 완료 체크

형태가 있는 문화유산과 없는 문화유산을 잘 나눠 봐.

Q 배점 표시가 없는 문제는 문제당 4점입니다.
📖 천재교육, 교학사, 김영사, 동아출판, 비상교육

1 우리 고장의 옛이야기

📖 천재교육

1 다음 ☐ 안에 들어갈 내용으로 알맞은 것은 어느 것입니까? (　　　)

> 전라북도 전주시에 있는 효자동이라는 ☐☐에는 효자에 관한 고장의 옛이야기가 담겨 있습니다.

① 속담　　② 노래　　③ 지명
④ 민요　　⑤ 고사성어

📖 11종 공통

2 고장의 옛이야기가 중요한 까닭으로 알맞지 <u>않은</u> 것은 어느 것입니까? (　　　)

① 고장의 자연환경을 알 수 있기 때문에
② 고장의 미래 모습이 담겨 있기 때문에
③ 고장의 역사적 유래나 특징을 알 수 있기 때문에
④ 옛날 고장 사람들의 생활 모습을 알 수 있기 때문에
⑤ 고장에 있는 마을, 도로, 행사 등의 여러 이름이 어떻게 지어졌는지 알 수 있기 때문에

📖 김영사, 동아출판, 비상교육

3 다음과 관련된 고장의 인물은 누구입니까? (　　　)

> 서울특별시 관악구에는 낙성대역, 낙성대 공원이 있습니다.

① 왕건　　　　　　② 강감찬
③ 이순신　　　　　④ 장개남
⑤ 김수로왕

4 다음 이야기를 통해 알 수 있는 고장 사람들의 생활 모습을 줄로 바르게 이으시오.

(1) 피맛골 이야기　•　　•㉠ 신분의 차이가 있었음.

(2) 빙고리 이야기　•　　•㉡ 말에게 죽을 끓여 먹였음.

(3) 말죽거리 이야기　•　　•㉢ 겨울에 얼음을 저장했다가 여름에 사용했음.

🟫 **서술형·논술형 문제**　　📖 천재교과서, 동아출판, 비상교육

5 다음 설문대 할망 이야기로 알 수 있는 제주도의 자연환경을 쓰시오. [10점]

> 설문대 할망은 넓은 바다 한가운데에 섬을 만들기로 마음을 먹고, 바닷속의 흙을 떠서 제주도를 만들었습니다. 그리고 편평한 섬이 너무 밋밋해 보여, 치마폭에 돌과 흙을 담아 옮겨서 한라산을 쌓았습니다. 이때 치마에서 떨어진 돌과 흙은 크고 작은 봉우리가 되었답니다.

_____

_____

📖 천재교과서

6 다음에서 설명하는 지명은 무엇입니까? (   )

소금을 보관하던 창고가 있었던 것에서 유래한 지명입니다.

① 얼음골   ② 마이산
③ 염창동   ④ 기와말
⑤ 두물머리

📖 11종 공통

8 조사 계획을 세울 때 생각해야 할 내용이 <u>아닌</u> 것은 어느 것입니까? (   )

① 주제는 무엇으로 정할까?
② 어떤 방법으로 조사할까?
③ 어떤 준비물이 필요할까?
④ 조사 후 느낀 점은 무엇일까?
⑤ 조사할 때 주의할 점은 무엇일까?

📖 11종 공통

9 고장의 옛이야기를 조사할 때 주의할 점을 바르게 말한 어린이를 쓰시오.

효린: 문화원에 있는 시설물을 꼼꼼히 만져 봐야 해.
혜선: 질문할 내용을 미리 구체적으로 정해 놓으면 안 돼.
미연: 면담을 하기 전에 미리 연락을 드려서 만날 날짜와 장소를 정해야 해.

(   )

📌 서술형·논술형 문제   📖 11종 공통

7 다음은 옛이야기를 조사하는 방법입니다. [총 10점]

㉠    ㉡

(1) 위 ㉠은 옛이야기 조사 방법 중 무엇인지 보기에서 찾아 쓰시오. [3점]

보기
• 답사하기   • 책 찾아보기

(   )

(2) 위 ㉡과 같이 누리집 검색으로 옛이야기를 조사할 때 주의할 점을 쓰시오. [7점]

_____

_____

📖 천재교육, 천재교과서, 교학사, 김영사, 동아출판, 미래엔, 비상교육, 아이스크림 미디어, 지학사

10 다음은 고장의 옛이야기를 소개하는 방법 중 무엇입니까? (   )

① 역할놀이하기
② 안내 책자 만들기
③ 구연동화 들려주기
④ 동영상으로 소개하기
⑤ 노래 가사 바꿔 부르기

2 ❷ 우리 고장의 문화유산

📖 천재교육, 교학사, 아이스크림 미디어, 지학사

11 다음의 문화유산에 대한 설명으로 알맞은 것은 어느 것입니까? (   )

⊙ 경주 첨성대

① 경주에 있는 고인돌이다.
② 형태가 없는 문화유산이다.
③ 하늘의 별을 관찰하던 곳이다.
④ 겨울철에 얼음을 저장하던 곳이다.
⑤ 음식이 상하지 않게 보관하던 곳이다.

📖 11종 공통

12 다음 문화유산들의 공통점으로 알맞은 것은 어느 것입니까? [6점] (   )

⊙ 판소리   ⊙ 탈춤

① 무형 문화유산이다.
② 형태가 있는 문화유산이다.
③ 지방에 있던 교육 기관이다.
④ 조선 시대에 사용했던 해시계이다.
⑤ 다음 세대에 물려줄 수 없는 문화유산이다.

📖 천재교과서, 비상교과서

13 다음 문화유산과 관련 있는 조상들의 생활 모습을 줄로 바르게 이으시오.

(1)
⊙ 향교

• ㉠ 겨울에 따뜻한 옷을 만들어 입었음.

(2)
⊙ 누비옷

• ㉡ 교육을 중요하게 생각했음.

📖 천재교과서, 지학사

14 다음 ⬚ 안에 들어갈 알맞은 말은 어느 것입니까?
(   )

조상들은 겨울까지 김치를 먹기 위해 늦가을에 이웃의 힘을 모아 김치를 한꺼번에 많이 담가 보관하는 ⬚을/를 했습니다.

① 농악   ② 김장   ③ 탈춤
④ 판소리   ⑤ 가야금 병창

📖 천재교과서, 김영사, 미래엔, 비상교과서

15 문화유산과 관련된 옛이야기를 통해 알 수 있는 것을 두 가지 고르시오. (,   )
① 옛날 사람들의 생각
② 고장의 문화유산의 개수
③ 옛날에 고장에서 있었던 일
④ 고장에 있는 초등학교의 개수
⑤ 오늘날 고장에 살고 있는 사람 수

16 📖 천재교과서, 교학사, 김영사, 동아출판, 미래엔, 비상교과서, 비상교육, 아이스크림 미디어

고장의 문화유산을 잘 알고 계신 분을 직접 만나 설명을 듣는 문화유산 조사 방법을 찾아 기호를 쓰시오.

🔺 면담하기

🔺 누리집 방문하기

(   )

📘 **서술형·논술형 문제**

📖 천재교육, 천재교과서, 김영사, 동아출판, 미래엔, 비상교육, 아이스크림 미디어

17 다음과 같은 방법으로 고장의 문화유산을 조사할 때의 좋은 점을 한 가지만 쓰시오. [10점]

🔺 관련 책이나 소개 자료 찾아보기

_____

_____

📖 천재교육

18 답사의 과정 중 조사 내용을 정하고, 바로 다음에 해야 할 일은 어느 것입니까? (   )

① 역할 나누기
② 답사 목적 정하기
③ 답사 장소 정하기
④ 답사 보고서 작성하기
⑤ 답사할 문화유산 정하기

📖 11종 공통

19 다음 질문에 알맞게 대답한 어린이는 누구입니까?

(   )

문화유산을 소개하는 자료를 만들 때 주의할 점은 무엇인가요?

① 유현: 친구들을 돕지 않습니다.
② 채윤: 소개 활동에 적극적으로 참여합니다.
③ 석진: 소개할 문화유산의 특징을 숨깁니다.
④ 동휘: 친구들의 자료를 똑같이 따라 만듭니다.
⑤ 정수: 맡은 역할을 무시하고 하고 싶은 일만 합니다.

2단원

진도 완료 체크

📖 11종 공통

20 다음 중 고장의 문화유산을 소개하는 방법으로 알맞지 않은 것을 두 가지 고르시오. (,   )

①
🔺 면담하기

②
🔺 문화유산 안내도 만들기

③
🔺 모형 만들기

④
🔺 답사하기

연관 학습 안내

초등 3학년	초등 4학년	중학교
교통과 통신 수단의 발달 교통수단의 발달 과정과 그로 인해 변화된 사람들의 생활 모습을 배워요.	우리 지역의 중심지 교통이 편리한 곳에 지역의 중심지가 발달한다는 것을 알아봐요.	다국적 기업의 분업 교통의 발달로 등장한 다국적 기업의 분업 현상에 대해 배울 거예요.

만화로 단원 미리보기

교통과 통신수단의 변화

3

 단원 안내

❶ 교통수단의 발달과 생활 모습의 변화
❷ 통신수단의 발달과 생활 모습의 변화

옛날과 오늘날의 교통수단

개념 ① 옛날의 교통수단 → 하늘에서 이용한 교통수단은 없었습니다.

1. 땅에서 이용한 교통수단 → 조금 먼 곳에 갈 때는 당나귀를 타기도 했습니다.

가마	말	소달구지

한 사람이 타고 여러 사람이 함께 가마를 들고 이동했음.	급한 일이 있거나 멀리 떨어진 마을에 갈 때 이용했음.	무거운 짐을 나를 때 이용했음.

2. 물에서 이용한 교통수단

돛단배	뗏목

바람의 힘을 이용해 강을 건넜음.	짐을 싣고 강을 따라 이동했음.

내 교과서 살펴보기 / **비상교과서**

옛날의 교통수단 – 지게

• 짐을 얹어 사람이 등에 지고 다니게 만든 기구로, 옛날 사람들이 땅에서 짐을 옮길 때 이용했습니다.

• 수레나 마차가 지나가지 못하는 좁고 험한 길을 지나갈 때 이용했습니다.

• 소나무와 새끼줄을 이용해 만든 지게는 곡식 가마니, 항아리, 심지어는 사람까지 나를 수 있을 만큼 튼튼했다고 합니다.

3. 옛날 교통수단의 특징

① 힘이 많이 들고 시간이 오래 걸렸습니다.

② 자연에서 구할 수 있는 재료로 만들었습니다.

③ 주로 사람이나 동물, 자연의 힘을 이용했습니다. → 환경을 오염시키지 않았습니다.

④ 사람이나 물건을 한 번에 많이 옮기기 어려웠습니다.

옛날에는 강을 건널 때 돛단배나 뗏목을 이용하기도 했단다.

오늘날과는 많이 다르네요!

☑ **옛날 교통수단의 특징**

옛날의 교통수단은 사람이나 자연, ❷□□의 힘을 이용했습니다.

소가 수레를 끌고 가고 있어!

정답 ❶ 뗏목 ❷ 동물

용어 사전

교통수단(交 오고 갈 교 通 통할 통 手 방법 수 段 방법 단)
사람이 이동하거나 물건을 옮기는 데 사용하는 방법이나 도구

개념② 사람이나 동물의 힘을 이용하지 않는 교통수단 → 전기나 수증기, 기계의 힘을 이용했습니다.

전차	증기선	*프로펠러 비행기

전기의 힘으로 움직이고 많은 사람이 함께 탈 수 있었음.	수증기의 힘으로 움직여 바람이 불지 않아도 바다를 건널 수 있었음.	하늘을 날아 먼 곳으로 빠르게 이동할 수 있게 되었음.

내 교과서 살펴보기 / 천재교과서, 교학사, 동아출판

증기 기관차
- 석탄을 태워 나오는 증기의 힘으로 바퀴를 돌려 달렸던 철도 차량입니다.
- 증기 기관차를 이용해 먼 곳을 더 빠르게 갈 수 있게 되었습니다.

개념③ 오늘날 교통수단의 종류 → 고속 열차, 지하철, 오토바이 등도 있습니다.

지하철	승용차	비행기

화물선	트럭	버스

개념 체크

☑ **기계의 힘을 이용한 교통수단**

과학 기술의 발달로 ❸ ☐ ☐(ㅈ ㅊ), 증기선 같은 교통수단이 등장했습니다.

> 과학 기술의 발달로 많은 사람이 이동할 수 있게 되었지.

☑ **오늘날의 교통수단**

오늘날에는 기차, ❹ ☐ ☐ ☐(ㅂ ㅎ ㄱ), 트럭 등의 교통수단을 이용합니다.

> 우와~
> 교통수단이 엄청 많다!

정답 ❸ 전차 ❹ 비행기

용어사전
- **프로펠러**
  공중이나 물속에서 엔진의 힘으로 세차게 돌아 항공기나 배를 움직이게 하는 장치
- **화물선**(貨 화물 화 物 물건 물 船 배 선)
  화물의 운송을 목적으로 하는 배

개념 ④ 오늘날 교통수단의 이용 모습 → 사람들은 목적에 따라 다양한 교통수단을 이용합니다.

지하철을 타고 회사에 출근함.

트럭으로 무거운 짐을 나름.

여객선을 타고 섬에 감. → 사람을 태워 나르는 배입니다.

자전거를 타고 집과 가까운 공원에 감.

버스를 타고 현장 체험 학습을 감.

비행기를 타고 해외로 여행을 감.

내 교과서 살펴보기 / 천재교육, 교학사, 김영사, 비상교과서

고속 열차(KTX)
- KTX는 우리나라에서 운행 중인 초고속 열차로, 2004년에 처음으로 운행을 시작했습니다.
- 운행 최고 속도는 시속 300 km이며, 한 번에 900여 명을 태워 나를 수 있습니다.
- 고속 열차가 개통되면서, 전국이 반나절 생활권으로 연결되었습니다.

개념 ⑤ 오늘날의 교통수단이 옛날과 달라진 점

기계의 힘을 이용함.

종류가 다양함.

환경 오염과 교통수단으로 인한 소음이 발생함.

☑ **오늘날 교통수단의 이용**

사람들은 ❺(목적 / 성별)에 따라 지하철, 트럭 등 여러 가지 교통수단을 이용합니다.

☑ **오늘날 교통수단의 특징**

오늘날의 교통수단은 ❻[ㄱ][ㄱ]의 힘을 이용하고, 종류가 다양합니다.

정답 ❺ 목적 ❻ 기계

용어 사전
- 해외(海 바다 해 外 바깥 외) 바다 밖의 다른 나라
- 반나절 생활권 반나절 만에 볼일을 끝내고 되돌아올 수 있는 거리 안에 있는 범위

개념 다지기

📖 11종 공통

1 물에서 이용했던 옛날의 교통수단으로 알맞은 것은 어느 것입니까? (   )

① 말   ② 가마
③ 뗏목   ④ 당나귀
⑤ 소달구지

📖 천재교육, 교학사, 김영사, 비상교과서

4 다음에서 설명하는 교통수단으로 알맞은 것은 어느 것입니까? (   )

속도가 매우 빠른 기차로, 이것이 운행하면서 전국이 반나절 생활권으로 연결되었습니다.

① 버스   ② 기차   ③ 트럭
④ 위그선   ⑤ 고속 열차

📖 11종 공통

2 옛날 교통수단의 특징으로 알맞은 것은 어느 것입니까? (   )

① 종류가 다양했다.
② 먼 곳까지 빠르게 이동할 수 있었다.
③ 하늘에서 이용한 교통수단이 있었다.
④ 자연에서 구할 수 있는 재료로 만들었다.
⑤ 한 번에 많은 사람을 실어 나를 수 있었다.

📖 11종 공통

5 오늘날 교통수단을 이용하는 모습으로 알맞지 <u>않은</u> 것은 어느 것입니까? (   )

① 트럭으로 이삿짐을 나른다.
② 지하철을 타고 회사에 출근한다.
③ 자동차를 타고 할머니 댁에 간다.
④ 버스를 타고 현장 체험 학습을 간다.
⑤ 화물선을 이용해 가까운 공원에 간다.

📖 천재교과서, 교학사, 동아출판

3 다음 중 석탄을 태워 나오는 증기의 힘으로 움직이는 교통수단에 ○표를 하시오.

(1)

⬆ 전차
(   )

(2)

⬆ 증기 기관차
(   )

📖 11종 공통

6 오늘날의 트럭과 비슷한 기능을 했던 옛날의 교통수단을 찾아 기호를 쓰시오.

㉠

⬆ 말

㉡

⬆ 소달구지

(   )

6 교통수단의 발달에 따른 사람들의 생활 모습

개념 체크

개념① 교통수단의 발달로 달라진 생활 모습

→ 사람과 물건의 이동이 활발해졌습니다.

글로벌 수입과자 총집합!

| 더 먼 곳으로 빠르게 이동할 수 있음. | 한 번에 많은 사람과 물건이 이동할 수 있음. | 다른 나라의 물건을 쉽게 살 수 있음. |

☑ **교통수단의 발달로 달라진 생활 모습**

교통수단의 발달로 더 많은 사람과 물건이 먼 곳으로 ❶(빠르게 / 느리게) 이동할 수 있게 되었습니다.

잠시 후, 부산역에 도착합니다.

서울에서 출발한 지 2시간 밖에 안됐는데?

개념② 교통수단의 발달로 새로 생긴 장소와 직업

	관련된 장소	관련된 직업
자동차	버스 터미널, 주유소, 전기 충전소, 고속 도로, 휴게소, 주차장, 다리, 터널	운전 기사, 택배 기사, 휴게소 직원, 교통경찰
비행기	공항, 관제탑, 공항 철도, 공항버스 → 비행기들의 교통을 정리합니다.	승무원, 비행 조종사, 항공 교통 관제사
기차, 지하철	기차역, 기찻길, 지하철역	기관사, 지하철 보안관
배	항구, 선착장, 컨테이너 부두	선장, 항해사

☑ **교통수단의 발달로 새로 생긴 것들**

교통수단의 발달로 새로운 장소와 ❷ [ㅈ | ㅇ]들이 생겨 사람들이 하는 일이 다양해졌습니다.

교통수단과 관련된 많은 장소와 직업들이 생겨났어!

내 교과서 살펴보기 / **천재교과서, 동아출판, 지학사**

교통수단의 발달로 등장한 직업들

| 자동차 디자이너 | 사람들의 안전을 위해 자동차의 디자인을 연구하고 개발함. |

| 항공 교통 관제사 | 공항을 오가는 비행기들이 사고 없이 안전하게 오르내릴 수 있도록 안내함. |

정답 ❶ 빠르게 ❷ 직업

용어 사전

• **선착장**(船 배 선 着 붙을 착 場 마당 장) 배가 와서 닿는 곳
• **부두**(埠 부두 부 頭 머리 두) 배를 대어 사람과 짐이 육지로 오르내릴 수 있도록 만든 곳

개념③ 고장의 환경에 따른 다양한 교통수단

1. 산이나 길이 험한 고장

사륜 구동형 택시	모노레일	케이블카
 [출처: 연합뉴스]		
길이 가파르고 겨울에 눈이 많이 오는 고장에서 이용함. └→ 예 울릉도	가파른 길을 오르내리거나 농산물을 운반할 때 이용함.	산이나 높은 곳을 쉽고 빠르게 오르내릴 때 이용함.

2. 바다나 갯벌이 있는 고장

갯배	카페리	널배

바다를 사이에 두고 떨어진 두 마을을 오갈 때 이용함.	사람과 자동차를 실어 섬이나 육지로 운반할 때 이용함.	갯벌에서 이동할 때 이용함. → 조개를 캘 때 갯벌에 빠지지 않고 이동할 수 있습니다.

개념④ 구조와 관광을 위한 교통수단

1. 구조를 위한 교통수단

산악 구조 헬리콥터	수상 구조 보트	특수 소방차

2. 관광을 위한 교통수단 → 관광객들의 편리하고 안전한 관광을 위해서 이용합니다.

레일 자전거	관광 열차	관광버스

개념 체크

☑ **환경에 따른 교통수단**

고장의 환경에 따라 모노레일, 갯배, ❸ [ㅋ][ㅇ][ㅂ][ㅋ] 등 다양한 교통수단을 이용합니다.

> 저건 높은 곳을 오르내릴 때 이용하는 케이블카란다.

> 저것만 타면 등산을 쉽게 할 수 있겠어요!

내 교과서 살펴보기 / 천재교과서, 교학사, 금성출판사, 김영사, 동아출판, 미래엔, 비상교과서, 비상교육, 아이스크림 미디어

농촌에서 주로 이용하는 교통수단
무거운 농사 도구나 농산물 등을 편하게 운반하기 위해 경운기를 이용합니다.

☑ **구조용 교통수단**

구조용 교통수단에는 산악 구조 헬리콥터, 수상 구조 ❹ [ㅂ][ㅌ] 등이 있습니다.

> 교통수단으로 사람을 구하기도 하는구나!

부아 아앙~

정답 ❸ 케이블카 ❹ 보트

용어사전

모노레일
선로가 하나인 철도

 개념⑤ 미래의 교통수단과 생활 모습

1. **미래의 교통수단**: 사람들의 생활을 더 편리하게 해 주고, 환경을 생각하는 교통수단입니다.

초고속 진공 열차	[출처: 연합뉴스]	• 원통 안에서 강한 공기의 힘을 이용해 이동함. • 먼 거리도 빠르게 이동할 수 있음.
자율 주행 자동차	[출처: 서터스톡]	• 인공 지능을 갖춘 자동차가 스스로 운전해 목적지까지 이동함. └→ 노약자나 장애인도 쉽게 이동할 수 있습니다. • 졸음 운전 등으로 인한 교통사고의 위험이 줄어듦.
• 드론 택시	[출처: 연합뉴스]	• 편리하게 하늘을 날아 빠르게 이동할 수 있음. • 교통 체증 문제가 사라짐. • 바다를 쉽게 건널 수 있음.
전기 자동차		• 화석 연료 대신 전기의 힘으로 움직이는 자동차임. • 매연이 줄어들게 되고, 주유소에 가지 않아도 됨.
하늘을 나는 자동차		땅에서는 자동차처럼 도로를 달리고 하늘에서는 비행기처럼 날 수 있음.

> 내 교과서 살펴보기 / **동아출판**, 미래엔, 아이스크림 미디어
>
> **위그선**
> • 비행기처럼 날개가 달려 있어 바다 위를 떠서 고속으로 이동할 수 있는 배입니다.
> • 최고 시속은 550 km로 자동차보다 빠르고 국내선 비행기와 비슷한 속력입니다.
> • 현재 우리나라에서도 개발이 진행 중입니다.

2. 미래의 생활 모습

① 교통수단으로 인한 소음이 사라질 것입니다.

② 몸이 불편한 사람도 이동하기 편리해질 것입니다.

③ 환경 오염이 줄어들고 더욱 살기 편해질 것입니다.

④ 지금보다 안전하고 빠르게 이동할 수 있을 것입니다.

☑ **미래의 교통수단**

미래의 교통수단에는 초고속 진공 열차, 자율 주행 ❺(뗏목 / 자동차), 드론 택시 등이 있습니다.

스스로 운전하는 자동차라니!

→ 교통수단이 많아 길이 막히는 것입니다.

☑ **미래의 생활 모습**

미래에는 교통수단의 발달로 먼 곳까지 더 빠르고 ❻(안전 / 불편)하게 이동할 수 있을 것입니다.

우와~ 엄청 빠르다! / 저기 우리 집도 보여!

정답 ❺ 자동차 ❻ 안전

 용어 사전

● **인공 지능**
인간의 지능을 갖춘 컴퓨터 시스템

● **드론**
사람이 타지 않고 무선전파로 조종하는 비행기나 헬리콥터 모양의 비행체

● **화석 연료**
생물이 땅속에 묻혀 화석같이 굳어져 오늘날 연료로 이용하는 물질

개념 다지기

📖 11종 공통

1 교통수단의 발달로 달라진 생활 모습을 알맞게 말한 어린이를 쓰시오.

> 지윤: 더 먼 곳으로 빠르게 이동할 수 있어.
> 경찬: 다른 나라의 물건을 쉽게 살 수 없어.

( )

📖 11종 공통

2 다음 장소와 관련 있는 교통수단으로 알맞은 것은 어느 것입니까? ( )

🔼 관제탑

🔼 공항

① 배   ② 버스   ③ 트럭
④ 비행기   ⑤ 고속 열차

📖 천재교과서, 동아출판, 지학사

3 다음에서 설명하는 교통수단의 발달로 새로 등장한 직업은 무엇입니까? ( )

> 공항을 오가는 비행기들이 사고 없이 안전하게 오르내릴 수 있도록 안내하는 직업입니다.

① 항해사   ② 비행 조종사
③ 지하철 보안관   ④ 자동차 디자이너
⑤ 항공 교통 관제사

📖 11종 공통

4 가파르고 험한 길을 오르내릴 때 주로 이용하는 교통수단은 어느 것입니까? ( )

①
🔼 갯배

②
🔼 널배

③
🔼 모노레일

④
🔼 카페리

📖 비상교육

5 다음 미래의 교통수단의 특징으로 알맞은 것은 어느 것입니까? ( )

🔼 전기 자동차

① 환경을 오염시키지 않는다.
② 환경의 영향을 많이 받는다.
③ 바람의 힘을 이용해 강을 건넌다.
④ 동물의 힘을 이용한 교통수단이다.
⑤ 원통 안에서 강한 공기의 힘을 이용한다.

📖 동아출판, 미래엔, 아이스크림 미디어

6 비행기처럼 날개가 달려, 바다 위를 떠서 빠르게 갈 수 있는 미래의 교통수단은 무엇입니까? ( )

① 쾌속선   ② 여객선   ③ 화물선
④ 위그선   ⑤ 유람선

진도 완료
체크

Step 1 단원평가

[1~5] 다음은 개념 확인 문제입니다. 물음에 답하시오.

1 옛날 사람들이 (땅 / 물)에서 이용한 교통수단에는 뗏목, 돛단배 등이 있습니다.

2 전차는 (사람 / 전기)의 힘을 이용한 초기의 교통수단입니다.

3 고장의 (환경 / 이름)에 따라 교통수단을 이용하는 모습이 다릅니다.

4 농촌에서 무거운 농사 도구나 농산물을 옮길 때 이용하는 교통수단은 무엇입니까?

( )

5 전기 자동차는 화석 연료 대신 (전기 / 수증기)의 힘으로 움직입니다.

11종 공통

6 옛날에 사람이 타고 다닐 때 이용했던 교통수단을 찾아 기호를 쓰시오.

ㄱ

△ 지게

ㄴ

△ 가마

( )

11종 공통

7 돛단배에 대한 설명으로 알맞은 것은 어느 것입니까?

( )

① 환경을 오염시켰다.
② 바람의 힘을 이용했다.
③ 땅에서 이용하던 교통수단이다.
④ 하늘에서 이용하던 교통수단이다.
⑤ 자연에서 쉽게 구할 수 없는 재료로 만들어졌다.

천재교육, 천재교과서, 교학사, 김영사, 동아출판,
미래엔, 비상교과서, 비상교육, 아이스크림 미디어

8 수증기의 힘으로 움직이는 다음 교통수단의 이름을 **보기**에서 찾아 쓰시오.

보기
• 뗏목   • 증기선
• 위그선   • 쾌속선

( )

11종 공통

9 친구들과 현장 체험 학습을 갈 때 이용하기에 가장 알맞은 교통수단은 어느 것입니까? ( )

①

△ 자전거

②

△ 버스

③

△ 트럭

④

△ 화물선

📖 11종 공통

10 오늘날의 교통수단이 옛날과 달라진 점을 알맞게 말한 어린이를 쓰시오.

> 민정: 종류가 많이 줄어들었어.
> 도영: 한 번에 많은 물건을 실어 나를 수 없어.
> 윤재: 먼 곳까지 빠르고 편하게 이동할 수 있어.

( )

📖 동아출판

11 다음 교통수단과 관련 있는 장소를 보기에서 찾아 쓰시오.

△ 배

> 보기
> • 선착장   • 공항 철도   • 버스 터미널

( )

📖 교학사, 미래엔, 비상교육

12 다음 직업과 관련 있는 교통수단은 어느 것입니까?

( )

> • 교통경찰   • 택배 기사   • 휴게소 직원

① 배   ② 기차   ③ 지하철
④ 비행기   ⑤ 자동차

📖 교학사, 동아출판, 미래엔, 비상교과서

13 다음 교통수단을 이용하는 까닭으로 알맞은 것은 어느 것입니까? ( )

△ 관광 열차

① 사람을 구하기 위해
② 농촌에서 농산물을 옮기기 위해
③ 눈이나 비에 미끄러지지 않기 위해
④ 자동차를 섬이나 육지로 운반하기 위해
⑤ 관광객들의 편리하고 안전한 관광을 위해

📖 천재교육, 김영사, 비상교육

14 하늘에서 이용할 수 있고, 교통 체증 문제를 해결해 주는 다음 교통수단은 무엇입니까? ( )

① 위그선
② 드론 택시
③ 전기 자동차
④ 초고속 진공 열차
⑤ 자율 주행 자동차

15 다음 옛날의 교통수단을 보고, 물음에 답하시오.

 11종 공통

⊙ 돛단배

ⓛ 말

ⓒ 가마

(1) 바람의 힘을 이용했던 교통수단을 찾아 기호를 쓰시오.

(   )

(2) 위와 같은 옛날 교통수단의 특징은 무엇인지 쓰시오.

답 사람이나 동물, [   ]의 힘을 이용했다.

16 다음 옛날과 오늘날의 교통수단의 공통점을 쓰시오.

11종 공통

⊙ 소달구지

⊙ 트럭

_____

_____

📖 천재교육, 천재교과서, 교학사, 김영사, 미래엔, 비상교과서, 비상교육, 아이스크림 미디어, 지학사

17 울릉도에서 오른쪽과 같은 교통수단을 이용하는 까닭을 쓰시오.

_____

_____

⊙ 사륜 구동형 택시

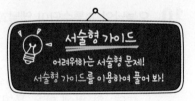
15 (1) 돛단배는 [ ][ ]의 힘으로 강을 건널 때 이용한 교통수단입니다.

(2) 옛날의 교통수단은 사람이나 동물, (기계 / 자연)의 힘을 이용했습니다.

16 오늘날 무거운 짐을 나를 때는 주로 (트럭 / 소달구지)을/를 이용합니다.

17 산이 많은 울릉도에서는 (갯배 / 사륜 구동형 택시)를 이용합니다.

Step 3 수행평가

학습 주제 고장의 환경에 따라 교통수단을 이용하는 모습 알아보기

학습 목표 환경에 따른 다양한 교통수단의 이용 모습을 알 수 있다.

수행평가 가이드
다양한 유형의 수행평가!
수행평가 가이드를 이용해 풀어 봐!

[18~20] 다음 교통수단을 보고, 물음에 답하시오.

ㄱ
▲ 모노레일

ㄴ
▲ 케이블카

ㄷ
▲ 갯배

ㄹ
▲ 카페리

ㅁ
▲ 널배

ㅂ
▲ 경운기

교통수단

• 사람이 이동하거나 물건을 옮기는 데 사용하는 방법이나 도구입니다.

• 오늘날의 교통수단은 종류가 다양하며, 빠르고 편하게 이동할 수 있습니다.

18 위의 교통수단을 이용하는 장소에 따라 분류하여 기호를 쓰시오. 📖 11종 공통

산이나 길이 험한 고장	(1)
농촌에서 농사를 짓는 고장	(2)
바다나 갯벌이 있는 고장	(3)

사람들은 고장의 환경에 따라 다양한 교통수단을 이용하고 있어.

3
단원

진도 완료 체크

📖 천재교과서, 금성출판사, 동아출판, 미래엔

19 다음에서 설명하는 교통수단은 무엇인지 찾아 기호를 쓰시오.

> 조개를 캘 때 쉽게 이동하기 위해 이용하는 교통수단입니다.

(   )

20 위 ㄱ의 교통수단을 이용하면 좋은 점을 한 가지만 쓰시오. 📖 11종 공통

_____

_____

ㄱ을 언제, 어디에서 탈 수 있는지 생각해 봐!

개념 알기

3. ❷ 통신수단의 발달과 생활 모습의 변화(1)

옛날과 오늘날의 통신수단

개념 체크

개념 ① 옛날의 **통신수단** → 어떠한 소식이나 정보를 전달하기 위해 사용하는 방법이나 도구를 말합니다.

1. 옛날 사람들이 주로 이용했던 통신수단 → 직접 가서 말로 소식을 전하기도 했습니다.

서찰

사람을 시켜 편지를 전달했음.

방

사람들이 많이 모이는 곳에 글을 써서 붙였음.

2. 위급한 상황에서 이용했던 통신수단 → 적이 쳐들어오거나 나라에 중요한 일이 생겼을 때 이용했습니다.

파발

파발꾼이 말을 타거나 걸어가 나라의 중요한 일을 전달했음.

봉수

낮에는 연기, 밤에는 횃불을 피워 소식을 전했음.

봉수의 이용 방법
· 상황이 위급한 정도에 따라 피우는 연기와 불의 개수가 달랐습니다.
· 봉수의 연기가 잘 보이지 않는 날씨에는 사람이 말을 타고 직접 가서 소식을 전했습니다.

신호 연

색깔과 무늬가 있는 연을 띄워 작전을 알렸음.

북

북을 크게 쳐서 상황을 알렸음.

새

새를 이용해 빠르게 소식을 전했음.

3. 옛날 통신수단의 특징

① 사람이 직접 가서 소식을 전하는 경우가 많았습니다.
② 먼 곳에 있는 사람과 자주 연락을 주고받기 어려웠습니다.
③ 한 번에 많은 소식을 전하기 어려웠고, 시간이 오래 걸렸습니다.

☑ 옛날 통신수단의 종류

옛날에는 서찰, 파발, ❶(봉수 / 신문) 등을 이용해 소식을 전했습니다.

우와~ 엄청 크다!

옛날에는 저기에 연기나 불을 피워 소식을 전했단다.

내 교과서 살펴보기 / **교학사, 아이스크림 미디어**

신호기
위급한 상황에서 이용했던 통신수단으로, 깃발을 높이 걸거나 흔들어 소식을 주고받았습니다.

☑ 옛날 통신수단의 특징

옛날에는 한 번에 많은 소식을 전하기 어려웠고, ❷ ㅅ ㄱ 이 오래 걸렸습니다.

내일 준비물 알려 준다며! 한참 기다렸잖아!

옛날 통신수단을 이용해 보려고 집에서부터 뛰어왔지.

정답 ❶ 봉수 ❷ 시간

용어 사전

서찰(書 글 서 札 편지 찰)
안부나 소식을 적어 보내는 글

파발
조선 시대에 공문서나 긴급한 군사 정보를 신속하게 전달하려고 만든 통신수단

개념 ② 오늘날의 통신수단

1. 오늘날의 통신수단을 이용하는 모습 → 라디오를 통해 교통 정보를 얻기도 합니다.

텔레비전

텔레비전으로 다양한 정보를 얻음.
→ 뉴스를 보거나 날씨를 확인합니다.

길 도우미

길 도우미로 목적지까지 가는 길을 찾음.

전자 우편

선생님께 전자 우편을 보냄.

휴대 전화

휴대 전화로 약속 등을 정함.

신문

신문을 읽으며 정보를 얻음.

인터넷

인터넷으로 학교 숙제를 확인함.

편지

우편집배원이 편지를 전해 줌.

스마트폰

스마트폰으로 인터넷 쇼핑몰에서 물건을 삼.

컴퓨터

컴퓨터로 알고 싶은 정보를 검색함.

내 교과서 살펴보기 / 김영사, 미래엔

모바일 메신저

- 스마트폰으로 무선 인터넷망을 이용해 실시간으로 대화를 나눌 수 있는 통신수단입니다.
- 모바일 메신저로 문자, 파일, 음성 메시지를 주고받을 수 있습니다.

2. 오늘날 통신수단의 특징

① 여러 사람과 동시에 연락할 수 있습니다.

② 많은 정보를 한 번에 전달할 수 있습니다.

③ 여러 사람에게 실시간으로 정보를 전달할 수 있습니다.

④ 하나의 통신수단으로 여러 가지 통신 방법을 이용할 수 있습니다.

☑ **오늘날 통신수단을 이용하는 모습**

휴대 전화를 이용해 친구와 약속을 정하거나, ❸ (인터넷 / 서찰)을 이용해 다양한 정보를 얻기도 합니다.

☑ **오늘날 통신수단의 특징**

다양한 통신수단을 이용하며 훨씬 빠르고 많은 ❹ [ㅈ][ㅂ]를 전달합니다.

정답 ❸ 인터넷 ❹ 정보

용어 사전

● **전자 우편**
컴퓨터 단말기 이용자끼리 통신 회선을 이용하여 주고받는 글

● **인터넷**
전 세계의 컴퓨터가 연결되어 정보를 교환할 수 있는, 하나의 거대한 컴퓨터 통신망

3 단원

개념③ 통신수단의 발달 모습 → 통신수단의 발달은 과학 기술의 발달과 관련이 있습니다.

1. 전화기의 발달

교환원이 있는 전화
- 면사무소 연결해 주세요.
- 여보세요. 면사무소입니다.
- 네, 알겠습니다. 잠시만 기다리세요.

교환원을 통해 전화를 걸었음.

유선 전화
- 여보, 어머님 전화 예요!
- 네, 받으러 갈게요.

상대방과 직접 통화할 수 있음.

스마트폰
- 지금 그 나라 날씨는 어때?

상대방의 얼굴을 보면서 통화함.

휴대 전화
- 네, 지금 들어가고 있어요.

이동하면서 통화할 수 있음.

내 교과서 살펴보기 / **천재교과서**

통신수단의 발달로 사라진 모습 – 무선 호출기
- 호출한 사람의 전화번호를 소리나 진동으로 알려 주는 통신수단 입니다.
- 호출이 오면 '삐삐'하는 소리가 나서 삐삐라는 별명이 붙었습니다.
- 휴대 전화의 발달로 사라졌습니다.

🔺 무선 호출기

내 교과서 살펴보기 / **지학사**

2. 우편의 발달 → 오늘날에는 전자 우편을 이용하기도 합니다.

① 사람이 직접 찾아가서 소식을 전달했음.

② 편지나 소포를 모아서 전달하는 우편 제도가 시작됐음.

③ 교통수단의 발달로 우편물을 빠르게 전달함.

☑ 전화기의 발달

교환원이 있는 전화에서부터 유선 전화, 휴대 전화, ❺ ㅅ ㅁ ㅌ ㅍ 으로 발달해 왔습니다.

- 여보세요?
- 이제는 스마트폰으로 영상 통화도 할 수 있다고!
- 킥킥

정답 ❺ 스마트폰

용어사전

● **교환원**(交 오고갈 교 換 바뀔 환 員 구성 원)
전화 사용자의 전화선을 통화하고자 하는 상대편에게 연결해 주는 일을 하는 사람

● **소포**(小 작을 소 包 꾸러미 포)
우편으로 보내는 물품

개념 다지기

📖 11종 공통

1 옛날 사람들이 전쟁 중에 이용했던 통신수단으로 알맞은 것은 어느 것입니까? ( )

①
▲ 방

②
▲ 신호 연

③
▲ 신문

④
▲ 서찰

📖 11종 공통

2 옛날 통신수단의 특징을 알맞게 말한 어린이를 쓰시오.

> 다예: 소식을 전할 때 시간이 오래 걸렸어.
> 유빈: 사람이 직접 소식을 전하는 경우는 없었어.
> 중기: 여러 사람에게 실시간으로 정보를 전할 수 있었지.

( )

📖 김영사, 미래엔

3 다음은 오늘날의 통신수단 중 무엇입니까? ( )

① 편지
② 신문
③ 서찰
④ 텔레비전
⑤ 모바일 메신저

📖 11종 공통

4 오늘날 사람들이 이용하는 통신수단으로 알맞은 것을 찾아 ○표를 하시오.

(1)

▲ 북
( )

(2)
▲ 텔레비전
( )

📖 11종 공통

5 다음에서 설명하는 통신수단은 무엇입니까? ( )

> 지금 집으로 들어가고 있어요.

손에 들거나 몸에 지니고 다니면서 걸고 받을 수 있는 통신수단입니다.

① 컴퓨터
② 신호 연
③ 길 도우미
④ 전자 우편
⑤ 휴대 전화

📖 11종 공통

6 서로 얼굴을 보며 전화할 수 있는 통신수단은 무엇입니까? ( )

① 파발
② 편지
③ 신호 연
④ 스마트폰
⑤ 길 도우미

3 단원

개념 ① 통신수단의 발달로 생긴 변화

1. 생활 모습의 변화

휴대 전화로 필요한 물건을 삼.

휴대 전화로 친구와 숙제를 의논함.

인터넷으로 축구 경기표를 예매함.

학교에서는 책에서 얻지 못하는 정보들을 컴퓨터로 봄. → 화상 수업으로 공부를 하기도 합니다.

˚화상 회의를 통해 먼 곳에 있는 사람과 회의를 함.

회사에서 쪽지창을 이용해 대화와 자료를 주고받음.

버스 도착 알림판을 통해 버스 도착 정보를 얻음.

휴대 전화를 이용해 길거리에서 통화를 함.

통신수단의 발달로 다양한 정보를 편리하게 주고받을 수 있게 되었어.

내 교과서 살펴보기 / **천재교육, 교학사, 금성출판사, 동아출판, 미래엔**

2. 직업의 변화

사라진 직업	전화를 거는 사람과 받는 사람을 연결해 주던 교환원이 사라짐.
새로 등장한 직업	• 휴대전화와 관련된 직업이 생김. • 인터넷 장비를 설치하는 직업이 생김. • 개인이 촬영한 영상을 누리집에 공유하는 영상 창작자라는 직업이 생김.

개념 체크

☑ **통신수단의 발달과 우리 생활**

통신수단의 발달로 원하는 정보를 ❶(편리 / 불편)하게 찾을 수 있습니다.

☑ **통신수단의 발달로 달라진 학교 생활**

책에서 얻지 못하는 다양한 정보를 ❷ ㅋ ㅍ ㅌ 를 이용해 볼 수 있습니다.

정답 ❶ 편리 ❷ 컴퓨터

용어
사전

˚**화상 회의**(畫 그림 화 像 모양 상 會 모일 회 議 의논할 의)

상대방과 화면을 통해 서로 얼굴을 보면서 회의하는 것

개념 ② 고장의 환경에 따른 통신수단

장소	주로 이용하는 통신수단	이용하는 까닭
논과 밭이 있는 고장	예 마을 방송	집이 모여 있지 않고, 밖에서 일하는 사람들이 많기 때문에
바다가 있는 고장	예 인터넷 실시간 날씨 정보	자주 바뀌는 바다 날씨에 대비해야 하기 때문에
도시의 아파트 └→ 많은 사람들이 모여 삽니다.	예 인터폰	아파트 안에 있는 다른 사람과 쉽고 빠르게 연락할 수 있기 때문에

> 내 교서 살펴보기 / 지학사

섬 지역에서 쓰이는 통신수단 - 지진 해일 경보 시스템
섬 지역은 지진이나 해일이 많이 일어나기 때문에 사람들의 안전을 위해 지진 해일 경보 시스템을 이용합니다. 그래서 위험이 생겼을 때 근처 사람들에게 소식을 바로 알릴 수 있습니다.

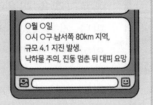

○월 ○일
○시 ○구 남서쪽 80km 지역,
규모 4.1 지진 발생.
낙하물 주의, 진동 멈춘 뒤 대피 요망.

개념 ③ 하는 일에 따른 통신수단 → 농부는 농사를 잘하기 위해 스마트폰이나 영상 공유 누리집 등을 이용합니다.

소방관
긴급한 상황에서 무전기를 이용함.
└→ 먼 바다로 나간 선장도 무전기로 다른 배와 연락합니다.

택시 기사
휴대 전화로 손님의 부름 요청을 받음.

잠수부
물속에서는 자유로운 소통이 어렵기 때문에 수신호를 사용함.

할인점 직원
무선 마이크를 이용해 상품을 소개함.

☑ **고장의 환경에 따른 통신수단**

사람들은 생활하는 ③ [ㅈ][ㅅ]에 따라 통신수단을 다양하게 이용합니다.

주민 여러분~
삼촌이 일하시는 농촌에 갔을 때는 마을 방송을 이용하던데?
택배 왔어요~
고장의 환경에 따라 이용하는 통신수단이 다르거든~

☑ **하는 일에 따른 통신수단**

잠수부의 ④ [ㅅ][ㅅ][ㅎ]처럼 사람들은 하는 일에 맞는 통신수단을 활용합니다.

수족관에 갔을 때 본 잠수부 아저씨처럼 수신호를 사용해 볼까?
지금은 그냥 말로 해!

정답 ③ 장소 ④ 수신호

용어 사전

• **무전기**(無 없을 무 電 전기 전 機 기계 기) 전파를 이용하여 음성 신호를 서로 주고받을 수 있게 해 주는 통신 기기
• **수신호**(手 손 수 信 믿을 신 號 부를 호) 손으로 하는 신호

3 단원

개념 ④ 오늘날 통신수단의 문제점 → 스마트폰 사용에 어려움을 겪는 사람들도 있습니다.

개인 정보 유출	개인을 알아볼 수 있는 정보가 모르는 사람에게 알려짐.
휴대 전화 중독	휴대 전화가 없으면 불안해하는 사람들이 생김.
인터넷 게임 중독	인터넷 게임에 중독되어 건강을 해치는 사람들이 생김.
악성 댓글	인터넷에서 다른 사람에게 악성 댓글을 쓰는 사람들이 있음. └→ 인터넷에 올려진 내용에 대해 나쁘게 쓴 댓글

☑ 오늘날 통신수단의 문제점

오늘날 통신수단은 개인 정보 유출, 인터넷 게임 ❺ ㅈ ㄷ 등 많은 문제점이 있습니다.

내가 사용하기엔 너무 어려워!

오늘날 통신수단의 문제점 중 하나야.

개념 ⑤ 통신수단의 발달로 달라질 미래의 생활 모습

1. 미래의 통신수단

홀로그램 수업	→실물과 똑같이 입체적으로 보이는 사진 **홀로그램**을 이용해 실제로 만난 것과 같은 생생한 수업이 가능해짐.
원격 진료 기기	• 손목에 찬 기계가 건강 상태를 의사에게 알려 줌. • 몸이 아플 때 빠르게 대처할 수 있음.
˙**텔레파시 통신**	생각만으로도 원하는 장비를 움직이거나 다른 사람과 소통할 수 있음. → 몸이 불편한 사람도 원하는 대로 물건을 옮길 수 있을 것입니다.

☑ 미래의 통신수단

미래의 통신수단에는 홀로그램 수업, ❻ ㅌ ㄹ ㅍ ㅅ 통신, 원격 진료 기기 등이 있습니다.

오늘은 평소보다 운동을 좀 더 해야 한다는구나.

파이팅!!

내 교과서 살펴보기 / 비상교육

스마트 가로등
• 우리나라의 일부 도시에서는 다양한 기능을 갖춘 스마트 가로등이 이용되고 있습니다.
• 블랙박스 기능이 있어서 범죄를 예방할 수 있고, 교통 정보를 수집하여 빠른 길로 갈 수 있게 해 줍니다.

용어 사전

˙**텔레파시**
한 사람의 사고, 말, 행동 따위가 멀리 있는 다른 사람에게 옮겨지는 현상

2. 통신수단의 발달로 달라질 미래의 생활 모습
① 사람들의 생활이 편리해집니다.
② 더욱 쉽고 빠르게 정보를 전할 수 있습니다.
③ 언제 어디서나 인터넷을 이용할 수 있습니다.
④ 누구나 쉽게 통신수단을 이용할 수 있습니다.

개념 다지기

📖 11종 공통

1 다음 사진과 관련 있는 통신수단의 발달로 달라진 생활 모습은 무엇입니까? ( )

🔼 버스 도착 알림판

① 휴대 전화로 친구와 숙제를 의논한다.
② 실시간으로 버스 도착 정보를 얻는다.
③ 은행에 직접 가서 은행 업무를 처리한다.
④ 휴대 전화를 이용해 필요한 물건을 산다.
⑤ 책에서 얻지 못하는 정보들을 컴퓨터로 얻는다.

📖 11종 공통

2 다음 중 집에서 통신수단을 이용하고 있는 모습을 찾아 ○표를 하시오.

(1)
🔼 휴대 전화를 이용해 장을 봄.
( )

(2)
🔼 수신호를 이용해 의사소통을 함.
( )

📖 천재교육, 천재교과서, 교학사, 김영사,
미래엔, 비상교과서, 비상교육, 지학사

3 한 건물에 사람이 많이 모여 사는 아파트에서 주로 이용하는 통신수단은 무엇입니까? ( )

① 편지   ② 수신호
③ 인터폰   ④ 길 도우미
⑤ 전자 우편

📖 지학사

4 다음 통신수단을 주로 이용하는 곳은 어디입니까?
( )

① 섬 지역
② 산이 많은 고장
③ 길이 험한 고장
④ 사람이 많은 도시
⑤ 농사를 짓는 고장

○월 ○일
○시 ○구 남서쪽 80km 지역,
규모 4.1 지진 발생.
낙하물 주의. 진동 멈춘 뒤 대피 요망.

🔼 지진 해일 경보 시스템

📖 천재교육, 천재교과서, 교학사, 금성출판사, 김영사, 동아출판,
미래엔, 비상교과서, 비상교육, 아이스크림 미디어

5 사람들이 하는 일에 따라 다른 통신수단을 이용하는 까닭으로 알맞은 것은 어느 것입니까? ( )

① 더 멋있어 보이기 위해
② 말하지 않고 일을 하기 위해
③ 일을 더욱 복잡하게 하기 위해
④ 소식을 더욱 느리게 전하기 위해
⑤ 일을 더욱 빠르고 편리하게 처리하기 위해

📖 11종 공통

6 통신수단의 발달로 달라질 미래의 생활 모습이 **아닌** 것을 보기 에서 찾아 기호를 쓰시오.

> **보기**
> ㉠ 사람들의 생활이 편리해집니다.
> ㉡ 더욱 빠르게 정보를 전할 수 있습니다.
> ㉢ 소식을 전하는 것이 더욱 어려워집니다.

( )

Step 1 단원평가

[1~5] 다음은 개념 확인 문제입니다. 물음에 답하시오.

1 색깔과 무늬가 있는 연을 띄워 작전을 알렸던 옛날의 통신수단은 무엇입니까? ( )

2 오늘날에는 여러 사람과 동시에 연락할 수 (있습니다 / 없습니다).

3 오늘날에는 전화의 발달로 (교환원 / 집배원) 없이 상대방과 직접 통화할 수 있습니다.

4 학교에서는 책에서 얻지 못하는 정보들을 (인터폰 / 컴퓨터)을/를 통해 볼 수 있습니다.

5 물속에서 일하는 사람들이 자유롭게 소통하기 위해 사용하는 통신수단은 무엇입니까?

( )

📖 11종 공통

6 옛날의 통신수단 중 방에 대한 설명으로 알맞은 것은 어느 것입니까? ( )

① 가장 빠른 통신수단이다.
② 무늬가 그려진 연을 이용했다.
③ 위급할 때 이용했던 통신수단이다.
④ 사람이 많이 모이는 곳에 글을 써 붙였다.
⑤ 소식을 전하기 위해 밤에는 횃불을 이용했다.

📖 11종 공통

7 다음 통신수단을 이용하는 모습을 읽고, ☐ 안에 들어갈 말을 보기 에서 찾아 쓰시오.

> 동준이네 어머니는 회사로 가는 빠른 길을 찾기 위해 ☐ 을/를 이용하십니다.

보기
• 편지   • 텔레비전   • 길 도우미

( )

📖 11종 공통

8 오늘날의 통신수단이 옛날과 달라진 점으로 알맞은 것을 보기 에서 찾아 기호를 쓰시오.

보기
㉠ 정해진 장소에서만 이용할 수 있습니다.
㉡ 한 번에 한 사람과만 연락할 수 있습니다.
㉢ 통신 기계 하나로 다양한 통신 방법을 이용할 수 있습니다.

( )

📖 지학사

9 우편의 발달 과정에서 가장 처음으로 이용했던 형태는 어느 것입니까? ( )

①
△ 우편물을 모아 전달함.

②
△ 집배원이 편지를 전달함.

③
△ 말로 직접 소식을 전함.

④
△ 전자 우편을 이용함.

📖 11종 공통

10 다음 통신수단의 발달로 달라진 생활 모습을 보고 알맞게 말한 어린이를 쓰시오.

현동: 직접 만나야만 소통이 가능할 것 같아.
정아: 회사에서 자료를 빠르게 주고받을 수 있어.

(   )

📖 천재교과서, 교학사, 금성출판사, 김영사, 미래엔, 비상교과서,
비상교육, 아이스크림 미디어, 지학사

11 밖에 나가서 일하는 사람들이 많고 집이 떨어져 있는 농촌에서 주로 이용하는 통신수단은 어느 것입니까? (   )

① 인터폰   ② 무전기

③ 마을 방송   ④ 무선 마이크

📖 교학사, 김영사, 동아출판, 비상교과서, 비상교육

12 잠수부들이 물속에서 수신호를 사용하는 까닭은 무엇입니까? (   )

① 물속이 차갑기 때문에
② 사람들이 한곳에 모여 일하기 때문에
③ 물속에서는 손을 움직이기 어렵기 때문에
④ 자유롭게 의사소통을 하기 어렵기 때문에
⑤ 사람들이 주로 밖에 나가서 일을 하기 때문에

📖 천재교과서

13 다음 그림과 관련 있는 오늘날 통신수단의 문제점으로 알맞은 것은 어느 것입니까? (   )

① 인터넷 게임에 중독된다.
② 누구나 쉽게 통신수단을 이용할 수 없다.
③ 개인 정보가 모르는 사람들에게 알려진다.
④ 인터넷에서 다른 사람에게 악성 댓글을 단다.
⑤ 휴대 전화가 없으면 불안해하는 사람들이 생긴다.

📖 천재교육, 김영사, 동아출판, 비상교육

14 다음에서 설명하는 미래의 통신수단으로 알맞은 것은 어느 것입니까? (   )

손목에 찬 기계가 건강 상태를 병원에 알려 주어 몸이 아플 경우 빠르게 대처할 수 있습니다.

① 드론 택시
② 홀로그램 수업
③ 텔레파시 통신
④ 스마트 가로등
⑤ 원격 진료 기기

15 다음은 옛날에 위급한 상황에서 이용했던 통신수단입니다. 11종 공통

(1) 위 통신수단의 이름은 무엇인지 쓰시오.

(   )

(2) 위 통신수단의 특징을 쓰시오.

답 낮에는 ❶ [   ], 밤에는 ❷ [   ]을 피워 소식을 전했다.

서술형 가이드
어려워하는 서술형 문제!
서술형 가이드를 이용하여 풀어 봐!

15 (1) 옛날에는 (봉수 / 컴퓨터) 등의 통신수단을 이용했습니다.

(2) 연기나 횃불을 이용한 옛날의 통신수단은 [ ][ ]의 영향을 많이 받았습니다.

16 오른쪽 그림과 관련된 통신수단의 발달로 달라진 생활 모습을 한 가지만 쓰시오. 11종 공통

사무실에 출근하지 않아도 회의할 수 있어.

_____

_____

16 통신수단의 발달로 (회사 / 물속)에서는 쪽지창, 화상 회의 등의 통신수단을 이용합니다.

천재교육, 천재교과서, 교학사, 김영사, 미래엔, 비상교과서, 비상교육, 지학사

17 다음 사진을 보고 물음에 답하시오.

ㄱ 🔺 물속   ㄴ 🔺 아파트   ㄷ 🔺 논과 밭이 있는 고장

(1) 위 ㄱ~ㄷ 중 인터폰을 이용하는 장소의 기호를 쓰시오.

(   )

(2) 위 (1)번 답의 장소에서 인터폰을 이용하는 까닭을 쓰시오.

_____

_____

17 (1) 아파트에 사는 사람들은 (인터폰 / 수신호)을/를 사용해 연락을 주고받습니다.

(2) 아파트는 한 건물에 많은 사람이 (모여 / 흩어져) 살기 때문에 인터폰을 이용해 빠르게 연락합니다.

Step 3 수행평가

[학습 주제] 옛날과 오늘날의 통신수단

[학습 목표] 옛날과 오늘날의 통신수단의 종류와 특징을 알 수 있다.

수행평가 가이드
다양한 유형의 수행평가!
수행평가 가이드를 이용해 풀어 봐!

통신수단

• 정보를 전달하기 위해 사용하는 방법이나 도구입니다.

• 오늘날에는 휴대 전화, 텔레비전, 길 도우미 등을 이용합니다.

[18~20] 다음 통신수단을 보고, 물음에 답하시오.

ㄱ ⬆ 텔레비전

ㄴ ⬆ 파발

ㄷ ⬆ 새

ㄹ ⬆ 길 도우미

ㅁ ⬆ 전자 우편

ㅂ ⬆ 신호 연

📖 11종 공통

18 위 통신수단을 옛날과 오늘날의 통신수단으로 각각 분류하여 기호를 쓰시오.

옛날	(1)
오늘날	(2)

📖 11종 공통

19 사람이 말을 타고 가거나 직접 걸어가서 나라의 중요한 일을 담은 문서를 전했던 통신수단을 찾아 기호를 쓰시오.

(   )

📖 11종 공통

20 오늘날의 통신수단과 비교했을 때, 옛날의 통신수단의 특징을 한 가지만 쓰시오.

_____

_____

옛날에 위급한 상황에서 이용했던 통신수단을 떠올려 봐.

오늘날에는 여러 사람과 실시간으로 많은 정보를 주고받을 수 있어.

3 단원

Q 배점 표시가 없는 문제는 문제당 4점입니다.

1 교통수단의 발달과 생활 모습의 변화

📖 비상교과서

1 옛날에 주로 물건을 옮기기 위해 땅 위에서 이용했던 교통수단은 무엇입니까? (   )

①
🔺 당나귀

② 프로펠러 비행기

③
🔺 지게

④
🔺 뗏목

📖 11종 공통

2 가마에 대해 바르게 알고 있는 어린이는 누구입니까?
(   )

① 민희: 기계의 힘을 이용했어.
② 여진: 사람이 이동할 때 이용했지.
③ 정석: 먼 거리를 빠르게 갈 수 있었어.
④ 경호: 무거운 짐을 싣고 나를 때 이용했어.
⑤ 진주: 강을 건널 때 이용했던 교통수단이야.

🧳 서술형·논술형 문제
📖 11종 공통

3 옛날 교통수단 중 돛단배의 이용 모습을 돛단배의 특징과 관련하여 쓰시오. [10점]

_____

_____

📖 11종 공통

4 다음 교통수단에 대한 설명으로 알맞지 <u>않은</u> 것은 어느 것입니까? (   )

㉠
🔺 전차

㉡
🔺 증기선

① ㉠은 전기의 힘으로 움직였다.
② ㉡은 수증기의 힘을 이용했다.
③ ㉠은 많은 사람이 함께 탈 수 있었다.
④ ㉡은 하늘에서 이용했던 교통수단이다.
⑤ ㉡을 이용해 먼 나라에도 갈 수 있게 되었다.

📖 11종 공통

5 다음 교통수단을 이용하는 모습으로 가장 알맞은 것은 어느 것입니까? (   )

🔺 자전거

① 가까운 공원에 간다.
② 해외로 출장을 간다.
③ 갯벌에서 빠르게 이동한다.
④ 높은 산을 빠르게 올라간다.
⑤ 사람을 태우고 강을 건넌다.

서술형·논술형 문제 　　　　　　　　📖 11종 공통

6 다음 진솔이의 말과 관련 있는 교통수단의 발달로 달라진 생활 모습을 쓰시오. [10점]

> 진솔: 옛날에는 서울에서 부산까지 가기 위해 30일 정도를 걸어야 했지만 오늘날에는 비행기로 1시간이면 갈 수 있어.

_____

_____

📖 11종 공통

7 자동차와 관련 있는 장소로 알맞은 것은 어느 것입니까? (　　　)

①
▲ 공항

②
▲ 선착장

③
▲ 주차장

④
▲ 관제탑

📖 교학사, 김영사, 동아출판, 미래엔, 비상교과서, 비상교육, 아이스크림 미디어, 지학사

8 다음 중 바다가 있는 고장에서 사람이나 자동차를 실어 나르는 교통수단을 찾아 쓰시오.

▲ 케이블카

▲ 카페리

(　　　　　　　　)

📖 천재교과서, 교학사, 김영사, 동아출판, 비상교과서

9 다음 교통수단의 공통점으로 가장 알맞은 것은 어느 것입니까? (　　　)

▲ 수상 구조 보트　　　▲ 특수 소방차

① 관광을 위해 이용한다.
② 사람들을 구할 때 이용한다.
③ 갯벌에서 이동할 때 이용한다.
④ 물 위에서 이용하는 교통수단이다.
⑤ 가파른 길을 오르내릴 때 이용한다.

📖 천재교육, 김영사, 동아출판, 비상교육

10 다음 미래의 교통수단에 대한 설명으로 알맞은 것은 어느 것입니까? [6점] (　　　)

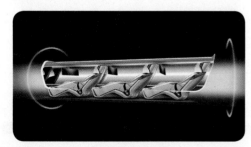
▲ 초고속 진공 열차

① 석탄의 힘으로 움직인다.
② 동물의 힘을 이용해 강을 건넌다.
③ 화석 연료를 사용해 환경을 오염시킨다.
④ 원통 안에서 강한 공기의 힘을 이용한다.
⑤ 자동차를 실어 육지로 운반할 때 이용한다.

3 단원

2 통신수단의 발달과 생활 모습의 변화

📖 11종 공통

11 다음 통신수단에 대한 설명으로 알맞은 것은 어느 것입니까? (   )

▲ 파발

▲ 서찰

▲ 신호 연

▲ 방

① ㉡은 무늬가 있는 연을 이용했다.
② ㉢은 나라가 위급한 상황에서 이용했다.
③ ㉣은 낮에는 연기, 밤에는 횃불을 이용했다.
④ ㉠은 말을 타고 가서 소식을 전했던 방법이다.
⑤ ㉢은 사람이 많은 곳에 글을 써서 붙였던 방법이다.

📖 11종 공통

12 옛날의 통신수단에 대해 <u>잘못</u> 말한 어린이를 쓰시오.

서현: 소식을 전하는 데 시간이 오래 걸렸어.
희주: 통신수단으로 동물을 이용하기도 했어.
은영: 통신수단이 발달하여 사람이 직접 소식을 전할 필요가 없었어.

(   )

📖 11종 공통

13 다음과 같이 집에서 학교 숙제를 확인할 때 이용하는 통신수단을 보기 에서 찾아 쓰시오.

보기
• 봉수
• 인터넷
• 길 도우미

(   )

📖 11종 공통

14 다음 ☐ 안에 들어갈 오늘날의 통신수단은 무엇입니까? (   )

유진이네 어머니는 매일 아침 ☐☐☐에서 하는 뉴스를 통해 세계 각국의 다양한 정보를 얻으십니다.

① 서찰   ② 편지   ③ 파발
④ 신호 연   ⑤ 텔레비전

📖 11종 공통

15 다음 그림과 관련 있는 오늘날 통신수단의 특징으로 알맞은 것은 어느 것입니까? (   )

스마트폰 하나로 여러 가지 일을 할 수 있어요.

① 스마트폰으로는 통화만 가능하다.
② 정보를 전하는 데 시간이 오래 걸린다.
③ 다른 사람에게 직접 찾아가 소식을 전한다.
④ 한 번에 한 가지의 정보만 주고받을 수 있다.
⑤ 통신 기계 하나로 다양한 통신 방법을 이용한다.

16 서술형·논술형 문제 · 📖 11종 공통

다음 전화의 특징을 한 가지만 쓰시오. [10점]

지금 집으로 들어가고 있어요.

⬆ 휴대 전화

_____

_____

📖 11종 공통

17 통신수단의 발달로 학교에서 달라진 생활 모습으로 알맞은 것은 어느 것입니까? (   )

① 연을 띄워 소식을 알린다.

② 교환원을 통해 전화를 받는다.

③ 상대방에게 직접 가서 편지를 전달한다.

④ 은행 업무를 처리하기 위해 은행에 간다.

⑤ 책에서 얻지 못하는 정보를 컴퓨터로 본다.

📖 11종 공통

18 다음 ☐ 안에 들어갈 통신수단은 무엇인지 보기에서 찾아 ○표를 하시오.

사무실에 출근하지 않아도 회의할 수 있어.

오늘날 통신수단의 발달로 회사에서는 ☐를 통해 먼 곳에 있는 사람과 회의를 합니다.

보기

• 유선 전화   • 화상 회의   • 무선 호출기

📖 천재교과서

19 바다가 있는 고장에서 다음과 같은 통신수단을 이용하는 까닭은 무엇입니까? (   )

⬆ 인터넷으로 실시간 날씨 확인

① 자유롭게 의사소통을 하기 위해

② 바다에서 배의 위치를 확인하기 위해

③ 바다에서 잡은 생선을 많이 팔기 위해

④ 날씨가 좋은 날에는 수영을 하기 위해

⑤ 날씨를 자주 확인해 안전사고를 예방하기 위해

📖 천재교육, 천재교과서, 동아출판, 비상교육

진도 완료 체크

20 다음 통신수단을 주로 이용하는 직업으로 알맞은 것을 보기에서 두 가지 찾아 기호를 쓰시오.

⬆ 무전기

보기

㉠ 물속에서 생각을 표현하는 잠수부

㉡ 바다에서 다른 배와 연락하는 선장

㉢ 긴급 상황에 출동해야 하는 소방관

(,   )

세계의 특이한 교통수단

교통수단은 각 지역의 환경에 따라 다양하게 발전했어요.
다른 나라의 특이한 교통수단에는 어떤 것이 있을까요?

곤돌라

이탈리아의 도시 베네치아는 운하를 중심으로 이루어진 도시예요. 그래서 베네치아 사람들은 곤돌라라는 배를 교통수단으로 이용했어요. 오늘날에는 주로 관광객들이 많이 이용한답니다.

유럽

아시아

인 도 양

낙타

[출처: 게티이미지코리아]

넓은 사막이 있는 이집트에서는 더운 날씨와 모래에 익숙한 낙타를 타고 다녔어요. 낙타의 등에는 커다란 혹이 있는데, 이곳에 지방을 축적해서 오랫동안 먹지 않아도 버틸 수 있다고 해요.

코끼리

코끼리는 힘이 세고 똑똑하기 때문에 덥고 숲이 울창한 타이와 같은 나라에서 교통수단으로 사용되었어요. 하지만 먹이를 너무 많이 먹어서 주로 왕실이나 군대에서 길렀다고 해요.

다른 나라에는
또 어떤 교통수단이
있을까?

똑똑한 하루 시/리/즈

배우는 즐거움! 쌓이는 기초 실력!

공부 습관을
만들자!
하루 1ㅁ분!

기초
학습능력 강화
프로그램

똑똑한 하루 독해

NEW

쉽다!
어휘력 강화로
쉬운 독해 시작

재미있다!
다양한 소재로
재미있는 독해 공부

똑똑하다!
생활 속 독해와
창의·융합·코딩 게임까지

1 단계 A
예비초~1학년

천재교육

과목	교재 구성	과목	교재 구성
하루 독해	예비초~6학년 각 A·B (14권)	하루 VOCA	3~6학년 각 A·B (8권)
하루 어휘	예비초~6학년 각 A·B (14권)	하루 Grammar	3~6학년 각 A·B (8권)
하루 글쓰기	예비초~6학년 각 A·B (14권)	하루 Reading	3~6학년 각 A·B (8권)
하루 한자	예비초: 예비초 A·B (2권) 1~6학년: 1A~4C (12권)	하루 Phonics	Starter A·B / 1A~3B (8권)
하루 수학	1~6학년 1·2학기 (12권)	하루 사회	3~6학년 1·2학기 (8권)
하루 계산	예비초~6학년 각 A·B (14권)	하루 과학	3~6학년 1·2학기 (8권)
하루 도형	예비초 A·B, 1~6학년 6단계 (8권)		
하루 사고력	1~6학년 각 A·B (12권)		

뭘 좋아할지 몰라 다 준비했어♥
전과목 교재

전과목 시리즈 교재

●무등생 해법시리즈
- 국어/수학   1~6학년, 학기용
- 사회/과학   3~6학년, 학기용
- SET(전과목/국수, 국사과)   1~6학년, 학기용

●똑똑한 하루 시리즈
- 똑똑한 하루 독해   예비초~6학년, 총 14권
- 똑똑한 하루 글쓰기   예비초~6학년, 총 14권
- 똑똑한 하루 어휘   예비초~6학년, 총 14권
- 똑똑한 하루 한자   예비초~6학년, 총 14권
- 똑똑한 하루 수학   1~6학년, 학기용
- 똑똑한 하루 계산   예비초~6학년, 총 14권
- 똑똑한 하루 도형   예비초~6학년, 총 8권
- 똑똑한 하루 사고력   1~6학년, 학기용
- 똑똑한 하루 사회/과학   3~6학년, 학기용
- 똑똑한 하루 Voca   3~6학년, 학기용
- 똑똑한 하루 Reading   초3~초6, 학기용
- 똑똑한 하루 Grammar   초3~초6, 학기용
- 똑똑한 하루 Phonics   예비초~초등, 총 8권

●독해가 힘이다 시리즈
- 초등 문해력 독해가 힘이다 비문학편   3~6학년, 총 8권
- 초등 수학도 독해가 힘이다   1~6학년, 학기용
- 초등 문해력 독해가 힘이다 문장제수학편   1~6학년, 총 12권

영어 교재

●초등영어 교과서 시리즈
파닉스(1~4단계)   3~6학년, 학년용
영단어(1~4단계)   3~6학년, 학년용
●LOOK BOOK 영단어   3~6학년, 단행본
●원서 읽는 LOOK BOOK 영단어   3~6학년, 단행본

국가수준 시험 대비 교재

●해법 기초학력 진단평가 문제집   2~6학년·중1 신입생, 총 6권

홈스쿨링
우등생
온라인
학습북

서술형 문제 동영상 강의

개념 동영상 강의

온라인 성적 피드백

초등 사회 | 3·1

온라인 학습북 포인트 3가지

▶ 「**개념 동영상 강의**」로 교과서 핵심만 정리!

▶ 「**서술형 문제 동영상 강의**」로 사고력도 향상!

▶ 「**온라인 성적 피드백**」으로 단원별로 내가 부족한 부분 꼼꼼하게 체크!

우등생 온라인 학습북 활용하기

1 동영상으로 보니까 이해가 쏙쏙!
온라인 개념 강의

2 내 실력을 키우는 문제
실력 평가

3 서술형 답안은 어떻게 써야 할까?
동영상으로 보는 서술형·논술형 문제

(3) 위 ㄹ 장소에서 있었던 자신의 경험을 한 가지 쓰시오.

답 ➡ 예 친구들과 술래잡기를 하며 재미있게 놀았다.

⭐ QR 코드를 찍고!

⬇

동영상 강의를 듣고!

4 내 성적을 확인할 수 있는
단원 평가

⭐ QR 코드를 찍어 내가 쓴 답안을 입력하고!

⭐ 제출하기를 누르면!

⭐ 채점과 성적이 한눈에 짜자잔!

틀린 문제는 동영상 강의를 보며 다시 한번 공부해요!

우등생 사회 3-1
홈스쿨링 스피드 스케줄표(10회)

스피드 스케줄표를 활용하면 온라인 학습북을 효과적으로 공부할 수 있어요.

스피드 스케줄표는 온라인 학습북을 10회로 나누어 빠르게 공부하는 학습 진도표입니다.

1. 우리 고장의 모습

1회	온라인 학습북 4~9쪽	**2**회	온라인 학습북 10~15쪽	**3**회	온라인 학습북 16~19쪽
	월 일		월 일		월 일

2. 우리가 알아보는 고장 이야기 / 중간 범위 / 2. 우리가 알아보는 고장 이야기

4회	온라인 학습북 20~25쪽	**5**회	온라인 학습북 26~29쪽	**6**회	온라인 학습북 30~35쪽
	월 일		월 일		월 일

2. 우리가 알아보는 고장 이야기 / 3. 교통과 통신수단의 변화

7회	온라인 학습북 36~39쪽	**8**회	온라인 학습북 40~45쪽	**9**회	온라인 학습북 46~50쪽
	월 일		월 일		월 일

기말 범위

10회	온라인 학습북 51~56쪽
	월 일

응 원 합 니 다

차례

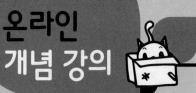

1. ❶ 우리가 생각하는 고장의 모습

❶ 고장의 여러 장소

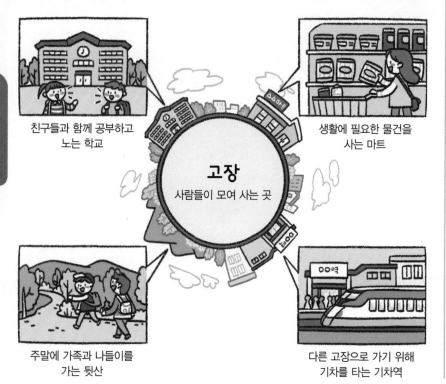

친구들과 함께 공부하고 노는 학교

생활에 필요한 물건을 사는 마트

고장
사람들이 모여 사는 곳

주말에 가족과 나들이를 가는 뒷산

다른 고장으로 가기 위해 기차를 타는 기차역

✴ 중요한 내용을 정리해 보세요!

● 고장이란?

● 고장의 여러 장소에서 겪었던 경험은?

개념 확인하기

정답 17쪽

🍃 다음 문제를 읽고 답을 찾아 ☐ 안에 ✔표를 하시오.

1 사람들이 모여 사는 곳을 무엇이라고 합니까?

ㄱ 고장 ☐   ㄴ 장소 ☐   ㄷ 지구 ☐

2 고장의 뒷산에서의 경험으로 알맞은 것은 무엇입니까?

ㄱ 기차를 탔다. ☐
ㄴ 가족과 나들이를 갔다. ☐
ㄷ 재미있는 영화를 봤다. ☐

3 다른 고장으로 갈 때 이용하는 고장의 장소는 어디입니까?

ㄱ 우체국 ☐   ㄴ 기차역 ☐   ㄷ 경찰서 ☐

4 물건을 사러 가는 고장의 장소는 어디입니까?

ㄱ 마트 ☐   ㄴ 소방서 ☐   ㄷ 수영장 ☐

5 학교는 무엇을 하는 장소입니까?

ㄱ 물건을 사고파는 곳 ☐
ㄴ 선생님과 공부를 하는 곳 ☐

개념 강의

❷ 고장을 그린 그림 비교하고 느낌 나누기

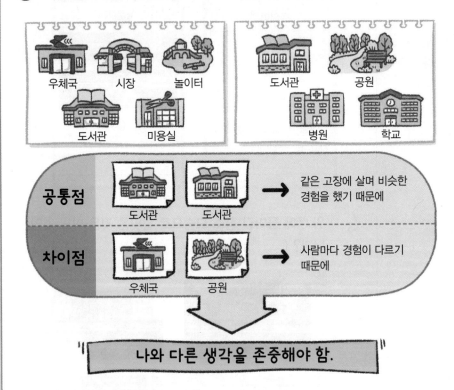

우체국 시장 놀이터
도서관 미용실

도서관 공원
병원 학교

공통점 도서관 / 도서관 → 같은 고장에 살며 비슷한 경험을 했기 때문에

차이점 우체국 / 공원 → 사람마다 경험이 다르기 때문에

나와 다른 생각을 존중해야 함.

✳ 중요한 내용을 정리해 보세요!

● 고장을 그린 그림을 비교하는 방법은?

● 고장에 대한 다른 생각을 대하는 태도는?

1 단원

개념 확인하기

정답 17쪽

🌱 다음 문제를 읽고 답을 찾아 ☐ 안에 ✔표를 하시오.

1 우리 고장을 그린 그림에서 공통점을 찾는 방법은 무엇입니까?

　㉠ 두 그림에 모두 있는 장소를 찾아본다. ☐
　㉡ 어느 한 그림에만 있는 장소를 찾아본다. ☐

2 친구들이 그린 고장 그림에 공통점이 있는 까닭은 무엇입니까?

　㉠ 같은 고장에 살기 때문에 ☐
　㉡ 표현하는 방법이 다르기 때문에 ☐

3 친구들이 그린 고장 그림에 차이점이 있는 까닭은 무엇입니까?

　㉠ 사람마다 경험이 다르기 때문에 ☐
　㉡ 같은 고장에 살며 비슷한 경험을 하기 때문에 ☐

4 친구들이 그린 고장 그림을 보고 든 생각으로 알맞은 것은 무엇입니까?

　㉠ 한 장소에 관해 갖는 느낌은 모두 같다. ☐
　㉡ 고장에 대한 생각은 각자 경험에 따라 다르다. ☐

5 나와 다른 생각을 대하는 바른 태도는 무엇입니까?

　㉠ 무시 ☐　　　　㉡ 존중 ☐

[1~3] 다음은 고장의 장소를 떠올려 보고 그곳에서 겪었던 경험을 이야기하는 내용입니다.

> 수혁: 저는 ┌ ㉠ ┐이/가 떠오릅니다. 친구들과 함께 놀이 기구를 타고 즐겁게 놀 수 있기 때문입니다.
> 민주: 저는 ┌ ㉡ ┐이/가 떠오릅니다. 빌려 읽은 동화책이 너무 재밌었기 때문입니다.
> 효리: 저는 공원이 떠오릅니다. 왜냐하면 ┌ ㉢ ┐

1 위 ㉠에 들어갈 고장의 장소는 어디입니까? ( )

① 병원　　　② 백화점　　　③ 문구점
④ 놀이터　　　⑤ 영화관

2 위 ㉡에 들어갈 장소 모습으로 알맞은 것은 어느 것입니까? ( )

① ⬆ 놀이터

② ⬆ 도서관

③ ⬆ 학교

④ ⬆ 병원

3 위 ㉢에 들어갈 내용으로 알맞은 것은 어느 것입니까? ( )

① 주사를 맞을 때 아팠던 기억 때문입니다.
② 기차를 타고 여행을 갈 수 있기 때문입니다.
③ 사랑하는 가족이 함께 살고 있기 때문입니다.
④ 좋아하는 음식을 사 먹을 수 있기 때문입니다.
⑤ 가족과 산책이나 운동을 하러 가기 때문입니다.

[4~5] 다음 장소 카드를 보고, 물음에 답하시오.

슈퍼마켓	박물관
 ㉠	
생활에 필요한 물건을 사고파는 곳입니다.	㉡

4 위 ㉠에 들어갈 장소 모습으로 알맞은 것은 어느 것입니까? ( )

①

②

③

④

5 위 ㉡에 들어갈 경험을 알맞게 쓴 어린이는 누구입니까? ( )

① 민수: 영화를 보는 곳이다.
② 원권: 학용품과 수업 준비물을 사는 곳이다.
③ 재영: 아파서 입원했던 적이 있어서 조금 무섭게 느껴진다.
④ 소라: 주말에 가족과 함께 방문했는데 볼거리가 많아서 흥미로웠다.
⑤ 민경: 할머니 댁에 가기 위해 설레는 마음으로 버스를 타는 곳이다.

6 다음 질문에 대한 대답으로 알맞은 것을 두 가지 찾아 ○표를 하시오.

머릿속에 떠오르는 고장의 모습은 어떻게 그릴까요?

(1) 건물의 모습을 아주 자세히 그려야 합니다.
( )

(2) 실제 있는 장소가 아니라 상상의 장소를 그려야 합니다. ( )

(3) 고장에 있는 모든 장소를 그리지 않고 떠오르는 장소를 중심으로 그리면 됩니다. ( )

(4) 장소의 위치는 정확하지 않아도 되지만 장소의 대략적인 방향과 위치를 생각하며 그립니다.
( )

📖 천재교과서

7 다음 주제로 그린 그림으로 알맞은 것은 어느 것입니까?
( )

우리에게 도움을 주는 우체국, 병원, 경찰서, 소방서를 그렸습니다.

①  ②

③ 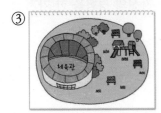 ④

[8~9] 다음은 친구들이 그린 우리 고장의 모습을 비교해 보고 공통점과 차이점을 정리한 것입니다.

구분	현아가 그린 고장의 모습	서진이가 그린 고장의 모습
자연	용뫼산을 크고 자세하게 그림.	용뫼산을 작고 간단하게 그림.
주요 건물	학교, 집, 약국, 병원, 문구점 등이 있고, 길이 비교적 복잡함.	학교, 집, 공원, 태권도 학원, 문구점 등이 있고, 길이 그려져 있지 않음.
비슷한 점	학교와 집, ⓐ 을 모두 그림.	
다른 점	ⓒ	

8 위 ⓐ에 들어갈 장소는 무엇입니까? ( )
① 공원   ② 약국   ③ 문구점
④ 병원   ⑤ 태권도 학원

9 다음 ⓒ에 들어갈 알맞은 내용에 ○표를 하시오.
(1) 현아는 길을 그렸지만 서진이는 그리지 않았습니다. ( )
(2) 서진이는 산을 크게 그렸지만 현아는 작게 그렸습니다. ( )

10 고장에 대한 생각과 느낌을 공유하는 태도로 알맞지 <u>않은</u> 것을 두 가지 고르시오. (,)
① 나와 다른 생각은 무시한다.
② 서로 다른 생각이나 느낌을 존중한다.
③ 나와 다른 생각은 잘못되었다고 알려 준다.
④ 사람에 따라 관심 있는 것이 다르다는 것을 이해한다.
⑤ 고장에 대한 생각은 경험에 따라 다를 수 있음을 이해한다.

연습 🦉 도움말을 참고하여 내 생각을 차근차근 써 보세요.

1 다음 고장의 장소를 보고, 물음에 답하시오. [총 10점]

ⓐ ⚕ 병원
ⓑ ⚕ 놀이터
ⓒ ⚕ 도서관
ⓓ ⚕ 학교

(1) 아픈 곳을 치료하러 가는 장소의 기호를 쓰시오. [2점]

( )

(2) 다음 경험과 관련된 장소의 기호를 쓰시오. [2점]

> 평소에 읽고 싶었던 책을 마음껏 보고 빌려 오기도 했습니다.

( )

(3) 위 ⓓ에서의 경험으로 알맞은 내용을 쓰시오. [6점]

> 🦉 학교는 무엇을 하는 장소인지 생각하며 써 보세요.
> **꼭 들어가야 할 말** 친구 / 교실 / 공부

_____

_____

2 다음은 우리 고장을 그린 그림입니다. [총 10점]

ⓐ 우체국
ⓑ 공원
ⓒ 소방서
ⓓ 놀이터

(1) 위 ⓐ~ⓓ 중 다음에서 설명하는 장소로 알맞은 곳의 기호를 쓰시오. [2점]

> 고장에 불이 났을 때 꺼 주는 일을 하는 곳입니다.

( )

(2) 위 ⓐ~ⓓ 중 편지를 보낼 수 있는 고장의 장소는 어디 인지 기호를 쓰시오. [2점]

( )

(3) 위 ⓓ 장소에서 있었던 자신의 경험을 한 가지 쓰시오.
[6점]

_____

_____

3 다음 우리 고장을 그린 그림을 보고, 물음에 답하시오.
[총 10점]

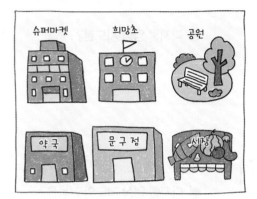

◈ 지아가 그린 우리 고장의 모습

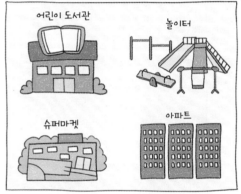

◈ 희철이가 그린 우리 고장의 모습

(1) 두 그림에 공통적으로 있는 것은 무엇인지 쓰시오. [2점]

(   )

(2) 위 그림을 보고 바르게 말한 어린이를 쓰시오. [2점]

> 효진: 지아는 놀이터를 그렸어.
> 현서: 희철이는 시장을 표현했어.
> 민수: 두 사람이 그린 슈퍼마켓의 모양이 달라.

(   )

(3) 위와 같이 우리 고장을 그린 두 그림에 공통점과 차이점이 있는 까닭은 무엇인지 쓰시오. [6점]

_____

_____

4 다음은 고장의 장소에 대한 경험과 느낌을 친구와 비교하여 정리한 것입니다. [총 10점]

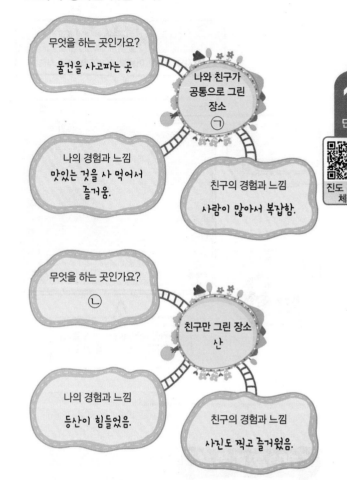

무엇을 하는 곳인가요?
물건을 사고파는 곳

나와 친구가 공통으로 그린 장소 ㉠

나의 경험과 느낌
맛있는 것을 사 먹어서 즐거움.

친구의 경험과 느낌
사람이 많아서 복잡함.

무엇을 하는 곳인가요? ㉡

친구만 그린 장소 산

나의 경험과 느낌
등산이 힘들었음.

친구의 경험과 느낌
사진도 찍고 즐거웠음.

(1) 위 ㉠에 들어갈 장소를 보기 에서 찾아 쓰시오. [2점]

> **보기**
> • 학교　　• 시장　　• 병원　　• 공원

(   )

(2) 위 ㉡에 들어갈 알맞은 내용에 ○표를 하시오. [2점]
① 물건을 사고파는 곳   (   )
② 등산, 나들이를 하는 곳   (   )
③ 편지를 보낼 수 있는 곳   (   )

(3) 위와 같이 고장에 대한 생각이 친구와 다를 때 가져야할 바른 태도를 쓰시오. [6점]

_____

_____

❶ 디지털 영상 지도의 의미와 기능

디지털 영상 지도

디지털 기기로 이용할 수 있도록 만든 지도

검색창에 장소 이름을 쓰고 위치를 찾음.

지도를 확대하거나 축소할 수 있음.

원하는 위치로 갈 수 있음.

위성 사진, 항공 사진으로 디지털 영상 지도를 만듦.

✳ 중요한 내용을 정리해 보세요!

● 디지털 영상 지도란?

● 디지털 영상 지도의 기능은?

개념 확인하기

정답 19쪽

✑ 다음 문제를 읽고 답을 찾아 ☐ 안에 ✔표를 하시오.

1 디지털 영상 지도란 무엇입니까?

　　㉠ 디지털 정보로 표현한 지도 ☐

　　㉡ 산, 큰길 등 밑그림만 그려져 있는 지도 ☐

2 디지털 영상 지도를 만들 때 이용하는 것은 무엇입니까?

　　㉠ 지구본 ☐　　㉡ 항공 사진 ☐

3 디지털 영상 지도에서 장소의 위치를 찾을 때 이용하는 기능은 무엇입니까?

　　㉠ 위치 찾기 기능 ☐　　㉡ 지도 선택 기능 ☐

4 디지털 영상 지도에서 원하는 위치로 이동하기 위해 이용하는 방법은 무엇입니까?

　　㉠ 거리 재기 기능을 이용한다. ☐

　　㉡ 마우스를 누른 채로 움직인다. ☐

5 디지털 영상 지도에서 어떤 장소를 확대해서 보고 싶을 때 이용하는 방법은 무엇입니까?

　　㉠ 마우스 스크롤을 아래로 굴린다. ☐

　　㉡ 디지털 영상 지도에 있는 ⊞ 단추를 누른다. ☐

　　㉢ 디지털 영상 지도에 있는 ⊟ 단추를 누른다. ☐

❷ 고장의 주요 장소

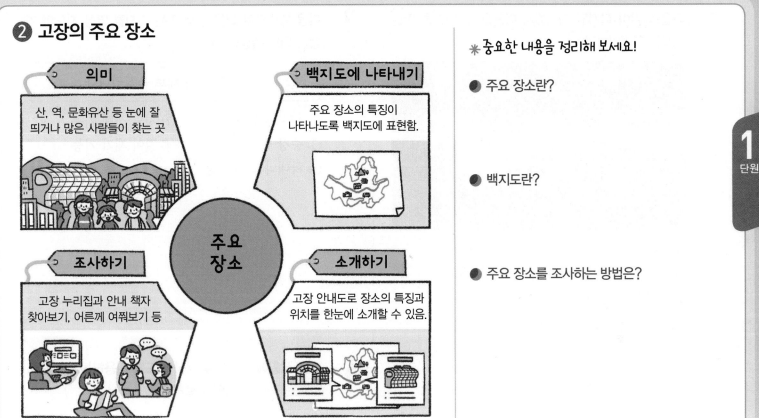

의미

산, 역, 문화유산 등 눈에 잘 띄거나 많은 사람들이 찾는 곳

백지도에 나타내기

주요 장소의 특징이 나타나도록 백지도에 표현함.

조사하기

고장 누리집과 안내 책자 찾아보기, 어른께 여쭤보기 등

주요 장소

소개하기

고장 안내도로 장소의 특징과 위치를 한눈에 소개할 수 있음.

✳ 중요한 내용을 정리해 보세요!

● 주요 장소란?

● 백지도란?

● 주요 장소를 조사하는 방법은?

1 단원

개념 확인하기

정답 19쪽

✍ 다음 문제를 읽고 답을 찾아 ☐ 안에 ✔표를 하시오.

1 고장의 주요 장소로 알맞지 <u>않은</u> 것은 무엇입니까?

㉠ 문화유산이 있는 곳 ☐

㉡ 다른 고장으로 이동할 때 이용하는 곳 ☐

㉢ 눈에 띄지 않고 사람들이 찾지 않는 곳 ☐

2 백지도에 놀이공원을 효과적으로 표현하는 방법은 무엇입니까?

㉠ 놀이 기구를 그린다. ☐

㉡ 책과 공책을 그린다. ☐

3 고장의 주요 장소를 조사하기에 알맞은 자료는 무엇입니까?

㉠ 지구본 ☐   ㉡ 고장 안내 책자 ☐

4 고장의 주요 장소를 조사하기에 알맞은 누리집은 어느 것입니까?

㉠ 고장 누리집 ☐   ㉡ 학교 누리집 ☐

5 고장의 주요 장소를 소개하는 방법으로 알맞은 것은 무엇입니까?

㉠ 고장 안내도 만들기 ☐

㉡ 세계 지도 보여 주기 ☐

1 다음과 같이 디지털 기기에서 이용할 수 있도록 만든 지도는 무엇입니까? (   )

① 백지도
② 교통 지도
③ 항공 사진
④ 인구 분포도
⑤ 디지털 영상 지도

2 다음 ㉠에 들어갈 검색 결과로 알맞지 <u>않은</u> 것을 두 가지 고르시오. (,   )

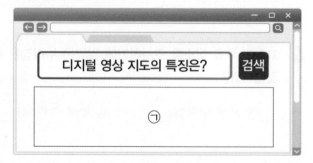

① 고장의 자세한 모습을 볼 수 없다.
② 고장의 모습을 생생하게 볼 수 있다.
③ 고장의 전체적인 모습을 살펴볼 수 있다.
④ 어떤 장소의 위치를 정확하게 알 수 없다.
⑤ 컴퓨터와 스마트폰으로 쉽게 이용할 수 있다.

3 다음 방법으로 이용할 수 있는 디지털 영상 지도의 기능은 어느 것입니까? (   )

> 마우스를 누른 채로 움직입니다.

① 위치 이동 기능
② 지도 선택 기능
③ 증강 현실 기능
④ 길이 재기 기능
⑤ 확대와 축소 기능

4 다음 상황에서 디지털 영상 지도를 이용하는 방법으로 알맞은 것을 두 가지 고르시오. (,   )

> 지도를 축소해서 우리 고장에 있는 여러 장소들을 한눈에 살펴보고 싶습니다.

① 검색창에 장소의 이름을 쓴다.
② 마우스를 누른 채로 움직인다.
③ 마우스 스크롤을 아래로 굴린다.
④ 디지털 영상 지도에 있는 ─ 단추를 누른다.
⑤ 디지털 영상 지도에 있는 ＋ 단추를 누른다.

5 다음 주제에 맞는 주요 장소는 어디입니까? (   )

> 물건을 사고파는 곳

① 산
② 강
③ 시청
④ 소방서
⑤ 대형 마트

6 다음 대화의 빈칸에 들어갈 장소로 가장 알맞은 것은 어느 것입니까? (   )

> 민수: 나는 ▲▲강이 우리 고장의 주요 장소 같아. 왜냐하면 경치가 아름다워 고장에서 가장 눈에 띄기 때문이야.
> 소정: 나는 시청이 주요 장소 같아. 고장 사람들이 시청을 자주 찾기 때문이야.
> 지우: 나는 ☐이/가 주요 장소 같아. 왜냐하면 다른 지역으로 가려고 사람들이 많이 이용하는 곳이기 때문이야.

① 향교   ② 할인점
③ 캠핑장   ④ 지하철역
⑤ 놀이공원

📖 천재교육

7 백지도에 다음과 같이 표현된 고장의 장소는 어디입니까? (   )

> 우주선을 그렸습니다.

① 청계산   ② 대공원
③ 과천시청   ④ 과천 저수지
⑤ 국립과천과학관

8 고장의 자랑할 만한 장소에 관한 자료를 수집하는 방법을 보기에서 찾아 기호를 쓰시오.

> **보기**
> ㉠ 지구본 살펴보기
> ㉡ 고장 누리집 살펴보기
> ㉢ 우리 학교 누리집 살펴보기

(   )

[9~10] 다음 고장의 안내도를 보고, 물음에 답하시오.

📖 천재교과서

9 위 ㉠에 들어갈 알맞은 내용은 무엇입니까? (   )
① 기차를 탈 수 있다.
② 캠핑을 할 수 있다.
③ 아픈 곳을 치료한다.
④ 준비물을 살 수 있다.
⑤ 어린이가 읽을 수 있는 책이 많다.

10 위와 같이 장소를 표현한 백지도에 장소 카드를 붙일 때 좋은 점은 무엇인지 ☐ 안에 알맞은 말을 쓰시오.

> 장소의 특징과 함께 장소의 ☐를 알 수 있어서 좋습니다.

(   )

1 단원

연습 도움말을 참고하여 내 생각을 차근차근 써 보세요.

1 다음 소양강 스카이워크를 찍은 사진을 보고, 물음에 답하시오. [총 10점]

 ㉠

 ㉡

 ㉢

 ㉣

(1) 아래에서 찍은 사진을 찾아 기호를 쓰시오. [2점]

(   )

(2) 민호가 본 사진은 무엇인지 위에서 찾아 기호를 쓰시오. [2점]

> 민호: 소양강 스카이워크의 전체적인 모습이 보여요.

(   )

(3) 위와 같은 사진을 보고 알 수 있는 점은 무엇인지 쓰시오. [6점]

> 같은 장소를 찍은 사진이라는 점을 생각하며 써 보세요.
> **꼭 들어가야 할 말** 같은 장소 / 사진을 찍는 위치

---

2 다음 디지털 영상 지도를 보고, 물음에 답하시오. [총 10점]

(1) 위와 같은 디지털 영상 지도를 이용할 수 있는 기기에 ○표를 하시오. [2점]

> • 전화기   • 텔레비전   • 스마트폰

(2) 디지털 영상 지도를 만들 때 사용되는 사진은 무엇인지 쓰시오. [2점]

(   )

(3) 디지털 영상 지도의 좋은 점을 한 가지 쓰시오. [6점]

3 다음은 고장의 주요 장소를 정리한 표입니다. [총 10점]

주제	고장의 주요 장소
자연과 관련 있는 곳	㉠
물건을 사고파는 곳	시장, ㉡ 백화점
다른 고장으로 이동할 수 있는 곳	지하철역, ㉢ 대형 마트
사람들의 생활을 편리하게 도와주는 곳	소방서, ㉣ 시청, 학교
다른 고장 친구들에게 소개하고 싶은 곳	공원, 향교, 놀이공원

(1) 위 ㉠에 들어갈 알맞은 장소를 보기 에서 두 가지 찾아 쓰시오. [2점]

> 보기
> • 산   • 우체국   • 호수   • 경찰서

(,   )

(2) 위 밑줄 친 ㉡~㉣ 중 주제에 맞지 않는 장소는 무엇인지 기호를 쓰시오. [2점]

(   )

(3) 위 (2)번 답을 선택한 까닭은 무엇인지 쓰시오. [6점]

_____

_____

4 다음은 춘천의 주요 장소를 백지도에 나타낸 것입니다. 물음에 답하시오. [총 10점]

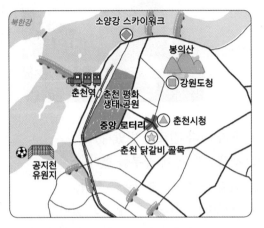

(1) 위 백지도에서 강원도청은 어떤 모양으로 나타나 있는지 쓰시오. [2점]

(   )

(2) 위 지도를 보고 알 수 있는 공지천 유원지의 특징을 찾아 기호를 쓰시오. [2점]

> ㉠ 풀과 나무가 많습니다.
> ㉡ 골대와 축구공이 있습니다.

(   )

(3) 위와 같이 고장의 주요 장소를 백지도로 나타내면 좋은 점을 쓰시오. [6점]

_____

_____

📖 11종 공통

1 다음 장소에서 겪었던 경험으로 알맞은 것은 어느 것입니까? (   )

▲ 병원

① 배가 아파 진료를 받았다.
② 선생님과 함께 공부를 했다.
③ 연필, 공책 등 준비물을 샀다.
④ 사랑하는 가족이 함께 살고 있다.
⑤ 친구와 함께 술래잡기 등을 하며 놀았다.

📖 11종 공통

2 다음 경험과 관련된 고장의 장소는 어디입니까?
(   )

> 친구들과 함께 교실에서 공부하고 운동장에서 재미있게 놀았습니다.

① 산   ② 학교
③ 전통 시장   ④ 도서관
⑤ 우체국

📖 11종 공통

3 사람마다 같은 장소에 대한 생각이나 느낌이 다른 까닭으로 가장 알맞은 것은 어느 것입니까? (   )

① 사람마다 키가 다르기 때문에
② 사람마다 성적이 다르기 때문에
③ 사람마다 외모가 다르기 때문에
④ 사람마다 몸무게가 다르기 때문에
⑤ 사람마다 장소에 대한 경험이 다르기 때문에

📖 11종 공통

4 다음 어린이가 설명하는 고장의 장소는 어디입니까?
(   )

> 책을 빌리거나 읽을 수 있는 곳이에요. 이곳에서 개최한 행사에 참여하여 내가 읽은 책에 대한 문제를 풀어 보고, 선물도 받았어요.

① 시장   ② 문구점
③ 편의점   ④ 캠핑장
⑤ 도서관

📖 비상교육

5 다음 고장의 장소 카드 속 ㉠에 알맞은 장소 모습은 어느 것입니까? (   )

공항	공연장
㉠	
공항에서 비행기를 타면 다른 나라로 여행을 갈 수 있습니다.	공연장에서 친구들과 연극을 재미있게 보았습니다.

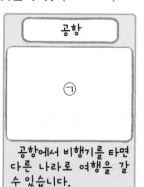

①

②

③

④

6 다음 장소를 장소 카드로 만들 때 들어갈 내용으로 알맞은 것은 어느 것입니까? ( )

📖 11종 공통

🔺 산

① 학용품을 샀다.
② 태권도 품띠를 땄다.
③ 재미있는 만화 영화를 봤다.
④ 등산을 하며 경치를 구경했다.
⑤ 이모 댁에 가려고 지하철을 탔다.

7 형석이의 그림을 통해 알 수 있는 고장의 모습은 어느 것입니까? ( )

📖 11종 공통

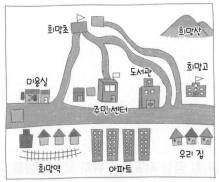
🔺 형석이가 그린 우리 고장의 모습

① 하천이 흐른다.
② 박물관이 있다.
③ 미용실이 있다.
④ 훌륭한 문화유산이 있다.
⑤ 농사를 짓는 사람들을 볼 수 있다.

8 희철이와 지아가 그린 우리 고장의 모습을 바르게 비교한 것은 어느 것입니까? ( )

📖 11종 공통

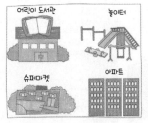 
🔺 희철: 알리고 싶은 장소를 중심 으로 그렸음. 🔺 지아: 좋아하는 장소를 중심으로 그렸음.

① 지아는 놀이터를 그렸다.
② 희철이는 시장을 표현했다.
③ 지아의 그림에는 아파트가 있다.
④ 두 그림에 공통적으로 있는 건물은 초등학교이다.
⑤ 두 그림에 나타난 슈퍼마켓의 모양과 크기가 다르다.

9 다음 두 그림에 공통적으로 있는 장소는 어디입니까?
( )

📖 천재교과서

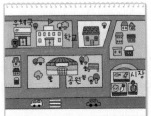 

① 학교   ② 시장   ③ 공원
④ 경찰서   ⑤ 소방서

10 고장에 대한 생각과 느낌을 공유할 때 가져야 할 태도로 옳은 것은 어느 것입니까? ( )

📖 11종 공통

① 내 생각만 고집한다.
② 서로의 생각을 존중해야 한다.
③ 상대방의 생각은 듣지 않는다.
④ 나와 같은 생각만 존중해 준다.
⑤ 내 생각에 동의하도록 강요한다.

📖 천재교육

11 다음 사진을 보고 바르게 말한 어린이는 누구입니까?
( )

① 영민: ㉠은 야구장을 하늘에서 내려다본 모습이야.
② 원권: ㉠ 사진에서 야구장 안의 관중석을 볼 수 있어.
③ 현아: ㉡은 야구장을 정면에서 본 모습이야.
④ 세영: ㉡은 우주에서 찍은 사진이야.
⑤ 서진: 같은 장소라도 우리가 바라보는 위치에 따라 다양하게 보여.

📖 11종 공통

12 다음 지도에 대한 설명으로 알맞지 않은 것은 어느 것입니까? ( )

① 장소의 이름, 땅의 생김새 등을 알 수 있다.
② 강, 큰길 등 밑그림만 그려져 있는 지도이다.
③ 컴퓨터나 스마트폰에서 쉽게 이용할 수 있다.
④ 어떤 장소의 전체적인 모습을 살펴볼 수 있다.
⑤ 비행기나 인공위성에서 찍은 사진으로 만든다.

📖 11종 공통

13 디지털 영상 지도의 좋은 점으로 알맞지 않은 것은 어느 것입니까? ( )

① 고장의 위치를 쉽게 알 수 있다.
② 고장의 자세한 모습을 볼 수 있다.
③ 고장의 전체적인 모습을 볼 수 없다.
④ 고장의 모습을 정확하게 알 수 있다.
⑤ 고장의 모습을 생생하게 볼 수 있다.

📖 11종 공통

14 다음 방법으로 이용할 수 있는 디지털 영상 지도의 기능은 무엇입니까? ( )

+ 단추를 누릅니다.

① 확대 기능
② 위치 찾기 기능
③ 증강 현실 기능
④ 길이 재기 기능
⑤ 지도 선택 기능

📖 11종 공통

15 디지털 영상 지도에서 위치 찾기 기능을 이용하는 방법으로 가장 알맞은 것은 어느 것입니까? ( )

① 지도의 종류를 백지도로 바꾼다.
② 마우스 스크롤을 위아래로 굴린다.
③ 검색창에 찾고자 하는 장소를 입력한다.
④ 마우스 왼쪽 단추를 누른 채로 움직인다.
⑤ 디지털 영상 지도에 있는 + , - 단추를 누른다.

16 📖 11종 공통

다른 고장으로 이동할 때 이용하는 주요 장소는 어디입니까? (   )

① 춘천 터미널
② 공지천 조각 공원
③ 춘천 향교
④ 춘천 평화 생태 공원
⑤ 봉의산

17 📖 11종 공통

다음 주제에 맞는 주요 장소는 어디입니까? (   )

> 유명한 관광지가 있는 곳

① 역
② 시청
③ 경찰서
④ 소방서
⑤ 놀이공원

18 📖 천재교육

다음 장소를 백지도에 효과적으로 나타내려고 할 때 표시로 가장 알맞은 것은 어느 것입니까? (   )

> 대공원: 아주 큰 동물원과 식물이 있음.

①
②
③
④
⑤

19 📖 11종 공통

우리 고장에서 자랑할 만한 장소가 되기 위한 조건으로 알맞지 <u>않은</u> 것은 어느 것입니까? (   )

① 경치가 아름다운 곳
② 역사적으로 중요한 곳
③ 우리 고장 사람들이 좋아하는 곳
④ 우리 고장 사람들도 잘 모르는 곳
⑤ 다른 고장 사람들도 인정할 만한 특징이 있는 곳

20 📖 천재교과서

다음과 같은 방법으로 고장의 장소를 소개할 때 좋은 점은 어느 것입니까? (   )

진도 완료 체크

① 고장의 여러 장소를 소개할 수 없다.
② 고장의 주요 장소를 한눈에 알아보기 어렵다.
③ 주요 장소의 특징과 함께 위치를 알려 줄 수 있다.
④ 우리 고장의 달라진 모습을 시기별로 자세하게 알 수 있다.
⑤ 우주에서 내려다본 것처럼 우리 고장의 모습을 살펴볼 수 있다.

· 답안 입력하기 · 온라인 피드백 받기

❶ 옛이야기에 담긴 고장의 특징

자연환경

설문대 할망 이야기
제주도는 바다로 둘러싸인 섬이고, 높은 산이 있음.

생활 모습

빙고리 이야기
겨울에 얼음을 저장했다가 여름에 먹었음.

유래

효자동 이야기
옛날에 고장에 효자가 살아서 효자동이 되었음.

인물

김수로왕 이야기
김해 지역에 나라를 세운 김수로왕 이야기가 전해짐.

✻ 중요한 내용을 정리해 보세요!

● 고장의 옛이야기로 알 수 있는 것은?

개념 확인하기

정답 22쪽

🜛 다음 문제를 읽고 답을 찾아 ☐ 안에 ✔표를 하시오.

1 설문대 할망 이야기가 전해지는 고장은 어디입니까?

㉠ 독도 ☐   ㉡ 울릉도 ☐   ㉢ 제주도 ☐

2 고장의 옛이야기로 알기 어려운 것은 어느 것입니까?

㉠ 고장의 유래 ☐
㉡ 고장의 자연환경 ☐
㉢ 오늘날 고장의 인구수 ☐

3 얼음을 저장하는 창고가 있던 고장과 관련된 지명은 무엇입니까?

㉠ 잠실동 ☐   ㉡ 빙고리 ☐   ㉢ 얼음골 ☐

4 옛날에 신분의 차이가 있었음을 알 수 있는 지명은 무엇입니까?

㉠ 기와말 ☐   ㉡ 피맛골 ☐   ㉢ 마이산 ☐

5 효자동 이야기를 통해 알 수 있는 것은 무엇입니까?

㉠ 고장에 효자가 살았다. ☐
㉡ 고장에 우애 좋은 형제가 살았다. ☐

❷ 옛이야기 조사하고 소개하기

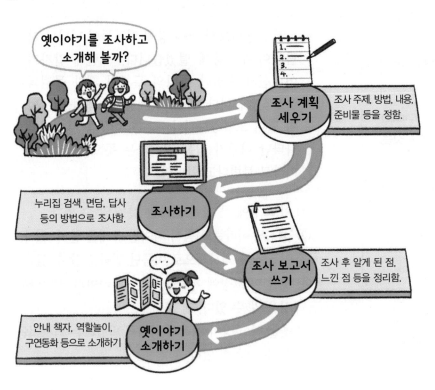

옛이야기를 조사하고 소개해 볼까?

조사 계획 세우기 — 조사 주제, 방법, 내용, 준비물 등을 정함.

조사하기 — 누리집 검색, 면담, 답사 등의 방법으로 조사함.

조사 보고서 쓰기 — 조사 후 알게 된 점, 느낀 점 등을 정리함.

옛이야기 소개하기 — 안내 책자, 역할놀이, 구연동화 등으로 소개하기

✳ 중요한 내용을 정리해 보세요!

● 조사 계획을 세울 때 생각해 볼 것은?

● 조사를 하는 방법은?

개념 확인하기

정답 22쪽

🍃 다음 문제를 읽고 답을 찾아 ☐ 안에 ✔표를 하시오.

1 조사 계획서에 들어갈 내용이 <u>아닌</u> 것은 무엇입니까?

- ㉠ 조사 방법 ☐
- ㉡ 조사 장소 ☐
- ㉢ 조사로 알게 된 점 ☐

2 고장에 대해 잘 아는 분께 여쭈어보는 조사 방법은 무엇입니까?

- ㉠ 면담하기 ☐
- ㉡ 누리집 검색하기 ☐

3 고장의 옛이야기를 조사할 수 있는 곳은 어디입니까?

- ㉠ 기상청 누리집 ☐
- ㉡ 고장의 문화원 ☐

4 옛이야기 조사 후 작성해야 하는 것은 무엇입니까?

- ㉠ 조사 계획서 ☐
- ㉡ 조사 보고서 ☐

5 고장의 옛이야기를 소개하는 방법으로 알맞지 <u>않은</u> 것은 어느 것입니까?

- ㉠ 역할놀이하기 ☐
- ㉡ 백지도 보기 ☐

2. ❶ 우리 고장의 옛이야기

[1~3] 다음 대화를 읽고, 물음에 답하시오.

> 원권: 우리 고장은 향교가 있었기 때문에 ☐(이)라고 불리게 되었어.
> 서윤: 『춘향전』의 배경이 된 남원에는 '춘향로'라는 도로가 있고, '춘향제'라는 축제도 열린대.

📖 미래엔

1 위 ☐ 안에 들어갈 고장의 이름으로 가장 알맞은 것은 어느 것입니까? (　　　)

① 효자동　　② 향교동　　③ 기와말
④ 밤나무골　　⑤ 장승배기

📖 미래엔

2 남원에 춘향이라는 이름을 많이 볼 수 있는 까닭에 ○표를 하시오.

(1) 고장에 이름난 효자가 살았기 때문에 (　　　)
(2) 고장에 옛날에 사람들이 공부하던 향교가 있었기 때문에 (　　　)
(3) 고장에 전해 내려오는 옛이야기의 주인공이 성춘향이기 때문에 (　　　)

3 위 대화를 읽고 알 수 있는 점을 **보기**에서 두 가지 찾아 기호를 쓰시오.

> **보기**
> ㉠ 고장의 옛이야기로 고장의 유래를 알 수 있습니다.
> ㉡ 고장의 옛이야기로 옛날 고장 사람들의 생활 모습을 알 수는 없습니다.
> ㉢ 오늘날 고장의 지명, 축제 등의 이름은 고장의 옛이야기와 관련된 것이 있습니다.

(　　　,　　　)

📖 천재교과서

4 다음 옛이야기를 통해 알 수 있는 점을 두 가지 고르시오. (　　　,　　　)

> 옛날 전라도의 한 고장에 왜적들이 나타나 사람들이 두려움에 떨었습니다. 그런데 갑자기 어디선가 수십만 마리의 두꺼비 떼가 몰려와 울부짖었습니다. 두꺼비 떼를 본 왜적들은 벌벌 떨며 도망갔습니다. 그 후 이곳을 두꺼비가 나타난 나루가 있는 강이라는 뜻으로 '섬진강'이라고 불렀다고 합니다.

① 이 고장에 큰 산이 있다는 것을 알 수 있다.
② '섬진강'이라는 이름이 지어진 유래를 알 수 있다.
③ 이 고장에 역사적으로 이름난 인물을 알 수 있다.
④ 옛날 이 고장에 기와를 굽던 큰 가마가 있었다는 것을 알 수 있다.
⑤ 옛날 이 고장이 왜적의 침입을 받았다는 역사적인 사실을 알 수 있다.

📖 천재교육, 천재교과서, 교학사, 금성출판사, 김영사, 동아출판, 비상교육

5 다음 이야기를 통해 알 수 있는 점은 무엇인지 바르게 줄로 이으시오.

(1) 빙고리 이야기　　·　　·㉠ 옛날 경기도 안성에서 만든 유기가 품질이 뛰어났음.

(2) 피맛골 이야기　　·　　·㉡ 마을에 얼음을 저장하는 창고가 있었음.

(3) 안성맞춤 이야기　　·　　·㉢ 백성들은 말을 탄 양반이 지나갈 때까지 엎드려 있어야 했음.

22 | 사회 3-1

6 다음 지명과 관련이 있는 자연환경의 모습은 어느 것입니까? (   )

📖 천재교육, 교학사, 미래엔

> 경상남도 밀양시의 얼음골은 더운 여름에도 바위틈에 얼음이 생긴다고 하여 붙은 이름입니다.

①    ②

③    ④

7 고장의 옛이야기를 면담으로 조사하는 모습은 어느 것입니까? (   )

①    ②

③    ④

[8~9] 다음 조사 계획서를 보고, 물음에 답하시오.

조사 계획서

㉠	곰나루에 얽힌 옛이야기 조사하기
조사 기간	20△△년 △△월 △△일~△△월 △△일
조사 장소	우리 고장의 문화원, 곰나루 국민 관광 단지
조사 방법	• 문화원 방문하기 • 옛이야기와 관련한 장소 답사하기
준비물	수첩, 필기도구, 녹음기, 휴대 전화, 사진기 등
주의할 점	㉡
조사할 내용	• 곰나루에는 어떤 옛이야기가 전해 내려올까? • 곰나루라는 이름의 뜻은 무엇일까? • 곰나루는 어떤 모습일까?

📖 천재교과서

8 위 ㉠에 들어갈 내용을 **보기**에서 찾아 ○표를 하시오.

> **보기**
> • 조사 주제   • 느낀 점   • 더 알고 싶은 점

📖 천재교과서

9 위 ㉡에 들어갈 내용으로 알맞지 않은 것은 어느 것입니까? (   )
① 질문할 내용 준비하기
② 안전 규칙과 질서 지키기
③ 고장의 문화원에 미리 연락하기
④ 중요한 내용은 수첩에 적지 않기
⑤ 문화 관광 해설사께 예의 바르게 인사하기

📖 천재교육, 천재교과서, 교학사, 김영사, 동아출판, 미래엔, 비상교육, 아이스크림 미디어, 지학사

10 다음은 고장의 옛이야기를 소개하는 방법 중 무엇입니까? (   )

> 고장의 옛이야기에 등장하는 인물로 역할을 나누어 맡아 옛이야기의 장면을 연기합니다.

① 만화 그리기   ② 안내 책자 만들기
③ 역할놀이하기   ④ 동영상으로 소개하기
⑤ 구연동화 들려주기

연습 🦉 도움말을 참고하여 내 생각을 차근차근 써 보세요.

📖 천재교육

1 다음은 빙고리 이야기입니다. [총 10점]

옛날에는 냉장고가 없었습니다. 그래서 겨울에 하천이 얼면 얼음을 잘라 빙고에 저장했다가 여름에 꺼내 사용했습니다. 전라북도 전주시 서완산동에 있었던 빙고리라는 마을에도 이러한 얼음 저장 창고가 있었습니다. 마을 사람들은 마을 주변 하천에 얼음이 두껍게 얼면 얼음을 떼어서 빙고에 보관했습니다.

(1) 빙고의 뜻은 무엇인지 ☐ 안에 들어갈 알맞은 말을 쓰시오. [4점]

> 얼음을 저장하는 ☐라는 뜻입니다.

( )

(2) 위 빙고리 이야기로 알 수 있는 점을 쓰시오. [6점]

🦉 '빙고리'라는 이름의 유래를 생각하며 써 보세요.
꼭 들어가야 할 말 여름 / 얼음

_____

_____

📖 천재교과서, 교학사, 금성출판사

2 다음은 사람들의 생활 모습을 알 수 있는 옛이야기입니다. [총 10점]

옛날 안성에는 유기를 만드는 사람이 많았는데, 솜씨가 뛰어나 품질이나 모양이 사람들의 마음을 매우 만족시켜서 이 고사성어가 생겼습니다.

🔼 유기

(1) 위 옛이야기와 관련 있는 밑줄 친 고사성어를 쓰시오. [2점]

( )

(2) 위의 고사성어에 나타난 사람들의 생활 모습을 쓰시오. [2점]

> 안성 지역에 ☐를 만드는 사람들이 많았습니다.

(3) 위 (1)번 답의 의미를 쓰시오. [6점]

_____

_____

📖 천재교육, 김영사, 동아출판, 비상교육

3 다음은 지명으로 알 수 있는 고장의 특징에 대한 어린이들의 대화입니다. [총 10점]

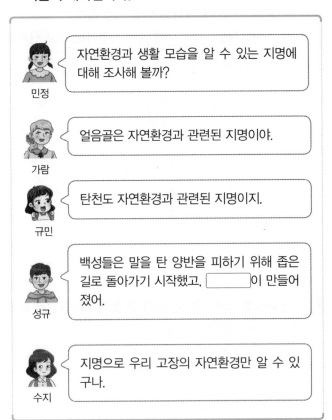

민정: 자연환경과 생활 모습을 알 수 있는 지명에 대해 조사해 볼까?

가람: 얼음골은 자연환경과 관련된 지명이야.

규민: 탄천도 자연환경과 관련된 지명이지.

성규: 백성들은 말을 탄 양반을 피하기 위해 좁은 길로 돌아가기 시작했고, [   ]이 만들어졌어.

수지: 지명으로 우리 고장의 자연환경만 알 수 있구나.

(1) 위 대화에서 □ 안에 들어갈 알맞은 고장의 이름을 쓰시오. [2점]

서울특별시 종로구 (   )

(2) 대화에서 틀리게 설명한 어린이의 이름을 쓰시오. [2점]
(   )

(3) 위 (2)에서 틀리게 설명한 부분을 바르게 고쳐 쓰시오. [6점]

_____

_____

4 다음은 우리 고장의 옛이야기 조사 결과 보고서입니다. [총 10점]

조사 주제	우리 고장 ⑦ 의 유래
조사 기간	20△△년 △△월 △△일 ~ △△월 △△일
조사 장소	우리 고장의 여러 장소, 우리 고장의 문화원, 시·군·구청 누리집
조사 방법	ⓛ
조사 결과	• 우리 고장은 소금을 보관하던 곳이었다는 이야기가 전해 내려옵니다. ⑩ 염창동 • ⓒ ( ) ⑩ 구암 공원의 허준 동상
느낀 점	• 우리 고장의 지명에 옛날 사람들의 생활 모습이 담겨 있어서 흥미로웠습니다. • 우리 고장의 지명에 담긴 옛이야기가 재미있었습니다.

(1) 다음을 참고하여 ⑦에 들어갈 알맞은 말을 쓰시오. [2점]

땅의 이름을 뜻합니다.

(   )

(2) 위 ⓛ에 들어갈 알맞은 조사 방법을 한 가지만 쓰시오. [4점]

_____

_____

(3) 위 ⓒ에 들어갈 조사 결과를 쓰시오. [4점]

➡ 우리 고장의 _____ 가

전해 내려옵니다.

2
단원

진도 완료 체크

중간 범위

1 📖 11종 공통

예방 접종을 할 수 있는 고장의 장소는 어디입니까?
( )

① ▲ 학교
② ▲ 도서관

③ ▲ 놀이터
④ ▲ 병원

2 📖 11종 공통

다음 ㉠에 들어갈 알맞은 장소는 어디입니까?
( )

무엇을 하는 곳인가요?
물건을 사고파는 곳이다.

친구의 그림에서만 볼 수 있는 우리 고장의 장소 ㉠

이곳에 대한 나의 생각과 느낌은 어떤가요?
맛있는 것을 먹을 수 있다.

이곳에 대한 친구의 생각은 어떤가요?
엄마와 자주 가는 곳이다.

① 학교　② 영화관　③ 시장
④ 박물관　⑤ 놀이터

3 📖 11종 공통

다음 대화의 ☐ 안에 들어갈 고장의 장소로 가장 알맞은 곳은 어디입니까? ( )

엄마: 주말에 어디로 나들이를 갈까?
소망: 저는 ☐에 가서 자전거도 타고 산책도 하고 싶어요.

① 공원　② 병원　③ 미용실
④ 도서관　⑤ 소방서

4 📖 11종 공통

놀이터를 장소 카드로 만들 때 들어갈 내용으로 알맞은 것은 어느 것입니까? ( )

① 가족과 함께 단풍을 구경했다.
② 맛있는 것을 먹을 수 있는 장소이다.
③ 친구와 함께 그네를 타고 놀았다.
④ 읽고 싶었던 동화책을 빌려 읽었다.
⑤ 선생님과 함께 사회를 공부했다.

5 📖 11종 공통

희철이의 그림에만 있는 장소는 어디입니까? ( )

▲ 지아: 좋아하는 장소를 그렸음.

▲ 희철: 다른 사람들에게 알리고 싶은 장소를 그렸음.

① 약국　② 시장　③ 문구점
④ 어린이 도서관　⑤ 공원

📖 11종 공통

6 다음 어린이가 그린 그림으로 가장 알맞은 것은 어느 것입니까? (   )

> 나는 자주 가는 학교와 도서관을 중심으로 고장의 모습을 그려봤어.

①
②

③
④

📖 11종 공통

7 다음과 같이 사람마다 그린 고장의 모습이 <u>다른</u> 까닭은 어느 것입니까? (   )

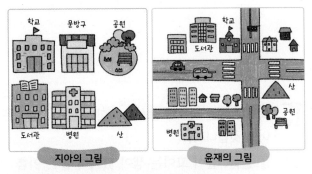

① 사람마다 외모가 다르기 때문에
② 사람마다 경험이 서로 다르기 때문에
③ 사람마다 좋아하는 것이 같기 때문에
④ 사람마다 관심 있는 것이 같기 때문에
⑤ 사람마다 가지고 있는 고장에 대한 생각이 같기 때문에

📖 11종 공통

8 디지털 영상 지도에 대한 설명으로 알맞지 <u>않은</u> 것은 어느 것입니까? (   )

① 고장의 위치를 쉽게 알 수 있다.
② 고장의 모습을 생생하게 볼 수 있다.
③ 인공위성 사진을 이용해 만들어졌다.
④ 고장을 우주에서 내려다본 것처럼 볼 수 있다.
⑤ 종이에 실제 땅의 모습을 줄여서 나타낸 그림이다.

📖 11종 공통

9 다음에서 설명하는 디지털 영상 지도의 기능은 무엇입니까? (   )

> ⊞, ⊟ 단추를 눌러 고장의 모습을 자세하게 보거나 전체적으로 볼 수 있습니다.

① 위치 이동 기능
② 위치 찾기 기능
③ 지도 선택 기능
④ 길이 재기 기능
⑤ 확대 및 축소 기능

📖 천재교육

10 다음 고장의 주요 장소의 공통점은 무엇입니까? (   )

> • 놀이공원   • 과천 향교   • 국립현대미술관

① 물건을 사고파는 곳
② 자연과 관련이 있는 곳
③ 유명한 관광지가 있는 곳
④ 높은 건물이 많이 있는 곳
⑤ 다른 고장으로 이동할 때 이용하는 곳

중간 범위

📖 11종 공통

11 다음 어린이가 찾은 고장의 주요 장소로 알맞은 것은 어느 것입니까? (   )

> 우리 고장인 강원도 춘천시에서 ㉠과 관련된 주요 장소를 찾아보았어요.

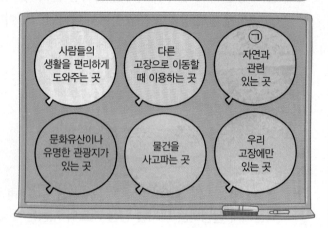

사람들의 생활을 편리하게 도와주는 곳	다른 고장으로 이동할 때 이용하는 곳	㉠ 자연과 관련 있는 곳
문화유산이나 유명한 관광지가 있는 곳	물건을 사고파는 곳	우리 고장에만 있는 곳

① 소양강   ② 춘천역

③ 소방서   ④ 강원도청

⑤ 춘천 닭갈비 골목

📖 천재교육

12 과천역을 백지도에 효과적으로 표현한 것으로 알맞은 것은 어느 것입니까? (   )

①   ②   ③

④   ⑤

📖 교학사, 김영사, 동아출판, 비상교과서

13 다음과 같은 옛날 사람들의 생활 모습을 알 수 있는 지명은 무엇입니까? (   )

> 누에를 길러 비단을 만들었습니다.

① 종로   ② 잠실동   ③ 말죽거리

④ 얼음골   ⑤ 서빙고동

📖 천재교육, 동아출판

14 다음 민요에 담긴 옛이야기와 관련된 고장의 인물은 누구입니까? (   )

> 강강술래 강강술래
> 전라도 우수영은 강강술래
> 우리 장군 대첩지라 강강술래
> 장군의 높은 공은 강강술래
> 천추만대 빛날세라 강강술래

① 이순신   ② 김만덕   ③ 강감찬

④ 김수로왕   ⑤ 세종 대왕

📖 천재교육, 비상교과서

15 독도에 있는 바위와 장소에 대한 설명으로 알맞은 것은 어느 것입니까? (   )

① 물골: 물이 고이는 샘이 있어서 붙은 이름

② 촛대 바위: 돌의 성질이 숫돌과 비슷하다고 해서 붙은 이름

③ 코끼리 바위: 독립문처럼 생겨서 붙은 이름

④ 독립문 바위: 코끼리가 물을 마시는 모습처럼 생겨서 붙은 이름

⑤ 숫돌 바위: 촛대 모양처럼 생겨서 붙은 이름

📖 천재교육, 김영사, 비상교과서, 비상교육

16 다음 지명을 통해 알 수 있는 고장의 모습은 어느 것입니까? (   )

🔺 종로

① 말의 귀처럼 생긴 산이 있다.
② 소금을 보관하던 창고가 있었다.
③ 더운 여름에도 바위틈에 얼음이 생긴다.
④ 옛날에는 종을 쳐서 사람들에게 시각을 알려 주었다.
⑤ 옛날에 말을 탄 양반을 피해 백성들은 좁은 길로 다녔다.

📖 천재교과서

17 다음 생활 모습을 알 수 있는 지명으로 알맞은 것은 어느 것입니까? (   )

> 기와를 굽던 큰 가마터가 있었습니다.

①
🔺 피맛골

②
🔺 기와말

③
🔺 말죽거리

④
🔺 얼음골

📖 11종 공통

18 우리 고장의 옛이야기 조사 계획서에 들어갈 내용으로 알맞지 <u>않은</u> 것은 어느 것입니까? (   )

① 조사 목적
② 조사 주제
③ 조사한 후 느낀 점
④ 조사 방법
⑤ 조사 내용

📖 11종 공통

19 고장의 옛이야기를 조사하는 방법으로 알맞지 <u>않은</u> 것은 어느 것입니까? (   )

①
🔺 외국의 음악회 살펴보기

②
🔺 고장의 문화원 방문하기

③
🔺 고장의 어른께 여쭈어보기

④
🔺 고장의 문화원 누리집 검색하기

📖 천재교육, 천재교과서, 김영사, 비상교육, 아이스크림 미디어

20 다음은 고장의 옛이야기를 소개하는 방법 중 무엇입니까?
(   )

> 고장의 옛이야기를 소개하는 사진, 그림, 글, 만화 등을 담아 책자를 만들어 소개합니다.

① 역할놀이하기
② 동영상 만들기
③ 안내 책자 만들기
④ 구연동화 들려주기
⑤ 노래 가사 바꿔 부르기

중간 범위

· 답안 입력하기   · 온라인 피드백 받기

2단원

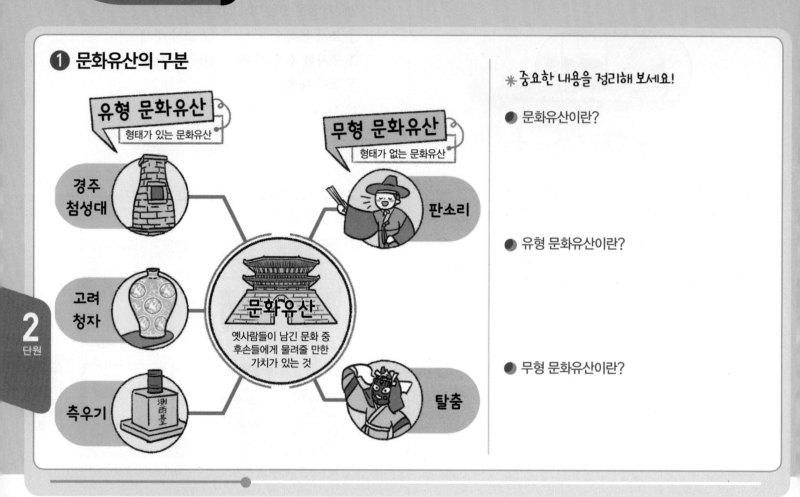

❶ 문화유산의 구분

유형 문화유산
형태가 있는 문화유산

무형 문화유산
형태가 없는 문화유산

경주 첨성대

고려 청자

측우기

문화유산
옛사람들이 남긴 문화 중 후손들에게 물려줄 만한 가치가 있는 것

판소리

탈춤

✱ 중요한 내용을 정리해 보세요!

● 문화유산이란?

● 유형 문화유산이란?

● 무형 문화유산이란?

개념 확인하기

정답 25쪽

🔖 다음 문제를 읽고 답을 찾아 ☐ 안에 ✔표를 하시오.

1 옛사람들이 남긴 문화 중 후손들에게 물려줄 만한 가치가 있는 것은 무엇입니까?

　　㉠ 구연동화 ☐　　　㉡ 문화유산 ☐

2 유형 문화유산이란 무엇입니까?

　　㉠ 크기가 큰 문화유산 ☐
　　㉡ 형태가 있는 문화유산 ☐
　　㉢ 나무로 만든 문화유산 ☐

3 무형 문화유산에 속하는 것은 무엇입니까?

　㉠ 기술 ☐　　㉡ 도자기 ☐　　㉢ 건축물 ☐

4 측우기는 무엇입니까?

　　㉠ 비의 양을 측정하는 기구 ☐
　　㉡ 진흙으로 구워 만든 그릇 ☐

5 소리꾼이 고수의 장단에 맞추어 긴 이야기를 노래로 들려주는 공연은 무엇입니까?

　㉠ 탈춤 ☐　　㉡ 김장 ☐　　㉢ 판소리 ☐

② 문화유산 조사 방법

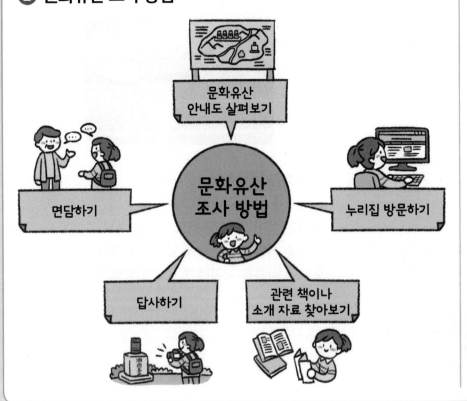

※ 중요한 내용을 정리해 보세요!

● 안내도란?

● 답사란?

개념 확인하기

정답 25쪽

🌱 다음 문제를 읽고 답을 찾아 ☐ 안에 ✔표를 하시오.

1 고장의 문화유산 안내도를 보면 알 수 있는 것은 무엇입니까?

| ㉠ 고장 사람들의 이름 ☐ |
| ㉡ 고장 문화유산의 위치 ☐ |
| ㉢ 우리 반 친구들의 전화번호 ☐ |

2 답사의 좋은 점은 무엇입니까?

| ㉠ 언제 어디서나 할 수 있다. ☐ |
| ㉡ 생생한 정보를 얻을 수 있다. ☐ |

3 고장의 문화유산을 조사할 때 방문할 수 있는 누리집은 무엇입니까?

| ㉠ 환경부 누리집 ☐ |
| ㉡ 고장의 시·군·구청 누리집 ☐ |

4 고장의 문화유산을 잘 알고 계신 분을 만나 이야기하는 조사 방법은 무엇입니까?

㉠ 면담 ☐   ㉡ 답사 ☐   ㉢ 구연동화 ☐

5 고장의 문화유산을 조사하기 위해 면담해야 할 사람은 누구입니까?

㉠ 외국인 친구 ☐   ㉡ 문화 관광 해설사 ☐

1 다음 보기 에서 유형 문화유산은 모두 몇 개입니까?
( )

> 보기
> • 탈춤 • 향교 • 경복궁 • 측우기 • 판소리

① 1개   ② 2개   ③ 3개
④ 4개   ⑤ 5개

📖 천재교과서, 교학사, 비상교육

2 다음 문화유산에 대한 설명으로 알맞은 것은 어느 것입니까? ( )

⌃ 판소리

① 소리꾼과 고수가 나온다.
② 탈을 쓰고 하는 놀이이다.
③ 형태가 있는 문화유산이다.
④ 풍년을 기원하는 줄다리기이다.
⑤ 농촌에서 농사를 지을 때 불렀다.

📖 천재교과서

3 조선 시대 때 만들어진 비의 양을 측정하는 기구인 오른쪽 문화유산 의 이름을 쓰시오.

( )

📖 동아출판, 비상교육, 아이스크림 미디어

4 다음 문화유산을 통해 알 수 있는 조상들의 지혜는 무엇 입니까? ( )

⌃ 한산 모시 짜기

① 계절을 살피며 농사를 지었다.
② 음식을 상하지 않게 보관했다.
③ 힘든 일이 있을 때 서로 돕고자 했다.
④ 추운 겨울을 따뜻하게 보내고자 했다.
⑤ 더운 여름을 시원하게 보내고자 했다.

📖 미래엔

5 다음 문화유산에 담긴 옛이야기를 통해 알 수 있는 점은 어느 것입니까? ( )

⌃ 경주 최씨 고택

① 힘든 일을 춤으로 표현했다.
② 조상들이 효도를 중요하게 생각했다.
③ 옛날에도 교육을 중요하게 생각했다.
④ 옛날에는 이웃과 아무것도 나누지 않았다.
⑤ 조상들은 이웃에게 베푸는 마음을 중요하게 생 각했다.

📖 천재교육

6 다음 문화유산 안내도에서 볼 수 <u>없는</u> 문화유산은 어느 것입니까? (   )

① 봉정사
② 불국사
③ 하회 마을
④ 도산 서원
⑤ 병산 서원

7 다음은 고장의 문화유산 답사를 계획하는 과정 중 어느 것입니까? (   )

① 역할 나누기
② 준비물 챙기기
③ 답사 날짜 정하기
④ 답사 목적 정하기
⑤ 조사 내용 정하기

8 고장의 문화유산을 답사할 때 주의할 점을 알맞게 말한 어린이를 쓰시오.

> 재근: 질문할 내용은 미리 정해놓지 않아도 돼.
> 진성: 문화유산을 만지면서 자세히 살펴봐야 해.
> 은영: 설명을 들을 때 중요한 내용은 기록해야 돼.

(   )

📖 천재교육

9 다음은 문화유산 소개 자료 중 무엇입니까? (   )

① 안내도
② 모형
③ 작은 전시회
④ 안내 포스터
⑤ 문화유산 신문

📖 천재교육

10 다음은 문화유산 안내도를 만드는 방법입니다. ☐ 안에 들어갈 알맞은 말을 [보기]에서 찾아 ○표를 하시오.

> 문화유산 안내도를 만들 때에는 문화유산을 설명하는 자료를 만들어 ☐와 선으로 연결합니다.

[보기]
• 백지도   • 답사 보고서   • 디지털 영상 지도

연습 🦉 도움말을 참고하여 내 생각을 차근차근 써 보세요.

1 다음은 우리 조상들의 슬기와 생활 모습을 알 수 있는 문화유산입니다. [총 10점]

ⓒ 누비옷
ⓛ 김장
ⓒ 농요와 농악
ⓒ 향교

📖 천재교과서, 지학사

(1) 다음은 위 ⓛ에 대한 설명입니다. ☐ 안에 알맞은 말을 쓰시오. [2점]

> 겨울까지 먹을 [　　　]를 늦가을에 한꺼번에 많이 담그는 것을 말합니다.

📖 비상교과서, 비상교육

(2) 옛날에도 교육을 중요하게 생각했음을 알 수 있는 문화유산의 기호를 쓰시오. [2점]

(　　　　　　　)

📖 천재교과서

(3) 위 ⓒ을 보고 알 수 있는 조상들의 생활 모습을 쓰시오. [6점]

> 🦉 조상들이 농요와 농악을 언제 부르고 연주했는지 생각하며 써 보세요.
> **꼭 들어가야 할 말** 힘든 일 / 즐겁게

_____

_____

2 서연이는 다음 자료를 활용하여 우리 고장의 문화유산이 어디에 있는지 조사하였습니다. [총 10점]

(1) 서연이가 조사한 방법을 **보기**에서 찾아 기호를 쓰시오. [2점]

> **보기**
> ㉠ 문화유산 답사하기
> ㉡ 문화재청 누리집 방문하기
> ㉢ 고장의 문화유산 안내도 살펴보기

(　　　　　　　)

(2) 위 자료를 통해 조사하여 정리한 다음 내용 중 <u>잘못된</u> 것의 기호를 쓰시오. [2점]

> 우리 고장에 ㉠ <u>오죽헌 몽룡실</u>, ㉡ <u>석굴암</u>, ㉢ <u>김유신 묘</u>, ㉣ <u>대릉원</u>, ㉤ <u>동궁과 월지</u>가 있다는 것을 알게 되었습니다.

(　　　　　　　)

(3) 위 (1)번 답과 같은 방법을 이용하여 문화유산을 조사하면 좋은 점을 쓰시오. [6점]

_____

_____

정답 26쪽 첨삭 강의

3 다음은 우리 고장의 문화유산을 조사하기 위해 작성한 답사 계획서입니다. [총 10점]

답사 ㉠	우리 고장의 대표적인 문화유산 알아보기
답사 장소	석굴암
답사 날짜	20○○년 ○월 ○일
답사할 사람	민찬, 은지, 은지 어머니(보호자)
답사 내용	• 석굴암은 얼마나 클까? • 석굴암의 실제 모습은 어떠할까?
답사 방법	관찰하기, 설명 듣기, 면담하기, 사진 찍기, 그림 그리기
역할 나누기	• 민찬: 석굴암을 사전에 조사하면서 궁금했던 점 질문하기 • 은지: 안내 자료 및 문화 관광 해설사 설명 내용 정리하기
준비물	필기도구, 사진기, 휴대 전화, 기록장
주의할 점	㉡

(1) 위 ㉠에 들어갈 알맞은 말을 쓰시오. [2점]

( )

(2) 위 ㉡에 들어갈 내용을 알맞게 말한 어린이를 찾아 이름을 쓰시오. [2점]

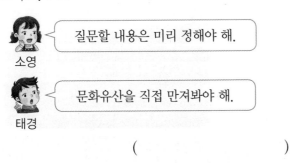

소영: 질문할 내용은 미리 정해야 해.

태경: 문화유산을 직접 만져봐야 해.

( )

(3) 답사로 문화유산을 조사하면 좋은 점을 한 가지 쓰시오. [6점]

_____

_____

4 준서와 친구들이 문화유산을 소개할 방법을 의논하고 있습니다. [총 10점]

석굴암을 소개하려면 어떤 방법이 가장 좋을까?

다양한 방법으로 소개할 수 있는 □는 어때?

우리 문화유산을 소중히 여기자는 광고도 넣자.

우리가 찍은 사진과 그린 그림도 보여 주자.

(1) 위 □ 안에 들어갈 알맞은 문화유산 소개 방법을 보기에서 골라 쓰시오. [2점]

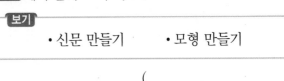

보기
• 신문 만들기   • 모형 만들기

( )

(2) 다음 ( ) 안의 알맞은 말에 ○표를 하시오. [2점]

위 어린이들과 같은 방법으로 문화유산을 소개하면 소개 자료를 (한 가지 / 다양한) 방법으로 소개할 수 있습니다.

(3) 고장의 문화유산을 소개하는 활동을 할 때 주의할 점을 한 가지 쓰시오. [6점]

_____

_____

2 단원

진도 완료 체크

1 다음과 같은 옛날 사람들의 생활 모습을 알 수 있는 곳은 어디입니까? (   )
📖 천재교과서

> 옛날 사람들이 어떻게 여름에 얼음을 구했는지 알 수 있습니다.

① 탄천   ② 장승배기
③ 말죽거리   ④ 피맛골
⑤ 서빙고동

2 고장의 옛이야기를 통해 알 수 있는 점이 바르게 설명된 것은 어느 것입니까? (   )
📖 천재교과서, 동아출판, 비상교육

① 설문대 할망 이야기: 제주도에 한라산이 있다.
② 피맛골 이야기: 옛날에는 말에게 죽을 끓여 먹였다.
③ 낙성대 이야기: 김해 지역에 나라를 세운 인물에 대해 알 수 있다.
④ 안성맞춤 이야기: 독도에는 코끼리가 물을 먹는 모양의 바위가 있다.
⑤ 말죽거리 이야기: 고장에 염전에서 만든 소금을 저장하는 창고가 있었다.

3 다음 지명과 관련된 인물은 누구입니까? (   )
📖 미래엔

> • 팔공산   • 안심동

① 왕건   ② 강감찬
③ 이순신   ④ 김만덕
⑤ 김수로왕

4 다음 대화의 ㉠에 들어갈 내용으로 알맞은 것은 어느 것입니까? (   )
📖 천재교과서

우리 마을이 왜 염창동인지 알아?

㉠

① 마을에 향교가 있었기 때문이야.
② 마을에 밤나무가 많기 때문이야.
③ 마을에 떡 가게가 많았기 때문이야.
④ 하천이 마을을 돌아서 흐르기 때문이야.
⑤ 마을에 소금을 보관하던 창고가 있었기 때문이야.

5 다음 사진의 지명을 통해 알 수 있는 고장의 모습으로 알맞은 것은 어느 것입니까? (   )
📖 천재교육, 금성출판사, 미래엔

🔎 두물머리

① 밤나무가 많이 있는 곳이다.
② 시간을 알려 주는 종이 있던 길이다.
③ 한여름에도 바위틈에 얼음이 많이 생기는 곳이다.
④ 옛날에 말을 탄 양반을 피해 백성들이 다니던 길이다.
⑤ 북한강과 남한강의 두 물줄기가 만나는 곳이다.

6 고장의 옛이야기를 조사하는 방법 중 다음 그림과 관련 있는 것은 어느 것입니까? (   )

① 고장의 문화원 방문하기
② 지역의 시청 누리집 검색하기
③ 산·강·고개·바위 등의 이름 조사하기
④ 고장의 어른께 여쭈어보기
⑤ 참고 도서 찾아보기

📖 11종 공통

7 다음 ☐ 안에 들어갈 말로 알맞지 <u>않은</u> 것은 어느 것입니까? (   )

> 인터넷을 이용해서 ☐ 누리집에 들어가 검색하면 고장에 대한 정보를 쉽고 빠르게 얻을 수 있습니다.

① 시청   ② 지역 문화원   ③ 군청
④ 학교   ⑤ 구청

📖 11종 공통

8 고장의 옛이야기를 조사할 때 주의할 점으로 알맞은 것은 어느 것입니까? (   )

① 조사한 내용을 기록할 필요는 없다.
② 안전 규칙과 질서를 잘 지켜야 한다.
③ 질문할 내용을 미리 정해 두면 안 된다.
④ 고장에 대해 잘 모르는 분께 여쭈어봐야 한다.
⑤ 면담을 할 때 약속 시간을 미리 정하지 않는다.

📖 11종 공통

9 다음 조사 계획서의 ㉠에 들어갈 내용으로 알맞지 <u>않은</u> 것은 어느 것입니까? (   )

조사 주제	우리 고장 지명의 유래
조사 목적	지명의 유래로 우리 고장의 모습 알아보기
조사 기간	20△△년 △월 △일~△월 △일
조사 장소	우리 고장의 여러 장소, 우리 고장의 문화원
조사 내용	• 우리 고장에는 어떤 지명이 있을까? • 우리 고장에 전해 내려오는 지명에는 어떤 뜻이 담겨 있을까?
조사 방법	㉠
준비물	지도, 사진기, 녹음기, 필기도구, 수첩 등
주의할 점	• 질문할 내용을 미리 정해 둔다. • 신뢰할 수 있는 정보를 검색한다.

① 고장의 누리집 검색하기
② 고장의 어른께 여쭈어보기
③ 옛이야기와 관련된 장소에 직접 방문하기
④ 고장의 옛이야기를 소개하는 책을 찾아보기
⑤ 사람이 많이 모이는 곳에서 사람들의 모습 관찰하기

📖 천재교과서, 미래엔, 아이스크림 미디어

10 다음은 고장의 옛이야기를 소개하는 방법 중 무엇입니까? (   )

> 이미 알고 있는 노래의 가사를 조사한 고장의 옛이야기 내용으로 바꿔 부릅니다.

① 만화그리기
② 역할놀이하기
③ 안내 책자 만들기
④ 구연동화로 들려주기
⑤ 노래 가사 바꿔 부르기

📖 11종 공통

11 조상 대대로 내려온 문화 중에서 다음 세대에 물려줄 만한 가치가 있는 것을 무엇이라고 합니까? (   )

① 체험   ② 관습   ③ 습관
④ 문화유산   ⑤ 전설

📖 11종 공통

12 다음 ㉠, ㉡에 차례로 들어갈 말을 알맞게 짝 지은 것은 어느 것입니까? (   )

> 문화유산은 형태가 있고 없음에 따라 ㉠ 문화유산과 ㉡ 문화유산으로 구분합니다.

	㉠	㉡
①	큰	작은
②	유형	무형
③	세계	자연
④	자연	세계
⑤	기록	복합

📖 천재교과서, 김영사, 동아출판, 비상교과서, 비상교육

13 다음 ☐ 안에 들어갈 알맞은 말은 어느 것입니까?
(   )

> 고장의 문화유산 관련 행사를 경험하면 조상들의 ☐ 을/를 배울 수 있고 우리 문화유산의 소중함을 알 수 있습니다.

① 재산   ② 부족한 점   ③ 종류
④ 실수   ⑤ 지혜

📖 천재교과서

14 다음에서 설명하는 조상들의 문화유산으로 알맞은 것은 어느 것입니까? (   )

> 농촌에서 농민들이 농사일을 할 때 부르고 연주했던 노래와 음악입니다.

① 김장   ② 옹기
③ 누비옷   ④ 앙부일구
⑤ 농요와 농악

📖 천재교과서, 동아출판, 비상교과서

15 다음 문화유산에 대한 설명으로 알맞은 것은 어느 것입니까? (   )

🔺 탈춤

① 풍년을 기원하는 줄다리기이다.
② 따뜻한 겨울을 보내기 위한 문화유산이다.
③ 옛날에도 하늘의 별을 연구했음을 알 수 있다.
④ 백성들이 가슴 속에 맺힌 불만을 춤으로 표현했다.
⑤ 옛날에도 교육을 중요하게 생각했음을 알 수 있다.

16 📖 비상교과서, 아이스크림 미디어

다음 고장의 문화유산을 조사하는 방법에서 밑줄 친 부분에 해당하는 사람은 누구입니까? (   )

> 고장의 문화유산을 잘 알고 계신 분을 만나 면담을 하면 설명을 쉽게 이해할 수 있고, 궁금한 점을 바로 질문할 수 있습니다.

① 외국인
② 남동생
③ 학교 후배
④ 전학 온 친구
⑤ 문화 관광 해설사

17 📖 11종 공통

문화유산 답사 계획서에 들어갈 내용이 아닌 것은 어느 것입니까? (   )

① 답사 목적
② 답사 방법
③ 역할 나누기
④ 답사할 사람
⑤ 새롭게 알게 된 점

18 📖 천재교육, 교학사, 비상교과서, 비상교육

답사 과정 중 가장 먼저 할 일은 무엇입니까? (   )

① 답사하기
② 답사 목적 정하기
③ 답사 방법과 준비물 정하기
④ 답사 장소에서 조사할 내용 정하기
⑤ 답사 결과를 정리해 발표 자료 만들기

19 📖 천재교육, 천재교과서, 교학사, 동아출판, 미래엔, 비상교과서, 비상교육

문화유산을 소개하는 방법에 대해 이야기하는 모습입니다. ☐ 안에 들어갈 알맞은 말은 어느 것입니까?
(   )

① 모형
② 책자
③ 동영상
④ 신문
⑤ 뉴스

20 📖 천재교과서, 교학사, 금성출판사, 김영사, 동아출판, 미래엔, 비상교과서, 비상교육

다음 문화유산을 소개하는 방법으로 알맞은 것은 어느 것입니까? (   )

① 모형 만들기
② 신문 만들기
③ 안내 포스터 만들기
④ 작은 전시회 만들기
⑤ 문화 관광 해설사 되어 보기

· 답안 입력하기   · 온라인 피드백 받기

온라인 개념 강의

3.❶ 교통수단의 발달과 생활 모습의 변화

❶ 옛날과 오늘날의 교통수단

종류가 다양함.

옛날

오늘날

사람, 동물, 자연의 힘을 이용했음.

사람이나 물건을 한 번에 옮기기 어려웠음.

기계의 힘을 이용해 속도가 빠름.

✳ 중요한 내용을 정리해 보세요!

● 교통수단이란?

● 옛날 교통수단의 종류는?

● 오늘날 교통수단의 종류는?

3 단원

개념 확인하기

정답 28쪽

🍃 다음 문제를 읽고 답을 찾아 ☐ 안에 ✔표를 하시오.

1 교통수단은 언제 이용합니까?

㉠ 친구에게 전화를 할 때 ☐

㉡ 학교 숙제로 그림을 그릴 때 ☐

㉢ 사람이 이동하거나 물건을 옮길 때 ☐

2 소달구지는 무엇의 힘을 이용한 교통수단입니까?

㉠ 사람 ☐   ㉡ 바람 ☐   ㉢ 동물 ☐

3 뗏목은 어디에서 이용한 교통수단입니까?

㉠ 땅 ☐   ㉡ 물 ☐   ㉢ 하늘 ☐

4 오늘날 하늘에서 이용하는 교통수단은 무엇입니까?

㉠ 트럭 ☐   ㉡ 자전거 ☐   ㉢ 비행기 ☐

5 친구들과 함께 현장 체험 학습을 갈 때 이용하는 교통수단은 무엇입니까?

㉠ 버스 ☐   ㉡ 가마 ☐   ㉢ 화물선 ☐

❷ 환경에 따른 교통수단

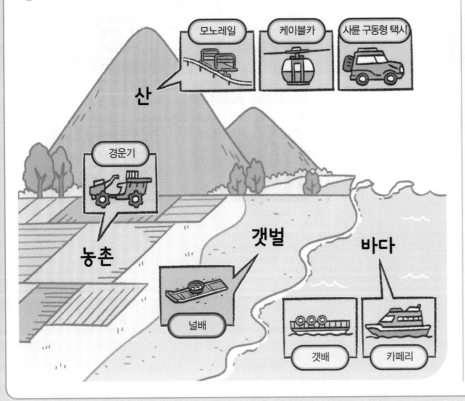

✳ 중요한 내용을 정리해 보세요!

● 산이나 길이 험한 고장에서 이용하는 교통수단은?

● 바다나 갯벌이 있는 고장에서 이용하는 교통수단은?

3
단원

정답 28쪽

개념 확인하기

🍃 다음 문제를 읽고 답을 찾아 ☐ 안에 ✔표를 하시오.

1 고장마다 다른 교통수단을 이용하는 까닭은 무엇입니까?

ㄱ 고장마다 환경이 다르기 때문에 ☐

ㄴ 모든 고장들이 농사를 짓기 때문에 ☐

2 사륜 구동형 택시를 주로 이용하는 고장은 어디입니까?

ㄱ 갯벌이 넓게 펼쳐진 고장 ☐

ㄴ 여름에 비가 적게 오는 고장 ☐

ㄷ 겨울에 눈이 많이 오는 고장 ☐

3 가파른 길을 오르내릴 때 이용하는, 선로가 하나인 철도는 무엇입니까?

ㄱ 케이블카 ☐   ㄴ 모노레일 ☐

4 카페리는 언제 이용합니까?

ㄱ 산에서 농산물을 운반할 때 ☐

ㄴ 사람과 자동차를 섬이나 육지로 운반할 때 ☐

5 갯벌에서 이동할 때 이용하는 교통수단은 무엇입니까?

ㄱ 갯배 ☐   ㄴ 널배 ☐   ㄷ 돛단배 ☐

1 다음 옛날의 교통수단을 이용하는 모습으로 알맞은 것은 어느 것입니까? (   )

🔺 소달구지

① 좁은 길을 지나다녔다.
② 무거운 짐을 실어 날랐다.
③ 다른 나라로 여행을 갔다.
④ 친구와 가까운 공원에 갔다.
⑤ 사람을 태우고 강을 건넜다.

2 지게에 대해 알맞게 말한 어린이를 쓰시오. 📖 비상교과서

정아: 바람의 힘으로 강을 건넜던 교통수단이야.
진솔: 옛날 사람들이 땅에서 짐을 옮길 때 이용했어.

(   )

📖 천재교과서, 교학사, 동아출판
3 석탄을 태워 나오는 증기의 힘으로 바퀴를 돌려 달렸던 다음 교통수단의 이름을 보기 에서 찾아 쓰시오.

보기
• 증기 기관차
• 프로펠러 비행기

(   )

4 오늘날의 교통수단 중 지하철을 이용하는 모습으로 알맞은 것은 어느 것입니까? (   )

①  ②
③  ④

5 다음 그림으로 알 수 있는 오늘날의 교통수단이 옛날과 달라진 점은 무엇입니까? (   )

매연 때문에 하늘이 뿌옇고, 너무 시끄러워!

① 환경 오염과 소음이 심해졌다.
② 먼 곳까지 갈 때 시간이 오래 걸린다.
③ 많은 사람이 한 번에 이동할 수 없다.
④ 자연에서 구할 수 있는 재료를 이용한다.
⑤ 교통수단의 종류가 옛날보다 줄어들었다.

3 단원

📖 교학사, 미래엔, 비상교육

6 교통수단의 발달로 달라진 오늘날의 생활 모습으로 알맞은 것은 어느 것입니까? (   )

① 고장 간 이동 시간이 길어졌다.

② 가까운 곳만 다닐 수 있게 되었다.

③ 사람과 물건의 이동이 활발해졌다.

④ 필요한 물건을 구하기 어려워졌다.

⑤ 우리나라에서 만들어진 물건만 살 수 있다.

7 자동차와 관련된 장소로 알맞지 <u>않은</u> 것은 어느 것입니까? (   )

① 터널   ② 휴게소

③ 주유소   ④ 고속 도로

⑤ 컨테이너 부두

📖 지학사

8 다음 직업에 대한 설명으로 알맞은 것을 보기에서 찾아 기호를 쓰시오.

🔺 자동차 디자이너

보기
㉠ 자동차의 교통을 정리하는 일을 합니다.
㉡ 자동차 내 질서 유지를 위한 활동을 합니다.
㉢ 안전한 자동차의 디자인을 연구하고 개발합니다.

(   )

9 관광업이 발달한 고장에서 주로 이용하는 교통수단으로 알맞은 것은 어느 것입니까? (   )

①

🔺 수상 구조 보트

②

🔺 산악 구조 헬리콥터

③

🔺 레일 자전거

④

🔺 특수 소방차

10 다음 미래의 교통수단을 이용할 때 나타나는 생활 모습으로 알맞은 것은 어느 것입니까? (   )

🔺 자율 주행 자동차

① 환경 오염이 심해진다.

② 교통 체증 문제가 심해진다.

③ 교통사고의 위험이 늘어난다.

④ 몸이 불편한 사람도 편하게 이동한다.

⑤ 가까운 곳을 갈 때도 오랜 시간이 걸린다.

연습 🦉 도움말을 참고하여 내 생각을 차근차근 써 보세요.

1 다음은 옛날의 교통수단입니다. [총 10점]

△ 가마

△ 뗏목

△ 소달구지

△ 돛단배

(1) 땅에서 사람이 이동할 때 이용한 교통수단의 기호를 쓰시오. [2점]

(   )

(2) 위 ⓒ 교통수단에 대해 바르게 말한 사람은 누구인지 쓰시오. [2점]

> 현진: 바람의 힘을 이용했어.
> 소라: 물건을 옮길 때 이용했어.

(   )

(3) 위와 같은 옛날 교통수단의 특징을 쓰시오. [6점]

> 🦉 옛날의 교통수단이 오늘날의 교통수단과 다른 점은 무엇인지 생각하며 써 보세요.
> **꼭 들어가야 할 말** 사람 / 동물 / 한 번 / 많은

2 다음은 오늘날의 교통수단입니다. [총 10점]

△ 트럭

△ 쾌속선

△ 비행기

△ 전철

(1) 다음에서 설명하는 교통수단의 기호를 쓰시오. [2점]

> • 하늘에서 이용하는 교통수단입니다.
> • 주로 해외를 갈 때 이용합니다.

(   )

(2) 이삿짐을 나르는 데 이용하는 교통수단의 기호를 쓰시오. [2점]

(   )

(3) 위와 같은 오늘날의 교통수단이 옛날에 비해 어떤 특징이 있는지 쓰시오. [6점]

3 다음은 교통수단의 발달로 생겨난 장소입니다. [총 10점]

▲ 주차장

▲ 관제탑

▲ 공항

▲ 선착장

(1) 자동차의 발달로 생긴 장소를 찾아 기호를 쓰시오. [2점]
( )

(2) 다음 교통수단을 이용하는 모습과 관련 있는 장소를 찾아 기호를 쓰시오. [2점]

배를 타고 섬으로 여행을 갑니다.

( )

(3) 위 ㉡ 장소는 무엇을 하는 곳인지 쓰시오. [6점]

_____

4 다음은 미래의 교통수단입니다. [총 10점]

▲ 전기 자동차

▲ 자율 주행 자동차

(1) 위 ㉠ 교통수단으로 해결할 수 있는 문제점으로 알맞은 것에 ○표를 하시오. [2점]

▲ 교통사고

▲ 환경 오염

( ) ( )

(2) 다음과 같은 특징을 가진 미래 교통수단의 기호를 쓰시오. [2점]

• 매연이 줄어들게 됩니다.
• 주유소에 가지 않아도 됩니다.

( )

진도 완료 체크

(3) 위 ㉡ 교통수단은 우리 생활에 어떤 변화를 주는지 쓰시오. [6점]

_____

❶ 옛날과 오늘날의 통신수단

옛날

한 번에 많은 소식을 전하기 어려웠음.

과학 기술의 발달

사람이 직접 가서 소식을 전했음.

오늘날

많은 정보를 한 번에 전함.

실시간으로 소식과 정보를 전달함.

✳ 중요한 내용을 정리해 보세요!

● 옛날 통신수단의 종류는?

● 오늘날 통신수단의 종류는?

3 단원

개념 확인하기

정답 29쪽

✑ 다음 문제를 읽고 답을 찾아 ☐ 안에 ✔표를 하시오.

1 사람을 시켜 편지를 전달했던 옛날의 통신수단은 무엇입니까?

㉠ 서찰 ☐ ㉡ 봉수 ☐ ㉢ 신문 ☐

2 옛날 통신수단의 특징은 무엇입니까?

㉠ 실시간으로 소식을 전했다. ☐
㉡ 한 번에 많은 정보를 전했다. ☐
㉢ 사람이 직접 가서 소식을 전했다. ☐

3 오늘날에 통신수단이 발달한 까닭은 무엇입니까?

㉠ 문화유산의 발달 ☐ ㉡ 과학 기술의 발달 ☐

4 오늘날 이용하는 통신수단은 무엇입니까?

㉠ 새 ☐ ㉡ 파발 ☐ ㉢ 신문 ☐

5 이동하면서 상대방과 연락할 수 있는 오늘날의 통신수단은 무엇입니까?

㉠ 휴대 전화 ☐ ㉡ 무선 호출기 ☐

② 다양한 통신수단

* 중요한 내용을 정리해 보세요!

● 장소에 따라 통신수단을 이용하는 모습은?

● 하는 일에 따라 통신수단을 이용하는 모습은?

3 단원

개념 확인하기

정답 30쪽

🔖 다음 문제를 읽고 답을 찾아 ☐ 안에 ✔표를 하시오.

1 논과 밭이 있는 고장에서 마을 방송을 이용하는 까닭은 무엇입니까?

⊙ 날씨가 자주 바뀌기 때문에 ☐

ⓒ 밖에서 일하는 사람들이 많기 때문에 ☐

ⓒ 지진이나 해일이 많이 일어나기 때문에 ☐

2 사람들이 모여 사는 아파트에서 이용하는 통신수단은 무엇입니까?

⊙ 인터폰 ☐ ⓒ 무전기 ☐ ⓒ 신호 연 ☐

3 할인점 직원이 주로 이용하는 통신수단은 무엇입니까?

⊙ 무선 마이크 ☐   ⓒ 무선 호출기 ☐

4 잠수부가 물속에서 수신호를 사용하는 까닭은 무엇입니까?

⊙ 더 멋있게 보이기 위해 ☐

ⓒ 자유롭게 소통하기 위해 ☐

5 소방관이 긴급한 상황에서 이용하는 통신수단은 무엇입니까?

⊙ 신문 ☐   ⓒ 무전기 ☐   ⓒ 쪽지창 ☐

1 옛날의 통신수단 중 파발을 이용하는 모습으로 알맞은 것은 어느 것입니까? (   )

①
②
③
④

2 옛날 통신수단에 대한 설명으로 알맞은 것을 보기 에서 찾아 기호를 쓰시오.

> **보기**
> ㉠ 위급할 때는 방을 붙여 소식을 알렸습니다.
> ㉡ 봉수는 연의 색깔과 무늬를 통해 작전을 알렸던 통신수단입니다.
> ㉢ 옛날에는 먼 곳에 있는 사람과 자주 연락을 주고받기 어려웠습니다.

(   )

3 다음 중 인터넷을 이용하는 모습을 찾아 ○표를 하시오.

(1)
(2)

(   )   (   )

4 다음 통신수단을 이용하는 모습으로 가장 알맞은 것은 어느 것입니까? (   )

🔺 텔레비전

① 학교 숙제를 확인한다.
② 친구와 전화 통화를 한다.
③ 뉴스를 보며 정보를 얻는다.
④ 선생님께 모르는 내용을 질문한다.
⑤ 시골에 계신 할머니의 소식을 듣는다.

5 전화기의 발달 과정에서 나타난 다음과 같은 전화기의 형태는 무엇입니까? (   )

① 스마트폰
② 유선 전화
③ 휴대 전화
④ 무선 마이크
⑤ 교환원이 있는 전화

6 다음 그림과 관련 있는 통신수단의 발달로 달라진 생활 모습은 무엇입니까? (   )

① 쪽지창을 이용해 자료를 주고받는다.
② 버스 도착 정보를 실시간으로 얻는다.
③ 인터넷으로 축구 경기 표를 예매한다.
④ 화상 회의로 먼 곳에 있는 사람과 회의한다.
⑤ 휴대 전화를 이용해 길거리에서 통화를 한다.

📖 천재교과서

7 다음 통신수단에 대해 바르게 말한 어린이를 쓰시오.

🔺 무선 호출기

석규: 휴대 전화가 발달하면서 사라졌어.
종완: 교환원을 통해 상대방과 연락할 때 이용
　　　했어.
수현: 오늘날 대부분의 사람들이 이용하는 통신
　　　수단이야.

(   )

8 다음 중 마을 방송을 이용해 생활하는 모습을 찾아 기호를 쓰시오.

(   )

9 긴급한 상황에서 무전기를 주로 이용하는 사람은 누구입니까? (   )

① 농부　　　　　② 소방관
③ 잠수부　　　　④ 회사원
⑤ 택시 기사

📖 비상교육

10 오른쪽 통신수단을 이용할 때 달라질 생활 모습으로 알맞은 것은 어느 것입니까?
(   )

🔺 스마트 가로등

① 범죄를 예방할 수 있다.
② 인터넷에 중독될 수 있다.
③ 생생한 수업을 할 수 있다.
④ 건강 상태를 쉽게 확인할 수 있다.
⑤ 생각만으로도 다른 사람과 소통할 수 있다.

연습 🐱 도움말을 참고하여 내 생각을 차근차근 써 보세요.

1 다음은 옛날의 통신수단입니다. [총 10점]

㉠

▲ 신호 연

㉡

▲ 봉수

㉢

▲ 새

㉣

▲ 파발

(1) 옛날에 연기를 피워서 알리는 통신수단을 찾아 기호를 쓰시오. [2점]

( )

(2) 위 ㉠과 같이 연을 띄워서 통신수단으로 이용하는 이유는 무엇인지 쓰시오. [2점]

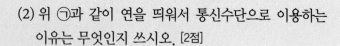

연의 [ ]로 암호를 정하면 적이 알지 못하기 때문입니다.

( )

(3) 위와 같은 옛날 통신수단의 특징을 쓰시오. [6점]

🐱 옛날 통신수단의 모습을 생각하며 써 보세요.
꼭 들어가야 할 말 사람 / 말

_____

_____

2 다음은 통신수단의 발달로 달라진 오늘날 우리의 생활 모습입니다. [총 10점]

㉠

㉡

(1) 위의 사람들이 공통으로 이용하고 있는 통신수단은 무엇인지 쓰시오. [2점]

( )

(2) 위 (1)번 답의 통신수단이 발달하기 전에 옛날 사람들의 생활 모습으로 옳은 것의 기호를 쓰시오. [2점]

(가)

언니! 거기 날씨는 어때?

(나)

○○면사무소요.
네. 연결해 드릴게요.
네. ○○면 사무소입니다.

( )

(3) 위의 통신수단을 보고 알 수 있는 오늘날 통신수단의 특징을 쓰시오. [6점]

_____

_____

1 한 사람이 타고 여러 사람이 함께 들고 갔던 옛날의 교통수단은 무엇입니까? (   )

📖 11종 공통

①
▲ 말

②
▲ 가마

③
▲ 뗏목

④
▲ 소달구지

2 바람의 힘을 이용한 옛날의 교통수단으로 알맞은 것은 어느 것입니까? (   )

📖 11종 공통

① 전차　　　　　　② 기차
③ 지게　　　　　　④ 돛단배
⑤ 지하철

3 옛날의 교통수단의 특징으로 알맞은 것은 어느 것입니까? (   )

📖 11종 공통

① 환경을 오염시킨다.
② 많은 물건을 실을 수 있다.
③ 많은 사람을 태울 수 있다.
④ 주로 기계의 힘을 이용한다.
⑤ 환경의 영향을 많이 받는다.

4 다음과 같은 생활의 변화를 가져온 교통수단은 어느 것입니까? (   )

📖 11종 공통

> 하늘을 날아 먼 곳으로 갈 수 있게 되었습니다.

① 말　　　　② 뗏목　　　　③ 증기선
④ 비행기　　⑤ 자전거

5 오늘날의 교통수단 중 화물선을 이용하는 모습으로 알맞은 것은 어느 것입니까? (   )

📖 11종 공통

① 무거운 짐을 나른다.
② 가까운 공원에 간다.
③ 다른 나라로 출장을 간다.
④ 아침마다 회사에 출근을 한다.
⑤ 친구들과 함께 현장 체험 학습을 간다.

6 오늘날의 교통수단에 대한 설명으로 알맞지 <u>않은</u> 것은 어느 것입니까? (   )

📖 11종 공통

① 먼 곳까지 갈 수 있다.
② 석유, 가스, 전기 등을 이용한다.
③ 과학 기술의 발달과 관계가 있다.
④ 옛날에 비해 크기가 작고 속도가 느리다.
⑤ 승용차, 버스, 오토바이 등 종류가 다양하다.

3
단원

📖 11종 공통

7 다음 □ 안에 들어갈 말로 가장 알맞은 것은 어느 것입니까? (   )

> 교통수단의 발달로 새로운 □□와/과 직업이 생겨났습니다.

① 언어　　　　　② 장소
③ 동물　　　　　④ 계절
⑤ 날씨

📖 11종 공통

8 여객선과 관련 있는 직업으로 알맞은 것은 어느 것입니까? (   )

① 항해사　　　　② 교통경찰
③ 택배 기사　　　④ 비행 조종사
⑤ 항공 교통 관제사

📖 11종 공통

9 다음 어린이가 말하는 지역에서 이용하는 교통수단은 어느 것입니까? (   )

① 갯배
② 널배
③ 카페리
④ 경운기
⑤ 사륜 구동형 택시

> 울릉도는 산이 많고 겨울에 눈이 많이 오기 때문에 안전한 교통수단이 필요해요.

📖 11종 공통

10 미래에 이용하게 될 교통수단으로 알맞지 <u>않은</u> 것은 어느 것입니까? (   )

① 교통 체증의 걱정이 없는 드론 택시
② 바다 위를 떠서 고속으로 이동하는 배
③ 인공 지능을 갖춰 스스로 운전하는 차
④ 하늘과 땅을 자유롭게 다닐 수 있는 자동차
⑤ 산에서 사람을 구조하는 산악 구조 헬리콥터

📖 11종 공통

11 다음 중 통신수단이 필요한 까닭으로 가장 알맞은 것은 어느 것입니까? (   )

① 무거운 짐을 옮기기 위해
② 필요한 정보를 얻기 위해
③ 박물관에 체험 학습을 가기 위해
④ 기차역에 가서 기차표를 사기 위해
⑤ 멀리 있는 친구를 만나러 가기 위해

📖 11종 공통

12 다음 장군과 병사들이 임금님이 계시는 한양까지 소식을 전하기 위하여 사용한 옛날의 통신수단은 어느 것입니까? (   )

> 한 병사가 멀리서 쳐들어오는 것을 발견하였다.
> "장군님, 큰일났습니다. 외적이 쳐들어오고 있습니다."
> "이 사실을 임금님이 계시는 한양으로 빨리 전달하여야 한다. 연기를 피워 올리도록 하여라."

① 북　　　　　　② 봉수
③ 전화　　　　　④ 파발
⑤ 휴대 전화

📖 11종 공통

13 다음 중 옛날의 통신수단에 대한 설명으로 옳지 <u>않은</u> 것은 어느 것입니까? (   )

① 시간이 많이 걸렸다.
② 연을 띄워서 작전이 바뀐 것을 알렸다.
③ 한 번에 많은 소식을 전하기 어려웠다.
④ 기계의 힘을 이용하여 고장이 자주 났다.
⑤ 먼 곳에 있는 사람과 자주 연락을 주고받기 어려웠다.

14 다음 □ 안에 들어갈 알맞은 말은 어느 것입니까?
( )

> 옛날에는 주로 사람이 소식을 직접 전달했으나 오늘날에는 □□□ 기술의 발달로 여러 가지 통신수단을 이용합니다.

① 경제　　　　② 의학　　　　③ 사회
④ 과학　　　　⑤ 문화

15 오늘날의 통신수단이 <u>아닌</u> 것은 무엇입니까? ( )

① 　　②

③ 　　④

16 오늘날의 통신수단 중 라디오의 이용 모습으로 알맞은 것은 어느 것입니까? ( )

① 교통 정보를 듣는다.
② 친구와 통화를 하며 약속을 정한다.
③ 사진과 동영상을 친구에게 전송한다.
④ 연기와 불을 이용해 정보를 전달한다.
⑤ 무늬가 있는 연을 띄워 소식을 알린다.

17 오늘날 사람들이 통신수단을 이용하는 모습으로 옳은 것은 어느 것입니까? ( )

① 서찰을 이용한다.
② 휴대 전화를 이용하여 통화를 한다.
③ 파발을 이용하여 친구와 소식을 주고받는다.
④ 횃불이나 연기를 이용하여 위급한 상황을 알린다.
⑤ 과학 기술의 발달로 서찰, 방 등의 통신수단을 주로 이용한다.

18 학교에서 통신수단을 이용하는 모습으로 알맞은 것은 어느 것입니까? ( )

①
⚓ 수신호를 사용함.

②
오늘 저녁 7시에 마을 회관에서 회의가 있습니다.
⚓ 마을 방송을 이용함.

③
실시간 날씨를 확인해 볼까?
⚓ 실시간 바다 날씨를 확인함.

④
⚓ 컴퓨터로 다양한 자료들을 봄.

19 다음과 같은 통신수단을 이용하는 사람은 누구입니까?
( )

① 선장
② 농부
③ 소방관
④ 선생님
⑤ 택시 기사

⚓ 휴대 전화로 손님의 부름 요청을 받음.

20 건강 관리 기능을 가진 통신수단의 등장으로 달라질 미래의 생활 모습은 어느 것입니까? ( )

① 정보를 찾기 어려워진다.
② 사람이 직접 운전하지 않아도 된다.
③ 자동차 유리창에 인터넷 화면이 뜬다.
④ 몸이 아플 때 빠르게 대처할 수 있다.
⑤ 교통사고가 발생했을 때 사고 처리를 자동으로 해 준다.

• 답안 입력하기　　• 온라인 피드백 받기

📖 11종 공통

1 다음 중 형태가 없는 문화유산은 어느 것입니까?

(   )

①
🔺 성덕 대왕 신종

②
🔺 가야금 병창

③
🔺 강릉 오죽헌 몽룡실

④
🔺 경주 불국사 다보탑

📖 비상교과서

2 조상들이 음식을 상하지 않게 하기 위해 진흙으로 구워 만든 다음 그릇은 무엇입니까? (   )

① 김장   ② 누비
③ 옹기   ④ 향교
⑤ 농요

📖 11종 공통

3 고장의 문화유산을 조사하는 방법으로 알맞지 <u>않은</u> 것은 어느 것입니까? (   )

① 관련 책을 찾아본다.
② 인터넷 지도를 활용한다.
③ 문화유산을 직접 답사한다.
④ 기상청 누리집을 방문한다.
⑤ 문화 관광 해설사와 면담한다.

📖 11종 공통

4 다음과 같이 답사를 하고, 이후에 해야 할 일은 어느 것입니까? (   )

① 답사 날짜 정하기
② 답사 준비물 챙기기
③ 답사 보고서 작성하기
④ 답사 계획서 작성하기
⑤ 조사할 문화유산 정하기

📖 천재교육, 천재교과서, 교학사, 김영사, 동아출판, 비상교과서, 비상교육, 지학사

5 답사할 때 주의할 점으로 알맞은 것은 어느 것입니까? (   )

① 보호자와 따로 이동한다.
② 질문할 내용은 그때그때 생각한다.
③ 문화유산을 함부로 만지지 않는다.
④ 답사 장소의 관람 규칙은 무시한다.
⑤ 옆 친구와 이야기하며 설명을 듣는다.

📖 11종 공통

6 고장의 문화유산을 소개하는 방법으로 알맞은 것은 어느 것입니까? (   )

① 누리집 방문하기
② 답사 계획서 작성하기
③ 고장의 어른과 면담하기
④ 디지털 영상 지도 살펴보기
⑤ 문화 관광 해설사 되어 보기

기말범위

7 📖 11종 공통 다음 중 옛날에 이용했던 교통수단으로 알맞지 <u>않은</u> 것은 어느 것입니까? (   )

① 말   ② 지게
③ 당나귀   ④ 소달구지
⑤ 오토바이

8 📖 11종 공통 다음 중 기계의 힘을 이용한 교통수단은 어느 것입니까? (   )

 ①
🔺 뗏목

 ②
🔺 가마

 ③
🔺 증기선

 ④
🔺 돛단배

9 📖 11종 공통 가까운 공원에 갈 때 이용하기에 알맞은 교통수단은 어느 것입니까? (   )

① 고속 열차   ② 자전거
③ 비행기   ④ 기차
⑤ 트럭

10 📖 11종 공통 다음 중 비행기와 관련된 시설물로 알맞은 것은 어느 것입니까? (   )

① 철길   ② 관제탑
③ 세차장   ④ 지하철역
⑤ 가스 충전소

11 📖 11종 공통 교통수단의 발달로 새로 생긴 직업으로 알맞지 <u>않은</u> 것은 어느 것입니까? (   )

① 승무원   ② 기관사
③ 교환원   ④ 휴게소 직원
⑤ 지하철 보안관

12 📖 천재교육, 천재교과서, 교학사, 금성출판사, 김영사, 동아출판, 미래엔, 비상교과서, 비상교육, 아이스크림 미디어 바다를 사이에 두고 떨어진 두 마을을 오갈 때 이용하는 교통수단은 무엇입니까? (   )

 ①
🔺 레일 자전거

 ②
🔺 케이블카

 ③
🔺 경운기

 ④
🔺 갯배

13 📖 교학사, 비상교과서 다음 교통수단을 이용하는 고장의 특징으로 가장 알맞은 것은 어느 것입니까? (   )

🔺 관광 버스

① 여름에 날씨가 덥다.
② 여름에 비가 많이 온다.
③ 겨울에 눈이 많이 온다.
④ 다른 교통수단을 이용하지 않는다.
⑤ 다른 고장에서 구경오는 사람들이 많다.

📖 11종 공통

14 다음 용어들을 통틀어 무엇이라고 합니까? (   )

• 봉수   • 편지   • 전화   • 텔레비전

① 의식주   ② 학용품
③ 통신수단   ④ 전자 제품
⑤ 교통수단

📖 11종 공통

15 봉수에 대한 설명으로 알맞은 것은 어느 것입니까?
(   )

① 날씨의 영향을 거의 받지 않았다.
② 낮에는 불을 피워 소식을 알렸다.
③ 오늘날까지 여전히 이용하고 있다.
④ 옛날 사람들이 평상시에 이용했던 통신수단이다.
⑤ 상황이 위급한 정도에 따라 피우는 불의 개수가 달랐다.

📖 11종 공통

16 다음 ☐ 안에 들어갈 말로 알맞지 않은 것은 어느 것입니까? (   )

사람들은 ☐☐☐을/를 이용하여 다양한 정보나 소식을 서로 주고받습니다.

① 편지   ② 비행기
③ 전자 우편   ④ 모바일 메신저
⑤ 휴대 전화

📖 11종 공통

17 오늘날의 통신수단에 대한 설명으로 알맞은 것은 어느 것입니까? (   )

① 무선 호출기를 가장 많이 이용한다.
② 상황이 위급할 때는 신호 연을 띄운다.
③ 주로 사람이 직접 가서 소식을 전한다.
④ 교환원을 통해서만 전화 통화를 할 수 있다.
⑤ 길 도우미, 휴대 전화, 인터넷 등을 이용한다.

📖 11종 공통

18 전화기의 발달로 달라진 가장 최근의 생활 모습은 어느 것입니까? (   )

①
②
③
④

📖 11종 공통

19 물속에서 사용하기에 알맞은 통신수단은 어느 것입니까? (   )

① 무전기   ② 수신호   ③ 인터폰
④ 휴대 전화   ⑤ 마을 방송

📖 천재교육

20 다음 미래의 통신수단을 이용하면 좋은 점은 무엇입니까? (   )

🔺 텔레파시 통신

① 통신수단의 종류가 줄어든다.
② 스마트폰 사용이 어려워진다.
③ 정보를 전하는 속도가 느려진다.
④ 다른 사람의 소식을 들을 수 없다.
⑤ 생각만으로도 다른 사람과 소통할 수 있어 생활이 편리해진다.

· 답안 입력하기   · 온라인 피드백 받기

기말범위

진도 완료 체크

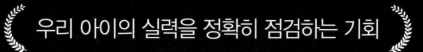

우리 아이의 실력을 정확히 점검하는 기회

40년의 역사
전국 초·중학생 213만 명의 선택

HME 학력평가
해법수학 · 해법국어

| 응시 학년 | 수학 \| 초등 1학년 ~ 중학 3학년 |
| | 국어 \| 초등 1학년 ~ 초등 6학년 |

| 응시 횟수 | 수학 \| 연 2회 (6월 / 11월) |
| | 국어 \| 연 1회 (11월) |

주최 **천재교육** | 주관 **한국학력평가 인증연구소** | 후원 **서울교육대학교**

*응시 날짜는 변동될 수 있으며, 더 자세한 내용은 HME 홈페이지에서 확인 바랍니다.

수학 전문 교재

● 연산 학습

빅터연산	예비초~6학년, 총 20권
창의융합 빅터연산	예비초~4학년, 총 16권

● 개념 학습

개념클릭 해법수학	1~6학년, 학기용

● 수준별 수학 전문서

해결의법칙(개념/유형/응용)	1~6학년, 학기용

● 단원평가 대비

수학 단원평가	1~6학년, 학기용
일등전략 초등 수학	1~6학년, 학기용

● 단기완성 학습

초등 수학전략	1~6학년, 학기용

● 상위권 학습

최고수준 S 수학	1~6학년, 학기용
최고수준 수학	1~6학년, 학기용
최강 TOT 수학	1~6학년, 학년용

● 경시대회 대비

해법 수학경시대회 기출문제	1~6학년, 학기용

예비 중등 교재

● 해법 반편성 배치고사 예상문제	6학년
● 해법 신입생 시리즈(수학/영어)	6학년

맞춤형 학교 시험대비 교재

● 열공 전과목 단원평가	1~6학년, 학기용(1학기 2~6년)

한자 교재

● 한자능력검정시험 자격증 한번에 따기	8~3급, 총 9권
● 씽씽 한자 자격시험	8~5급, 총 4권
● 한자 전략	8~5급Ⅱ, 총 12권

배움으로 행복한 내일을 꿈꾸는
천재교육 커뮤니티 안내 ∙ ∙ ∙

교재 안내부터 구매까지 한 번에!
천재교육 홈페이지

자사가 발행하는 참고서, 교과서에 대한 소개는 물론
도서 구매도 할 수 있습니다. 회원에게 지급되는 별을 모아
다양한 상품 응모에도 도전해 보세요!

다양한 교육 꿀팁에 깜짝 이벤트는 덤!
천재교육 인스타그램

천재교육의 새롭고 중요한 소식을 가장 먼저 접하고 싶다면?
천재교육 인스타그램 팔로우가 필수!
깜짝 이벤트도 수시로 진행되니 놓치지 마세요!

수업이 편리해지는
천재교육 ACA 사이트

오직 선생님만을 위한, 천재교육 모든 교재에 대한 정보가 담긴
아카 사이트에서는 다양한 수업자료 및 부가 자료는 물론
시험 출제에 필요한 문제도 다운로드하실 수 있습니다.

https://aca.chunjae.co.kr

천재교육을 사랑하는 샘들의 모임
천사샘

학원 강사, 공부방 선생님이시라면 누구나 가입할 수 있는 천사샘!
교재 개발 및 평가를 통해 교재 검토진으로 참여할 수 있는 기회는 물론
다양한 교사용 교재 증정 이벤트가 선생님을 기다립니다.

아이와 함께 성장하는 학부모들의 모임공간
튠맘 학습연구소

튠맘 학습연구소는 초·중등 학부모를 대상으로 다양한 이벤트와 함께
교재 리뷰 및 학습 정보를 제공하는 네이버 카페입니다.
초등학생, 중학생 자녀를 둔 학부모님이라면 튠맘 학습연구소로 오세요!

단계별 수학 전문서

[개념·유형·응용]

수학의 해법이 풀리다!

해결의 법칙
시리즈

단계별 맞춤 학습

개념, 유형, 응용의 단계별 교재로
교과서 차시에 맞춘 쉬운 개념부터
응용·심화까지 수학 완전 정복

혼자서도 OK!

이미지로 구성된 핵심 개념과 셀프 체크,
모바일 코칭 시스템과 동영상 강의로
자기주도 학습 및 홈 스쿨링에 최적화

300여 명의 검증

수학의 메카 천재교육 집필진과
300여 명의 교사·학부모의
검증을 거쳐 탄생한 친절한 교재

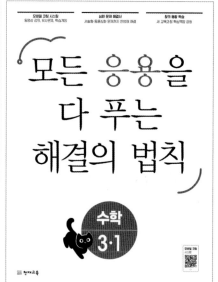

흔들리지 않는 탄탄한 수학의 완성! (초등 1~6학년 / 학기별)

우등생

홈스쿨링

정답은 정확하게
풀이는 자세하게

꼼꼼
풀이집

초등 사회 **3·1**

꼼꼼 풀이집
포인트 3가지

▶ **더 알아보기, 왜 틀렸을까** 등과 함께 친절한 해설 제공

▶ **단계별 배점**과 **채점 기준**을 제시하여 서술형 문항 완벽 대비

▶ 온라인 학습북 〈단원평가〉에 정답과 함께 **문항 분석표** 제시

꼼꼼 풀이집

정답과 풀이

3-1

1. 우리 고장의 모습

❶ 우리가 생각하는 고장의 모습

개념 다지기 11쪽

1 ① **2** ④ **3** (1) ㉠ (2) ㉢ (3) ㉡ **4** ②
5 (2) ○ **6** ②

1 고장은 사람들이 모여 사는 곳이라는 뜻으로, 우리는 고장에 살고 있습니다.

> **더 알아보기**
>
> **고장**
> 고장은 사람들이 모여 사는 곳으로, 높은 건물이 있는 고장, 논과 밭이 있는 고장, 바다가 가까이 있는 고장 등 각 고장마다 모습은 다양합니다.
>
>
> ⬆ 높은 건물이 있는 고장　⬆ 바다가 가까이 있는 고장

2 전통 시장, 할인점, 슈퍼마켓 등은 생활에 필요한 물건을 사고파는 장소입니다.

> **왜 틀렸을까?**
>
> ① 병원: 아플 때 치료를 받는 곳
> ② 놀이터: 놀이 기구를 타고 노는 곳
> ③ 학교: 공부를 하는 곳

3 반려견과 함께 하는 놀이터, 악기를 빌려주는 도서관, 벚꽃이 아름다운 기차역 등 고장에는 특별한 장소도 있습니다.

4 학교는 선생님, 친구들과 함께 즐겁게 공부를 하는 장소입니다.

> **왜 틀렸을까?**
>
> ① 산은 등산을 하는 곳, ③ 놀이터는 친구들과 노는 곳, ④ 편의점은 물건을 살 수 있는 곳, ⑤ 아파트는 사람들이 사는 곳입니다.

5 사람마다 장소에 대한 경험이나 기억이 다르기 때문에 같은 장소에 대한 생각과 느낌이 다릅니다.

6 병원은 아팠을 때 치료를 받거나, 예방 접종을 하러 가는 곳입니다.

개념 다지기 15쪽

1 ㉢ **2** (1) ㉡ (2) ㉠ **3** 서현 **4** ①
5 ②

1 고장의 모습을 그릴 때에는 모든 장소를 꼭 다 그리지 않아도 되며 생각나는 장소를 중심으로 자유롭게 그립니다.

2 놀이터는 술래잡기도 하고 놀이 기구도 타며 즐겁게 노는 곳, 박물관은 전시물을 보고 체험도 할 수 있는 곳입니다.

3 우체국, 병원, 경찰서, 소방서 등을 그린 그림을 찾아봅니다. 연후는 체육관과 체육관 주변의 공원을 그렸습니다.

4 ② 신갈천, ⑤ 동물 병원은 하린이만, ③ 태권도장, ④ 민속 마을은 도윤이만 그렸습니다.

5 고장에 대한 서로 다른 생각과 느낌은 이해하고 존중해야 합니다.

단원 실력 쌓기 16~19쪽

Step 1

1 공원 **2** 도서관 **3** 공통점 **4** 다양합니다
5 존중 **6** ② **7** ⑤ **8** ④ **9** ⑤
10 ② **11** ⑤ **12** ⑤ **13** (1) 하린 (2) 도윤
14 ②

Step 2

15 (1) 예 학교
(2) ❶ 예 산책 ❷ 예 자전거
16 예 친구들과 재미있게 뛰어 놀았다. 놀이터는 신나는 곳이다.
17 예 서로 다른 생각이나 느낌을 이해하고 존중한다.

> **15** (1) 학교
> 　　(2) 산책
> **16** 놀이터
> **17** 이해

Step 3

18 학교, 우체국 **19** ❶ 도로 ❷ 시장
20 예 같은 고장에 살면서 비슷한 경험을 했기 때문에 비슷한 점도 있고, 사람마다 보고 듣는 것뿐만 아니라 표현하는 방법도 달라 서로 다른 점이 있다.

1 공원에서 산책을 하거나 자전거 등을 탑니다. 우체국은 편지 등을 보내는 장소입니다.

2 도서관은 책을 빌려 읽을 수 있는 장소이고, 병원은 아플 때 치료를 받는 장소입니다.

△ 도서관에서의 경험　　　△ 병원에서의 경험

3 같은 고장에 살기 때문에 고장을 그린 그림에 공통점이 있습니다.

4 사람마다 생각하는 고장의 모습이 다양합니다. 고장에 관해 갖는 생각과 느낌은 비슷하기도 하지만, 경험에 따라 서로 다를 수 있습니다.

5 고장에 대한 서로 다른 생각과 느낌을 이해하고 존중해야 합니다.

6 학교는 친구들과 공부를 하는 장소입니다.

> 더 알아보기
> **고장의 여러 장소**
>
>
> △ 병원　　　　　△ 놀이터
> △ 수영장　　　　△ 전통 시장

7 산은 등산을 하거나 나들이를 가는 장소입니다.

> 왜 틀렸을까?
> ①은 우체국, ②는 치과, ③은 도서관, ④는 수영장과 관련된 경험입니다.

8 기차역은 다른 고장으로 가기 위해 기차를 타는 장소입니다.

> 왜 틀렸을까?
> ①은 태권도장, ②는 전통 시장, ③은 도서관에서의 경험을 나타낸 그림입니다.

9 도서관은 책을 빌려 읽을 수 있는 장소입니다.

10 공항은 비행기를 타는 장소입니다.

11 머릿속에 떠오르는 고장의 모습을 그릴 때에는 상상 속의 장소가 아닌 고장의 실제 있는 장소들을 그립니다.

12 동물 병원은 동물을 진료하는 곳입니다.

> 왜 틀렸을까?
> ①은 뒷산 ②는 분식점, ③은 놀이터, ④는 수영장과 관련된 내용입니다.

13 하린이는 어린이 수영장을 간단히 그렸는데, 도윤이는 문이랑 튜브도 그렸습니다.

14 두 그림에 있는 공통점과 차이점을 비교해 봅니다.

> 왜 틀렸을까?
> ① 도윤이만 태권도장을 그렸습니다.
> ③ 하린이의 그림에만 동물 병원이 있습니다.
> ④ 하린이가 도윤이보다 용뫼산을 자세히 그렸습니다.
> ⑤ 하린이와 도윤이 모두 길을 그렸습니다.

15 학교는 공부를 하는 장소이고 산은 등산을 하는 장소이며 공원은 산책을 하는 장소입니다.

16 놀이터는 아이들이 놀 수 있는 놀이 기구를 마련해 놓은 장소입니다.

> **채점 기준**
>
> | 정답 키워드 놀았다 \| 신난다 | |
> | --- | --- |
> | '친구들과 재미있게 뛰어 노는 신나는 장소이다.' 등 놀이터와 관련된 내용을 알맞게 씀. | 상 |
> | 놀이터에서의 경험을 썼지만 표현이 부족함. | 하 |

17 경험에 따라 같은 장소에 대한 생각이 다를 수도 있습니다.

> **채점 기준**
>
> | 정답 키워드 다른 생각 \| 이해 \| 존중 | |
> | --- | --- |
> | '서로 다른 생각이나 느낌을 이해하고 존중한다.' 등의 내용을 정확히 씀. | 상 |
> | '존중'이나 '이해'라는 표현 없이 '좋아한다.', 싫어하지 않는다.' 등과 같이 씀. | 하 |

18 민호의 그림에는 집, 우체국, 학교, 시장, 공원 등이 있고, 서현이의 그림에는 우체국, 학교, 병원, 경찰서, 소방서가 있습니다.

19 사람마다 그린 고장의 모습과 방법이 다릅니다.

20 고장에 대한 생각과 느낌은 각자의 경험에 따라 다를 수 있습니다.

❷ 실제로 본 우리 고장의 모습

개념 다지기 23쪽

1 (1) ○ **2** ③, ④ **3** ③ **4** (3) ○ **5** ㉣ **6** ②

1 우리가 바라보는 위치나 거리에 따라 같은 장소도 다양하게 보입니다. 높은 하늘 위에서 내려다보면 고장의 전체 모습을 살펴볼 수 있습니다.

> **더 알아보기**
> **바라보는 위치와 거리에 따른 야구장의 모습**
> • 정면에서 본 모습: 야구장 건물의 벽이 보입니다.
> • 위에서 내려다본 모습: 관중석과 운동장, 야구장 가까이에 있는 건물들을 볼 수 있습니다.
> • 아주 높은 하늘(인공위성)에서 찍은 모습: 주변에 있는 다른 곳들과 비교하여 야구장의 위치와 크기를 파악할 수 있습니다.

2 디지털 영상 지도는 인공위성이나 비행기에서 찍은 사진을 디지털 기기로 이용할 수 있도록 만든 지도입니다. 어떤 장소의 위치를 정확하게 알 수 있고, 고장의 전체적인 모습과 자세한 모습을 볼 수 있습니다.

🔺 우리 고장의 전체적인 모습

3 디지털 영상 지도는 길 도우미 등 일상생활에서도 이용되며, 컴퓨터나 스마트폰에서 쉽게 이용할 수 있습니다.

4 국토정보플랫폼에 접속한 후 국토정보맵의 통합 지도 검색에 들어가면 디지털 영상 지도를 이용할 수 있습니다. 지구본은 지구를 본떠 만든 모형입니다.

5 지도를 확대하고 싶으면 ➕ 단추를 누르거나 마우스 스크롤을 위로 굴립니다. ➖ 단추를 누르거나 마우스 스크롤을 아래로 굴리면 지도가 축소됩니다.

> **왜 틀렸을까?**
> ㉠은 위치 찾기 기능, ㉡은 지도 선택 기능, ㉢은 위치 이동 기능입니다.

6 검색창에 찾고 싶은 장소의 이름을 쓰고, 돋보기 단추를 눌러 장소의 위치를 찾습니다.

개념 다지기 27쪽

1 ⑤ **2** (1) ㉡ (2) ㉠ **3** ⑤ **4** ㉢, ㉣, ㉡, ㉠
5 ③, ④ **6** (2) ○

1 주요 장소는 여러 장소 중에서 눈에 잘 띄거나 많은 사람이 찾는 장소를 뜻합니다.

2 시장은 물건을 사고파는 곳, 지하철역은 다른 고장으로 이동할 수 있는 곳입니다.

3 시청, 경찰서 등은 사람들의 생활을 편리하게 도와주는 곳입니다.

4 디지털 영상 지도에서 장소의 정확한 위치를 찾아 백지도에 다양한 방법으로 표현하면, 고장의 주요 장소를 보기 쉽게 나타낼 수 있습니다.

5 고장 사람들이 많이 찾고, 자연이 아름답거나 역사적으로 의미가 있는 곳이 자랑할 만한 장소입니다.

6 (1)은 고장 누리집에서 고장의 장소에 관한 자료를 찾는 모습입니다.

단원 실력 쌓기 28~31쪽

Step ①
1 작게 **2** 인공위성 **3** 비행기 **4** 할인점
5 백지도 **6** (2) ○ **7** ⑤ **8** ② **9** 현아
10 ⑤ **11** ② **12** ① **13** ④ **14** ②

Step ②
15 ❶ 산 ❷ 예 지하철, 양재천
16 예 디지털 영상 지도에 있는 ➕ 단추를 누른다. 마우스 스크롤을 위로 굴린다.
> **15** 땅
> **16** 확대
> **17** 시청

17 (1) 진영 (2) 예 시청은 사람들의 생활을 편리하게 도와주는 곳이기 때문이다.

Step ③
18 민지 **19** 국립과천과학관
20 예 장소의 위치나 특징을 한눈에 볼 수 있다.

1 같은 장소라도 바라보는 위치에 따라 다르게 보입니다.

2 인공위성은 사람들이 우주로 쏘아 올린 비행 물체입니다.

⬆ 인공위성

3 디지털 영상 지도는 인공위성이나 비행기에서 찍은 사진을 디지털 기기로 이용할 수 있도록 만든 지도입니다.

4 지하철역은 다른 고장으로 이동할 때 이용하는 장소입니다.

5 백지도는 산, 강, 큰길 등의 밑그림만 그려져 있는 지도입니다.

6 야구장을 위에서 내려다보면 야구장 안의 관중석과 운동장을 볼 수 있습니다. (1)은 정면에서 본 모습입니다.

7 디지털 영상 지도는 스마트폰이나 컴퓨터에서 쉽게 이용할 수 있습니다.

8 디지털 영상 지도를 이용하면 고장의 전체적인 모습과 자세한 모습을 생생하게 볼 수 있고, 장소의 위치를 정확하게 알 수 있습니다.

9 디지털 영상 지도로 특정 장소까지 가는 길의 경로를 찾아볼 수 있습니다.

10 디지털 영상 지도에서 지금 보고 있는 곳의 옆 동네를 살펴보고 싶다면 마우스 단추를 누른 채로 움직여 원하는 위치로 갈 수 있습니다.

> 왜 **틀렸을까?**
> ① 디지털 영상 지도에서 우리 고장의 옆 동네를 살펴볼 수 있습니다.
> ② 마우스 스크롤을 위로 굴리면 지도가 확대됩니다.
> ③ 백지도는 강, 큰길, 밑그림만 그려져 있는 지도입니다.
> ④ ➕ 단추를 누르면 지도가 확대됩니다.

11 찾고 싶은 곳의 이름을 검색창에 쓰고 돋보기 단추를 누르면 장소의 위치를 알 수 있습니다.

12 산, 바다, 하천 등이 자연과 관련된 고장의 장소입니다. ② 과천역은 다른 고장으로 이동할 때 이용하는 곳, ③ 과천 향교, ⑤ 국립현대미술관은 유명한 관광지가 있는 곳, ④ 과천시청은 사람들의 생활을 편리하게 도와주는 곳입니다.

13 백지도를 꾸밀 때에는 장소의 특징이 잘 드러나도록 다양한 방법으로 표현합니다.

> 왜 **틀렸을까?**
> ①은 산, ②는 과학관, ③은 향교, ⑤는 지하철역을 나타내기에 알맞은 그림입니다.

14 고장 누리집이나 관광 누리집에서 자랑하고 싶은 장소에 관한 자료를 찾을 수 있습니다.

15 과천시의 디지털 영상 지도를 보고 과천시에 관악산, 양재천, 과천역, 과천시청, 제2경인고속국도 등이 있음을 알 수 있습니다.

16 지도를 확대하면 지금 보고 있는 곳을 자세히 볼 수 있습니다. ➕, ➖ 단추를 누르거나, 마우스 스크롤을 위아래로 움직이면 지도를 확대하거나 축소할 수 있습니다.

채점 기준	
정답 키워드 ➕ 단추 | 마우스 | 위로	
'디지털 영상 지도에 있는 ➕ 단추를 누른다.', '마우스 스크롤을 위로 굴린다.' 등 디지털 영상 지도의 확대 기능을 정확히 씀.	상
'지도를 확대한다.' 등과 같이 자세히 쓰지 않음.	중

17 마트, 시장, 할인점 등이 물건을 사고파는 고장의 장소입니다.

채점 기준	
(1)	'진영'이라고 정확히 씀.
(2)	**정답 키워드** 생활 | 편리 | 도와주다
	'시청은 사람들의 생활을 편리하게 도와주는 곳이기 때문이다.' 등의 내용을 정확히 씀. (상)
	'시청은 물건을 사고파는 장소가 아니기 때문이다.' 등과 같이 시청에서 하는 일을 구체적으로 쓰지 못함. (하)

18 고장 누리집, 고장 관광 안내 책자 등에서 고장의 장소에 관한 자료를 찾을 수 있습니다.

> 더 **알아보기**
> **고장의 자랑할 만한 장소에 관한 자료 찾는 방법**
> • 고장 누리집이나 관광 누리집에서 찾기
> • 고장 관광 안내 책자에서 찾기
> • 고장 어른들께 여쭈어보기

19 어린이를 위한 탐구 체험 학습을 할 수 있는 곳은 과학관입니다.

20 장소를 표현한 백지도에 장소 카드를 붙이면 장소의 위치나 특징을 한눈에 볼 수 있습니다.

대단원 평가 　32~35쪽

1 ③ 　**2** ② 　**3** ④ 　**4** (2) ○ 　**5** 예 이웃
집에 화재가 나서 소방차가 출동했다. 그때 마음이 놓였다.
6 ④ 　**7** (1) 연후 (2) 서현 　**8** ⊙ 　**9** ⑤
10 효선 　**11** ㉢ 　**12** (1) ㈎ (2) ㈐ (3) ㈏ 　**13** ⑤
14 ㉡ 　**15** 예 고장의 전체적인 모습과 자세한 모습을 볼
수 있다. 고장의 모습을 생생하게 볼 수 있다. 　**16** ㉡
17 (1) 검색창 (2) 예 디지털 영상 지도에 있는 ⊟ 단추를 누른다.
18 ④ 　**19** 대공원 　**20** ④, ⑤

1 기차역은 다른 고장으로 갈 때 이용하는 장소입니다.

> **더 알아보기**
>
> **고장의 장소에서의 경험 예**
> • 병원: 예방 접종을 했습니다.
> • 놀이터: 친구와 술래잡기를 했습니다.
> • 학교: 선생님과 실험을 했습니다.

2 문구점은 학용품과 수업 준비물을 살 수 있는 장소입니다.

3 공원에서 산책을 하거나 줄넘기 등과 같은 운동을 할
수 있습니다.

> **왜 틀렸을까?**
>
> ①은 병원, ②는 문구점, ③은 기차역, ⑤는 동물 병원에서의 경
> 험입니다.

4 (1)은 전통 시장 사진입니다.

5 소방서는 화재를 예방하고 진압하는 장소입니다.

> **채점 기준**
>
> | **정답 키워드** 화재 | 소방차 | |
> |---|---|
> | '이웃집에 화재가 나서 소방차가 출동했다. 그때 마음이 놓였다.' 등 소방서와 관련된 경험을 알맞게 씀. | 10점 |
> | 소방서와 관련된 경험을 썼으나 구체적이지 않음. | 5점 |

6 공연장은 공연을 하는 장소입니다.

> **왜 틀렸을까?**
>
> ①은 수영장, ②는 산, ③은 우리 집, ⑤는 우체국과 관련된 경험
> 입니다.

7 (1)은 체육관과 주변 공원을 그린 그림이고, (2)는 우체국,
소방서, 병원, 경찰서 등 우리에게 도움을 주는 장소를
그린 그림입니다.

8 사람마다 경험하는 것이 달라 고장에 대한 생각이나 느
낌이 서로 다릅니다.

9 ① 학교, ② 용뫼산, ③ 수영장은 도윤이와 하린이 모두
그렸고, ④ 동물 병원은 하린이만 그렸습니다.

10 고장을 표현하는 방법은 각자의 경험에 따라 다를 수 있
으므로, 나와 다른 생각도 이해하고 존중해야 합니다.

11 높은 하늘 위에서 내려다보면 고장의 전체 모습을 살펴
볼 수 있습니다.

12 우리가 바라보는 위치나 거리에 따라 같은 장소도 다양
하게 보입니다.

13 디지털 영상 지도는 인공위성이나 비행기에서 찍은 사
진을 컴퓨터 등과 같은 디지털 기기로 이용할 수 있도록
만든 지도입니다.

14 디지털 영상 지도는 컴퓨터나 스마트폰에서 쉽게 이용
할 수 있습니다.

15 디지털 영상 지도를 이용하면 고장의 전체적인 모습과
자세한 모습을 생생하게 볼 수 있습니다.

> **채점 기준**
>
> | **정답 키워드** 전체적인 모습 | 자세한 모습 | |
> |---|---|
> | '고장의 전체적인 모습을 볼 수 있다.', '고장의 모습을 생생하게 볼 수 있다.' 등의 내용을 정확히 씀. | 10점 |
> | 디지털 영상 지도로 고장의 모습을 살펴볼 때의 좋은 점을 썼으나 구체적이지 않음. | 5점 |

16 지도 선택에서 지도의 종류를 바꿀 수 있습니다.

17 디지털 영상 지도의 ⊞, ⊟ 단추를 누르면 지도를 확
대하거나 축소할 수 있습니다.

> **채점 기준**
>
> | (1) | '검색창'이라고 정확히 씀. | 3점 |
> |---|---|---|
> | (2) | **정답 키워드** ⊟ 단추 \| 마우스 \| 아래 | |
> | | '디지털 영상 지도에 있는 ⊟ 단추를 누른다.', '마우스 스크롤을 아래로 굴린다.' 등의 내용을 정확히 씀. | 7점 |
> | | '축소하는 단추를 누른다' 등과 같이 구체적으로 쓰지 못함. | 3점 |

18 놀이공원, 미술관, 경치가 아름다운 곳 등이 유명한 관
광지가 될 수 있는 장소입니다.

> **왜 틀렸을까?**
>
> ① 시청, ③ 소방서는 사람들의 생활을 편리하게 도와주는 곳,
> ② 할인점은 물건을 사고파는 곳, ⑤ 지하철역은 다른 고장으로
> 이동할 때 이용하는 곳입니다.

19 장소의 특징이 나타나도록 백지도에 표현합니다.

20 고장 누리집에 가면 주요 장소에 관한 자료가 많이 있고,
고장 관광 안내 책자도 신청할 수 있습니다.

2. 우리가 알아보는 고장 이야기

❶ 우리 고장의 옛이야기

1 ①　　**2** (1) ⓒ (2) ㉠　　**3** ①　　**4** ②　　**5** ③
6 (1) ○

1 동네에 이름난 효자가 살았던 곳은 효자와 관련된 지명이 많이 있습니다.

> **더 알아보기**
>
> **장개남 이야기**
>
> 　
>
> ⬆ 장개남이 어머니의 병이 낫길 간절히 빌자 하늘에서 기러기가 떨어졌음.　⬆ 장개남은 기러기로 약을 만들어 어머니께 드렸음.
>
> 　
>
> ⬆ 장개남이 어머니께 드릴 밥을 들고 집에 가려했지만 하천이 불어나 건널 수가 없었음.　⬆ 장개남이 불어난 하천을 건너려고 하자 놀랍게도 하천이 갈라져 무사히 어머니께 밥을 드릴 수 있었음.

2 옛이야기를 통해 지명의 유래를 알 수 있습니다.

3 잠실은 누에를 기르는 방입니다.

4 제주도의 탄생과 한라산, 제주도 오름이 어떻게 만들어졌는지 등이 담긴 설문대 할망 이야기로 제주도의 자연환경을 알 수 있습니다.

5 두 봉우리의 모양이 말의 귀처럼 생겼다고 해서 마이산이라고 합니다.

6 염창동은 소금을 보관하던 창고인 염창이 있어 붙여진 이름입니다. (2)는 기와말, (3)은 종각과 관련된 설명입니다.

1 (2) ○　　**2** ⓒ, ⓒ　　**3** ④　　**4** ④　　**5** ④, ⑤　　**6** ③

1 면담은 서로 만나서 얼굴을 보고 이야기하는 조사 방법입니다. (1)은 누리집 검색으로 고장의 옛이야기를 조사하는 모습입니다.

2 시·군·구청 누리집, 고장의 문화원 누리집 등에서 고장의 옛이야기를 조사할 수 있습니다.

3 고장에 대해 잘 알고 계신 어른께 여쭈어봐야 합니다.

4 고장의 옛이야기를 조사할 때 필요한 준비물에는 수첩, 녹음기, 사진기, 필기도구, 휴대 전화 등이 있습니다.

5 조사 보고서에는 고장의 옛이야기를 조사하면서 알게 된 점과 느낀 점, 더 알고 싶은 점 등을 씁니다.

6 안내 책자 만들기는 우리 고장의 옛이야기를 소개하는 사진, 그림, 글, 만화 등을 담아 책자를 만들어 소개하는 방법입니다.

> **왜 틀렸을까?**
>
> ①은 역할놀이, ②는 구연동화, ④는 노래 가사 바꿔 부르기로 소개하는 방법입니다.

Step ❶

1 다양한　**2** 유래　**3** 기와말　**4** 문화원　**5** 보고서
6 ②　　**7** ⑤　　**8** ③　　**9** ⑤　　**10** ①
11 ①　　**12** ③　　**13** ㉠　　**14** ③

Step ❷

15 ❶ 얼음 ❷ 빙고
16 예 고장에 다른 지역으로 가기 위해 넘어야 할 산이 있었고, 그 산에 좁고 험한 길이 있다.
17 예 우리 고장에 대해 잘 아시는 분을 만나 여쭈어본다. 조사 시간과 장소를 미리 약속한다.

15 빙고
16 비리
17 면담

Step ❸

18 얼음골　**19** ❶ 두 ❷ 말
20 예 남한강과 북한강의 두 물줄기가 만나는 곳이라고 하여 붙여진 이름이다.

1 고장에서 전해 내려오는 옛이야기는 우리 고장의 지명, 노래, 속담, 고사성어 등 다양한 곳에 담겨 있습니다.

2 고장의 옛이야기로 오늘날 고장의 유래나 특징, 자연환경 등을 알 수 있습니다.

> **더 알아보기**
>
> **고장의 옛이야기로 알 수 있는 것**
> • 고장의 자연환경을 알 수 있습니다.
> • 고장의 역사적 유래나 특징을 알 수 있습니다.
> • 옛날 고장 사람들의 생활 모습을 알 수 있습니다.
> • 예로부터 이름난 고장의 인물에 관해 알 수 있습니다.
> • 고장에 있는 마을, 도로, 행사 등의 여러 이름이 어떻게 지어졌는지 알 수 있습니다.

3 마이산은 고장의 자연환경과 관련된 지명입니다.

4 문화원은 지역의 문화를 연구하고 알리는 곳입니다.

5 조사 보고서는 조사로 알게 된 점, 조사 후 느낀 점, 더 알고 싶은 점 등을 넣어 작성합니다.

6 오래전부터 사람들 사이에서 불리던 노래인 민요에도 고장의 옛이야기가 담겨 있습니다.

> **더 알아보기**
>
> **강강술래 이야기**
>   민요 강강술래에 담겨 전해 내려오는 옛이야기 중에는 이순신 장군에 관한 이야기가 있습니다.
>   이순신 장군은 일본과 전쟁을 할 때 우리 군사 수가 적은 것을 걱정했습니다. 이순신 장군은 군사가 많아 보이도록 마을 여자들을 모아 군인 옷을 입게 하고 마을 뒷산 중턱을 빙빙 돌게 했습니다. 바다에서 이 모습을 본 일본군은 많은 군사가 움직인다고 생각했습니다. 일본군은 많은 수의 군사와 싸워 이길 수 없다고 생각해 물러났습니다.

7 옛날 경기도 안성에서 만든 유기가 어찌나 단단하고 섬세한지 손님들이 마음에 들어했습니다. 특히 맞춤 유기가 품질이 뛰어났습니다. 이와 같은 안성에서 만든 맞춤 유기에 관한 사람들의 칭찬이 입에서 입으로 전해져 '안성맞춤'이라는 말이 생겼습니다.

8 서울특별시 서초구의 양재역 주변은 서울을 오가는 사람들이 타고 온 말에게 죽을 끓여 먹인 곳이라고 해서 말죽거리라 했습니다. ①은 피맛골 이야기, ②는 빙고리 이야기, ④는 기와말 이야기와 관련된 생활 모습입니다.

9 말을 피한다는 뜻에서 피맛골이라고 불렀습니다.

> **왜 틀렸을까?**
>
> ①은 말죽거리 이야기, ②는 기와말 이야기, ③은 종로 이야기, ④는 빙고리 이야기로 알 수 있는 사람들의 생활 모습입니다.

10 종로는 시각을 알려 주는 종이 있던 곳의 앞길이어서 붙여진 이름입니다.

11 지구본은 지구를 본떠 만든 모형으로, 지구본 살펴보기는 고장의 옛이야기를 조사하는 방법으로 알맞지 않습니다.

12 고장의 옛이야기를 조사하는 방법에는 문화원 방문하기, 옛이야기와 관련된 장소 답사하기, 면담하기 등의 방법이 있습니다.

13 ㉡은 조사 방법, ㉢은 조사 결과에 해당하는 내용입니다.

14 구연동화는 입으로 실감 나게 들려주는 동화입니다.

15 빙고리 이야기와 같이 고장에 전해 내려오는 옛이야기에는 고장의 유래와 특징이 담겨 있습니다.

16 비리는 강가나 바닷가의 위험한 낭떠러지를 말합니다.

> **채점 기준**
>
> | **정답 키워드** 산 \| 험한 길 | |
> |---|---|
> | '고장에 다른 지역으로 가기 위해 넘어야 할 산이 있었고, 그 산에 좁고 험한 길이 있다.'라는 내용을 정확히 씀. | 상 |
> | '고장에 산이 있다.', '고장에 좁고 험한 길이 있다.' 중 한 가지만 씀. | 중 |

17 면담을 할 때에는 미리 조사 시간과 장소를 약속하고, 질문을 미리 준비해 갑니다. 면담을 한 후에는 감사의 인사를 합니다.

> **채점 기준**
>
> | **정답 키워드** 잘 아시는 \| 조사 시간 \| 약속 | |
> |---|---|
> | '우리 고장에 대해 잘 아시는 분을 만나 여쭈어본다.', '조사 시간과 장소를 미리 약속한다.' 등 면담할 때 주의할 점을 정확히 씀. | 상 |
> | '미리 약속한다.' 등과 같이 면담할 때 주의할 점을 구체적으로 쓰지 못함. | 하 |

18 경상남도 밀양시의 얼음골은 더운 여름에도 바위틈에 얼음이 생긴다고 해서 붙여진 이름입니다.

> **왜 틀렸을까?**
>
> • 종로: 옛날에는 종을 쳐서 사람들에게 시각을 알려 주었는데, 종이 있던 곳의 앞길을 종로라고 불렀습니다.
> • 기와말: 기와를 굽던 큰 가마가 있었기 때문에 기와말이라고 불렀습니다.
> • 염창동: 소금을 보관하던 창고인 염창이 있어 붙여진 이름입니다.

19 마(馬 말) 이(耳 귀)는 말의 귀라는 뜻입니다.

20 두물머리라는 지명을 통해 고장에 두 물줄기가 합쳐지는 곳이 있음을 알 수 있습니다.

❷ 우리 고장의 문화유산

1 ⑤　　　2 (1) ○　　3 ③　　　　4 ②
5 ㉠　　　6 (1) 자긍심 (2) 지혜

1　문화유산은 건축물, 예술 활동 등 옛사람들의 문화 중 다음 세대에 물려줄 만한 것들을 말합니다.

2　무형 문화유산은 형태가 없는 문화유산을 말합니다.

> **더 알아보기**
>
> **유형 문화유산**
> • 형태가 있는 문화유산을 말합니다.
> • ⑩ 고려청자, 경주 첨성대, 경주 석굴암, 측우기 등
> **무형 문화유산**
> • 형태가 없는 문화유산을 말합니다.
> • ⑩ 기지시 줄다리기, 판소리, 탈춤, 가야금 병창, 옹기장 등

3　경주 첨성대를 통해 옛날에도 하늘의 별을 관찰하고 연구했다는 것을 알 수 있습니다.

4　두 개의 천을 겹치거나 그 사이에 솜을 넣어 바느질하는 것을 '누비다'라고 하며, 누비옷은 두 겹의 천 사이에 솜을 넣어 꿰맨 옷을 말합니다. 우리 조상들은 누비옷을 입고 겨울을 따뜻하게 보낼 수 있었습니다.

> **왜 틀렸을까?**
> ③은 경주 첨성대, ⑤는 김장에 대한 설명입니다.

5　향교는 지방의 교육 기관 역할을 했던 곳으로, 조상들의 생활 모습을 알 수 있는 문화유산입니다.

6　고장의 여러 가지 행사를 체험하면 조상들의 지혜를 배울 수 있고, 더불어 문화유산의 소중함을 알 수 있습니다.

> **더 알아보기**
>
> **고장의 문화유산과 관련된 다양한 행사**
> • 수원 화성 문화제: 정조의 효심과 화성의 의미를 기리는 축제
> • 전주 대사습놀이: 전주에서 열리는 전국 규모의 국악 경연 대회
> • 강진 청자 축제: 청자 문화를 보존하고, 고려청자의 우수성을 알리기 위한 축제

1 ②　　　2 문화재청　　3 ③, ⑤　　4 ㉡
5 ⑤　　　6 ③

1　조사할 대상이 있는 곳에 가서 직접 보고 조사하는 것을 답사라고 합니다.

2　누리집을 방문하여 고장의 문화유산을 조사할 때는 문화재청 누리집이나 시·군·구청의 누리집을 방문할 수 있습니다.

3　고장의 문화유산을 조사하면 고장의 역사와 특징, 문화유산의 역사적 가치 등을 알 수 있습니다.

4　답사 과정에서는 가장 먼저 답사 목적을 정해야 합니다.

5　역할을 나눌 때에는 친구들끼리 서로 배려하는 마음을 가져야 합니다.

6　안내도를 만들어 고장의 문화유산을 소개하면 조사한 내용을 상세하게 소개할 수 있습니다.

Step ①
1 무형 문화유산　　　　2 보관하기　3 교육　　4 답사
5 보고서　6 ⑤　　　7 ④　　　8 ④　　　9 태형
10 ②　　11 ②　　　12 ③　　　13 ③　　　14 ㉡

Step ②
15 (1) 누비옷 (2) ⑩ 따뜻
16 ⑩ 우리 조상들의 생활 모습을 알 수 있다. 조상들의 지혜를 알 수 있다.
17 (1) 답사 (2) ⑩ 언제든지 필요한 정보를 얻을 수 있다.

> 15 (1) 누비옷
> 　　(2) 겨울
> 16 조상
> 17 (1) 답사
> 　　(2) 오래

Step ③
18 ❶ 첨성대 ❷ 해 ❸ 판소리　　19 (1) ㉠, ㉡
(2) ㉢, ㉣　　20 ⑩ 시간과 계절을 살피며 농사를 지었다.

1　문화유산은 형태가 있고 없음에 따라 건축물, 과학 발명품과 같은 유형 문화유산과 예술 활동, 기술과 같은 무형 문화유산으로 구분됩니다.

2　조상들은 옹기에 음식을 보관하여 음식이 상하지 않게 했습니다. 이처럼 문화유산을 통해 우리 조상들의 지혜를 알 수 있습니다.

3　향교는 지방의 교육을 담당했던 교육 기관입니다.

4 답사를 통해 고장의 문화유산을 조사하면 생생한 지식을 얻을 수 있으며, 기억에 오래 남습니다.

5 답사 이후에는 답사 보고서를 작성해야 합니다. 답사 보고서에는 새롭게 알게 된 점이나 느낀 점, 더 알고 싶은 점 등이 들어갑니다.

6 문화유산은 옛날부터 전해 내려오는 문화 중 후손들에게 물려줄 만한 가치가 있는 것을 말합니다.

> **왜 틀렸을까?**
> ① 형태가 있는 것도 있고, 없는 것도 있습니다.
> ② 옛날부터 전해 내려오는 옛날 사람들의 문화입니다.
> ③ 형태가 없는 문화유산을 무형 문화유산이라고 합니다.
> ④ 탈춤, 판소리와 같은 예술 활동도 문화유산이 될 수 있습니다.

7 문화유산은 형태의 유무에 따라 유형 문화유산과 무형 문화유산으로 구분됩니다.

8 앙부일구와 같은 문화유산을 통해 조상들의 지혜를 배울 수 있습니다.

9 농요와 농악은 농민들이 농사일을 할 때 부르고 연주했던 음악입니다.

> **왜 틀렸을까?**
> 옛날에도 별을 관찰하고 기록했음을 알 수 있는 문화유산은 경주 첨성대입니다.

10 문화유산에 얽힌 옛이야기를 통해 옛날 고장에 무슨 일이 있었는지, 옛날 사람들은 어떤 생각을 하였는지 등을 알 수 있습니다. 진천 농다리에는 임연 장군이 아버지를 위해 위험을 무릅쓰고 강을 건너던 여인의 효심에 감동해 다리를 만들었다는 이야기가 전해 내려옵니다.

11 안내 포스터 만들기는 고장의 문화유산을 소개하는 방법 중 하나입니다.

12 고장의 문화유산 안내도를 보면 고장에 어떤 문화유산이 어디에 있는지 알 수 있습니다.

13 문화유산을 답사하기 전에는 답사 목적, 날짜, 장소 등을 정하며 답사 계획을 세워야 합니다. 답사 결과를 정리하는 것은 답사 이후에 해야 할 일입니다.

14 문화유산 신문으로 문화유산을 소개하면 기사, 광고, 그림 등 다양한 방법으로 문화유산을 소개할 수 있습니다. 모둠별로 각자 역할을 나누고, 서로 도우면 훨씬 쉽게 소개 자료를 만들 수 있습니다.

15 두 개의 천을 겹치거나 그 사이에 도톰한 솜을 넣고 줄이 지게 바느질하는 것을 '누비다'라고 합니다. 조상들은 누비옷을 이용해 추운 겨울을 따뜻하게 보낼 수 있었습니다.

16 문화유산에는 조상들의 슬기와 멋, 생활 모습 등이 담겨있습니다.

채점 기준	
정답 키워드 조상 | 생활 모습 | 지혜	
'조상들의 생활 모습을 알 수 있다.', '조상들의 지혜를 알 수 있다.' 등의 내용을 정확히 씀.	상
조상들의 문화유산을 통해 알 수 있는 것을 썼지만 표현이 부족함.	중

17 ㉠은 답사를 통해, ㉡은 누리집 방문을 통해 고장의 문화유산을 조사하는 방법입니다. 답사를 통해 문화유산을 조사하면 생생한 정보를 얻을 수 있고, 누리집을 방문하여 고장의 문화유산을 조사하면 시간과 장소에 상관없이 필요한 정보를 얻을 수 있습니다.

채점 기준		
(1)	'답사'라고 정확히 씀.	
(2)	**정답 키워드** 언제든지 | 정보	
	'언제든지 필요한 정보를 얻을 수 있다.'라는 내용을 정확히 씀.	상
	'필요한 정보를 얻을 수 있다.', '언제든지 볼 수 있다.' 등과 같이 일부 내용만 쓰거나 표현이 부족함.	중

> **더 알아보기**
> **고장의 문화유산을 조사하는 방법**
>
>
>
> ⬆ 문화유산 안내도 살펴보기   ⬆ 관련 책이나 소개 자료 찾아보기

18 우리 조상 대대로 전해 내려온 문화 중 다음 세대에 물려줄 만한 가치가 있는 것을 문화유산이라고 합니다.

19 도자기, 건축물, 과학 발명품과 같이 형태가 있는 문화유산을 유형 문화유산, 전통 음악, 기술, 놀이와 같이 형태가 없는 문화유산을 무형 문화유산이라고 합니다.

20 조상들은 해시계인 앙부일구를 통해 시간과 계절을 살피며 농사를 지을 수 있었습니다.

대단원 평가 62~65쪽

1 ③ **2** ② **3** ② **4** (1) ㉠ (2) ㉢ (3) ㉡
5 ㉐ 제주도에는 높은 산과 여러 개의 오름이 있다. 섬이어서 주변이 바다로 둘러싸여 있다. **6** ③
7 (1) 답사하기 (2) ㉐ 신뢰할 만한 정보를 검색한다.
8 ④ **9** 미연 **10** ① **11** ③ **12** ①
13 (1) ㉡ (2) ㉠ **14** ② **15** ①, ③ **16** ㉠
17 ㉐ 시간과 비용을 절약할 수 있다. **18** ① **19** ②
20 ①, ④

1 지명은 땅에 붙은 이름으로, 고장의 지명에는 옛이야기가 담겨 있기도 합니다.

2 고장의 옛이야기를 통해 고장의 자연환경, 유래, 옛날 고장 사람들의 생활 모습 등을 알 수 있습니다.

3 나라를 지킨 강감찬이 태어난 곳을 별이 떨어진 자리라는 뜻의 낙성대라고 부르고 있습니다.

4 고장의 옛이야기를 통해 고장에 살았던 옛날 사람들의 생활 모습을 알 수 있습니다. 피맛골은 양반이 탄 말을 피해 돌아가던 길, 빙고리는 얼음을 저장하던 창고가 있던 곳, 말죽거리는 말에게 죽을 끓여 먹인 곳이라는 뜻이 담겨 있습니다.

5 설문대 할망 이야기에는 제주도의 탄생과 한라산, 제주도 오름이 어떻게 만들어졌는지 담겨 있습니다.

채점 기준

정답 키워드 높은 산 | 섬	
'제주도에는 높은 산과 여러 개의 오름이 있다.', '섬이어서 주변이 바다로 둘러싸여 있다.' 등의 내용을 정확히 씀.	10점
'산이 있다.', '섬이다.' 등과 같이 구체적으로 쓰지 못함.	5점

6 염창동은 소금을 보관하던 창고인 염창이 있던 곳에서 유래한 지명입니다.

7 ㉠은 답사하기, ㉡은 누리집 검색하기입니다. 답사하기는 옛이야기와 관련된 장소에 가서 직접 보고 듣는 조사 방법이고, 누리집 검색하기는 시·군·구청 누리집, 고장의 문화원 누리집 등에 들어가 조사하는 방법입니다.

채점 기준

(1)	'답사하기'라고 정확히 씀.	3점
(2)	정답 키워드 신뢰 | 정보 '신뢰할 만한 정보를 검색한다.'라는 내용을 정확히 씀.	7점

8 조사 후 느낀 점은 조사 보고서에 들어갈 내용입니다.

9 질문할 내용을 미리 구체적으로 정해 놓아야 하며, 문화원에 있는 시설물을 함부로 만져서는 안 됩니다.

10 역할놀이는 고장의 옛이야기에 등장하는 인물로 역할을 나누어 맡아 실감 나게 옛이야기의 장면을 연기하여 소개하는 방법입니다.

11 경주 첨성대를 통해 옛날에도 별을 관찰하고 기록했음을 알 수 있습니다.

12 판소리와 탈춤 모두 형태가 없는 무형 문화유산입니다.

13 향교는 지방의 교육 기관으로, 옛날에도 교육을 중요하게 생각했음을 알 수 있는 문화유산이고, 누비옷은 두 겹의 천 사이에 솜을 넣어 꿰맨 옷으로, 겨울을 따뜻하게 보내고자 했던 조상들의 지혜를 알 수 있는 문화유산입니다.

14 조상들은 가족이나 친족, 이웃의 힘을 모아 김장을 했습니다.

15 문화유산에 얽힌 옛이야기를 통해 옛날에 고장에서 무슨 일이 있었는지 알 수 있습니다.

16 고장의 문화유산을 잘 알고 계시는 분을 만나 문화유산에 대한 설명을 듣고 더 쉽게 이해할 수 있습니다.

17 관련 책이나 소개 자료를 이용해 고장의 문화유산을 조사하면 시간과 비용을 절약할 수 있습니다. 이외에도 고장의 문화유산을 조사하기 위해서 고장의 문화유산 안내도를 살펴보거나, 문화재청 누리집을 살펴볼 수도 있습니다.

채점 기준

정답 키워드 시간 | 비용 | 절약 '시간과 비용을 절약할 수 있다.' 등의 내용을 정확히 씀.	10점
관련 책이나 소개 자료를 이용해 고장의 문화유산을 조사할 때의 장점을 썼으나 표현이 부족함.	5점

18 답사를 계획할 때는 답사 목적을 정하고 장소와 날짜, 조사 내용을 정한 후 역할을 나누고 준비물을 챙깁니다.

19 맡은 역할을 열심히 하고, 문화유산의 특징을 잘 살려 문화유산 소개 자료를 만듭니다.

20 면담하기와 답사하기는 고장의 문화유산을 조사하는 방법 중 하나입니다.

3. 교통과 통신수단의 변화

❶ 교통수단의 발달과 생활 모습의 변화

개념 다지기 71쪽

1 ③ 2 ④ 3 (2) ○ 4 ⑤ 5 ⑤
6 ㉡

1 옛날에 물에서 이용했던 교통수단으로는 뗏목, 돛단배 등이 있습니다.

2 옛날의 교통수단은 나무와 식물의 줄기 등 자연에서 쉽게 구할 수 있는 재료를 사용했습니다.

더 알아보기

옛날 교통수단의 특징
- 환경 오염의 걱정이 없었습니다.
- 힘이 많이 들고 시간이 오래 걸렸습니다.
- 주로 사람이나 동물, 자연의 힘을 이용했습니다.
- 사람이나 물건을 한 번에 많이 옮기기 어려웠습니다.

3 전차는 전기의 힘으로 움직이고, 증기 기관차는 수증기의 힘으로 움직입니다.

4 우리나라에서 운행 중인 고속 열차는 최고 시속이 약 300 km로, 한 번에 900여 명을 태워 나를 수 있습니다. 고속 철도의 개통으로 우리나라는 전국이 반나절 생활권으로 연결되었습니다.

5 화물선은 많은 짐을 실어 나르기 위한 배입니다.

6 옛날에 무거운 짐을 나를 때에는 소달구지를 이용했습니다. ㉠ 말은 사람이 이동할 때 주로 이용했던 교통수단입니다.

개념 다지기 75쪽

1 지윤 2 ④ 3 ⑤ 4 ③ 5 ①
6 ④

1 교통수단의 발달로 전 세계에서 온 다양한 물건들을 쉽게 살 수 있게 되었습니다.

2 비행기와 관련된 장소에는 관제탑, 공항, 공항 철도 등이 있습니다. 관제탑은 비행기들의 교통을 정리하는 곳이고, 공항은 사람들이나 물건을 운송하는 비행기가 뜨고 내리는 시설입니다.

3 교통수단의 발달로 다양한 장소와 직업들이 새로 생겼습니다. 항공 교통 관제사는 공항에서 가장 높은 관제탑에서 근무합니다.

왜 틀렸을까?

① 항해사: 배를 조종하고 배에서 일하는 사람들을 관리합니다.
② 비행 조종사: 비행기를 운전합니다.
③ 지하철 보안관: 열차 내 질서 유지를 위한 활동을 합니다.
④ 자동차 디자이너: 자동차의 디자인을 연구하고 개발합니다.

4 모노레일은 산이 있거나 길이 험한 고장에서 가파른 길을 오르내리고, 농산물을 운반할 때 이용하는 교통수단입니다.

5 전기 자동차는 석유나 석탄 같은 화석 연료를 사용하지 않고, 환경 오염 물질을 배출하지 않아 차가 많은 도시 지역에서도 깨끗한 공기 속에서 생활할 수 있습니다.

왜 틀렸을까?

⑤는 초고속 진공 열차에 대한 설명입니다.

6 미래의 교통수단인 위그선은 바다 위를 떠서 고속으로 이동할 수 있는 배로, 최고 시속이 자동차보다 빠르고 국내선 비행기와 비슷한 속력입니다.

단원 실력 쌓기 76~79쪽

Step 1

1 물 2 전기 3 환경 4 경운기 5 전기
6 ㉡ 7 ② 8 증기선 9 ② 10 윤재
11 선착장 12 ⑤ 13 ⑤ 14 ②

Step 2

15 (1) ㉠ (2) 예 자연
16 예 무거운 짐을 나르는 데 이용한 교통수단이다.
17 예 길이 가파르고 겨울에 눈이 많이 오기 때문이다.

15 (1) 바람
(2) 자연
16 트럭
17 사륜 구동형 택시

Step 3

18 (1) ㉠, ㉡ (2) ㉥ (3) ㉢, ㉣, ㉤
19 ㉤ 20 예 가파른 길을 쉽게 오르내릴 수 있다.

1 옛날 사람들은 뗏목이나 돛단배를 이용해 강을 건넜습니다.

2 교통수단이 발달하면서 사람이나 동물의 힘을 이용하지 않고 기계의 힘을 이용한 교통수단이 등장하게 되었습니다.

3 고장의 자연 환경에 따라 다양한 교통수단을 이용합니다.

4 농촌에서는 경운기를 이용해 농사 기구나 농산물을 운반합니다.

5 전기 자동차는 화석 연료를 사용하지 않아 환경 오염 문제를 해결할 수 있습니다. 미래의 교통수단은 사람들의 생활을 더 편리하게 해 주고, 환경을 생각합니다.

6 ㉠ 지게는 사람의 힘을 이용해 짐을 옮겼던 옛날의 교통수단입니다. 옛날의 교통수단은 주로 사람이나 동물, 자연의 힘을 이용했습니다.

7 돛단배는 돛에 바람을 받게 하여 앞으로 나아가는, 옛날에 물에서 이용했던 교통수단입니다. 옛날의 교통수단은 자연에서 쉽게 구할 수 있는 재료로 만들어졌습니다.

8 증기선은 수증기의 힘을 이용하는 증기 기관을 이용해 나아가는 배입니다.

9 버스는 많은 사람을 한 번에 태워서 이동할 수 있는 교통수단입니다.

10 오늘날의 교통수단은 옛날에 비해 종류가 다양하고 한 번에 많은 사람과 물건을 실어 나를 수 있습니다.

11 배와 관련된 장소에는 선착장, 항구, 컨테이너 부두 등이 있습니다. 공항 철도는 비행기, 버스 터미널은 자동차와 관련된 장소입니다.

12 교통수단의 발달로 교통수단과 관련된 새로운 직업들이 생기게 되었습니다.

13 관광업이 발달한 지역에서는 관광객들의 편의를 위해 환경에 따른 교통수단을 이용합니다.

> **왜 틀렸을까?**
> ① 산악 구조 헬리콥터, 해상 구조 보트 등에 대한 설명입니다.
> ② 경운기에 대한 설명입니다.
> ③ 사륜 구동형 택시에 대한 설명입니다.
> ④ 카페리에 대한 설명입니다.

14 미래의 교통수단인 드론 택시를 이용하면 차가 막히는 곳에서도 빠르게 이동할 수 있습니다.

15 ㉠ 돛단배는 바람의 힘, ㉡ 말은 동물의 힘, ㉢ 가마는 사람의 힘을 이용하는 교통수단입니다. 옛날의 교통수단은 오늘날의 교통수단과는 다르게 사람, 동물의 힘을 이용하거나 물, 바람과 같은 자연의 힘을 이용했기 때문에 환경 오염의 걱정이 없었습니다.

16 소달구지와 트럭은 모두 무거운 짐을 싣고 나르기 위해 이용하는 교통수단입니다. 소달구지는 옛날의 교통수단이고, 트럭은 오늘날 이용하는 교통수단입니다.

채점 기준	
정답 키워드 무거운	짐	
'무거운 짐을 나르는 데 이용한 교통수단이다.' 등의 내용을 정확히 씀.	상
소달구지와 트럭의 공통점을 썼지만 표현이 부족함.	중

17 울릉도와 같이 겨울에 눈이 많이 오고 산이 많아 길이 가파른 고장에서는 사람들의 안전을 위해 사륜 구동형 택시를 주로 이용합니다.

채점 기준	
정답 키워드 산	가파르고	눈	
'길이 가파르고 겨울에 눈이 많이 오기 때문이다.', '산이 많고 겨울에 눈이 많이 오기 때문이다.' 등의 내용을 정확히 씀.	상
사륜 구동형 택시 이용과 관련하여 울릉도의 자연환경 특징에 대해 썼지만 표현이 부족함.	중

18 고장의 환경에 따라 사람들이 이용하는 교통수단이 달라집니다. 산이나 길이 험한 고장에서는 모노레일, 케이블카, 사륜 구동형 택시를 이용하고, 바다가 있는 고장에서는 갯배나 카페리를 이용합니다. 갯벌이 있는 고장에서는 널배를 이용하고, 농촌에서 농사를 짓는 고장은 경운기로 물건을 운반하거나 이동합니다.

19 갯벌이 있는 고장에서는 조개를 캘 때 갯벌에 빠지지 않기 위해 널배를 주로 이용합니다. 널배를 이용할 때는 한쪽 다리를 나무판 위에 올리고 나머지 한쪽 다리로 갯벌 바닥을 밀어 미끄러지듯 밀며 이동합니다.

20 모노레일은 선로가 하나인 철도로, 산이나 길이 험한 고장에서 가파른 길을 오르내리거나 농산물을 운반할 때 주로 이용하는 교통수단입니다.

② 통신수단의 발달과 생활 모습의 변화

개념 다지기   83쪽

1 ②   **2** 다예   **3** ⑤   **4** (2) ○   **5** ⑤
6 ④

1 옛날 사람들은 위급한 상황에서 신호 연을 띄워 작전이 바뀐 것을 알렸습니다. 옛날에 나라에 적이 쳐들어오거나 위급한 상황이 생겼을 때 이용했던 통신수단에는 파발, 봉수, 신호 연, 북, 새 등이 있습니다.

> **왜 틀렸을까?**
> ①, ④는 옛날 사람들이 평상시에 이용했던 통신수단, ③은 오늘날의 통신수단입니다.

2 옛날에는 먼 곳에 있는 사람과 자주 연락을 주고받기 어려웠고, 소식을 전하는 데 시간이 오래 걸렸습니다.

3 오늘날에는 모바일 메신저를 이용해 다양한 형태의 메시지를 주고 받을 수 있습니다.

4 오늘날에는 위성을 이용해 텔레비전으로 각 나라에서 일어나는 일들을 알 수 있습니다.

5 휴대 전화를 이용하면 먼 곳에 있는 사람과 쉽고 빠르게 소식을 주고받을 수 있습니다.

6 스마트폰의 발달로 사람들이 얼굴을 보면서 전화할 수 있게 되었습니다.

개념 다지기   87쪽

1 ②   **2** (1) ○   **3** ③   **4** ①   **5** ⑤
6 ㉢

1 통신수단의 발달로 실시간으로 정보를 얻는 것이 가능해졌습니다.

2 통신수단이 발달하면서 집에서 휴대 전화를 이용해 물건을 사거나, 은행에 가지 않아도 돈을 보낼 수 있습니다.

> **더 알아보기**
>
> **통신수단의 발달로 달라진 생활 모습**
>
>
>
> ⌃ 인터넷으로 축구 경기 표를   ⌃ 휴대 전화로 친구와 숙제를
>   예매함.   의논함.

3 사람들이 많이 모여 사는 도시의 아파트에서는 같은 건물 안에 있는 다른 사람과 쉽고 빠르게 연락하기 위해 인터폰을 주로 이용합니다.

4 지진 해일 경보 시스템은 지진이나 해일이 많이 일어나는 섬 지역에서 사람들의 안전을 위해 주로 이용하는 통신수단입니다.

5 오늘날 사람들은 생활하는 장소나 하는 일에 따라 다른 통신수단을 이용합니다. 이처럼 생활 환경에 맞는 통신수단을 활용하면 일을 빨리 처리할 수 있습니다.

6 미래에는 통신수단의 발달로 훨씬 더 쉽고 빠르게 소식을 전할 수 있습니다.

단원 실력 쌓기   88~91쪽

Step 1
1 신호 연   **2** 있습니다   **3** 교환원   **4** 컴퓨터   **5** 수신호
6 ④   **7** 길 도우미   **8** ㉢   **9** ③
10 정아   **11** ③   **12** ④   **13** ③   **14** ⑤

Step 2
15 (1) 봉수   (2) ❶ 연기   ❷ 횃불
16 ㉔ 화상 회의를 통해 먼 곳에 있는 사람과 회의를 할 수 있다.
17 (1) ㉡   (2) ㉔ 아파트 안에 있는 다른 사람과 쉽고 빠르게 연락할 수 있기 때문이다.

> **15** (1) 봉수
>   (2) ㉔ 날씨
> **16** 회사
> **17** (1) 인터폰
>   (2) 모여

Step 3
18 (1) ㉡, ㉢, ㉣   (2) ㉠, ㉣, ㉢   **19** ㉡
20 ㉔ 시간이 오래 걸렸다. 한 번에 많은 소식을 전하기 어려웠다.

1 신호 연은 옛날 사람들이 위급한 상황에서 이용했던 통신수단입니다.

2 오늘날에는 여러 사람에게 동시에, 실시간으로 정보를 전달할 수 있습니다.

3 교환원은 전화 사용자와 통화하고자 하는 상대편을 연결해 주는 일을 하는 사람으로, 옛날에는 교환원을 통해야만 전화를 할 수 있었습니다.

4 오늘날 통신수단의 발달로 학교에서의 생활 모습이 달라졌습니다. 컴퓨터를 통해 정보를 얻기도 하고, 화상 수업으로 공부를 하기도 합니다.

5 말을 할 수 없어 자유롭게 생각을 표현하기 어려운 물속에서는 수신호를 이용합니다.

6 옛날에는 나라의 중요한 일을 알리기 위해 사람들이 많이 모이는 곳에 글을 써서 붙였습니다.

> **왜 틀렸을까?**
> ② 신호 연에 대한 설명입니다.
> ③ 방은 옛날 사람들이 평상시에 이용했던 통신수단입니다.
> ⑤ 봉수에 대한 설명입니다.

7 길을 잘 모를 때에는 길 도우미를 이용해 길을 찾습니다.

8 오늘날에는 언제 어디서든 누구에게나 빠르게 정보를 전할 수 있습니다.

> **왜 틀렸을까?**
> ㉠ 장소와 상관없이 통신수단을 이용할 수 있습니다.
> ㉡ 여러 사람과 동시에 연락할 수 있습니다.

9 우편은 ③ → ① → ② → ④의 순서대로 발달해왔습니다. 처음에는 사람이 직접 찾아가 말로 소식을 전달했으나, 우편 제도가 시작되며 편지나 소포를 모아 전달하게 되었습니다. 이후에는 교통수단의 발달로 우편물을 빠르게 전달할 수 있게 되었고, 오늘날에는 전자 우편을 이용하기도 합니다.

10 회사에서 쪽지창을 이용해 일을 함으로써 다양한 정보를 빠르고 편리하게 주고받을 수 있습니다. 또한 회사에서는 컴퓨터로 업무를 빠르게 처리하고, 화상 회의를 이용해 먼 곳에 있는 사람과 회의를 합니다.

11 농촌은 주민들이 논밭에 나가서 일하는 시간이 많기 때문에 마을 방송을 이용해 소식을 전합니다.

> **왜 틀렸을까?**
> ① 사람들이 모여 사는 아파트나 공동 주택에서 주로 이용합니다.
> ② 소방관이나 경찰관이 긴급한 상황에서 주로 이용합니다.
> ④ 많은 사람에게 상품을 소개하고 판매하는 할인점 직원이 주로 이용합니다.

12 물속에서는 말을 하지 못하므로 간단한 수신호를 정해 소통합니다.

13 개인 정보의 유출은 오늘날 통신수단의 문제점 중 하나입니다.

14 미래에는 원격 진료 기기로 건강 상태를 편리하게 관리할 수 있습니다.

15 옛날에는 불과 연기를 통해 소식을 빠르게 전할 수 있었습니다. 상황이 위급한 정도에 따라 봉수에 피우는 연기와 불의 개수가 달랐고, 봉수의 연기가 잘 보이지 않는 흐린 날씨에는 사람이 말을 타고 가 직접 소식을 전하기도 했습니다.

16 통신수단의 발달은 사람들의 생활에 많은 영향을 주었습니다. 오늘날에는 옛날보다 빠르고 편리하게 정보를 얻고, 소식을 전달합니다.

채점 기준

정답 키워드 화상 회의 | 먼 곳	
'화상 회의를 통해 먼 곳에 있는 사람과 회의를 할 수 있다.' 등의 내용을 정확히 씀.	상
제시된 그림을 참고해 통신수단의 발달로 달라진 생활 모습을 썼지만 표현이 부족함.	중

17 사람들은 생활하는 장소에 따라 다른 통신수단을 이용합니다. ㉠ 말을 하기 어려운 물속에서는 수신호를 주로 이용하고, ㉢ 논과 밭이 있는 고장에서는 사람들이 주로 밖에 나가 일하고, 집이 모여 있지 않기 때문에 마을 방송을 이용해 소식을 전합니다.

채점 기준

(1)	'㉢'이라고 정확히 씀.	
(2)	**정답 키워드** 다른 사람 | 빠르게	
	'아파트 안에 있는 다른 사람과 쉽고 빠르게 연락할 수 있기 때문이다.' 등의 내용을 정확히 씀.	상
	아파트에서 인터폰을 주로 이용하는 까닭을 썼지만 표현이 부족함.	중

18 옛날에는 파발, 새, 신호 연, 봉수 등의 통신수단을 이용해 소식을 전했고, 오늘날에는 텔레비전, 길 도우미, 전자 우편, 인터넷 등을 이용해 소식과 정보를 주고받습니다.

19 파발은 옛날에 공문서나 긴급한 군사 정보를 신속하게 전달하기 위한 통신수단으로, 나라에 중요한 일이 있을 때 소식을 전하기 위해 파발을 이용했습니다.

20 옛날에는 먼 곳에 있는 사람과 자주 소식을 주고받기 어려웠습니다.

> **더 알아보기**
> **옛날 통신수단의 특징**
> • 사람이 직접 가서 소식을 전하는 경우가 많았습니다.
> • 한 번에 많은 소식을 전하기 어려웠습니다.
> • 소식을 전하는데 시간이 오래 걸렸습니다.

대단원 평가 92~95쪽

1 ③	**2** ②	**3** 예 바람의 힘을 이용해 강을 건넜다.
4 ④	**5** ①	**6** 예 예전보다 더 빠르게 먼 곳까지
이동할 수 있다.	**7** ③	**8** 카페리 **9** ②
10 ④	**11** ④	**12** 은영 **13** 인터넷 **14** ⑤
15 ⑤	**16** 예 이동하면서 전화할 수 있다.	**17** ⑤
18 화상 회의	**19** ⑤	**20** ㉡, ㉢

1 옛날에는 지게를 이용해 땅에서 물건을 옮기기도 했습니다. 지게는 짐을 얹어 사람이 등에 지고 다니게 만든 기구로, 수레나 마차가 지나가지 못하는 좁은 길을 지나갈 때 지게를 이용했습니다.

2 가마는 땅에서 사람이 이동할 때 이용했습니다.

> **왜 틀렸을까?**
> ① 사람의 힘을 이용했습니다.
> ③ 옛날의 교통수단은 먼 거리를 빠르게 갈 수 없었습니다.

3 돛단배는 바람의 힘을 이용해 나아가는 배로, 옛날 사람들은 돛단배를 강을 건널 때 이용했습니다. 옛날의 교통수단은 사람이나 동물, 자연의 힘을 이용했습니다.

> **채점 기준**
>
> | **정답 키워드** 바람 │ 강 | |
> |---|---|
> | '바람의 힘을 이용해 강을 건넜다.' 등의 내용을 정확히 씀. | 10점 |
> | '강을 건넜다.', '바람의 힘을 이용했다.' 등과 같이 구체적이지 못함. | 5점 |

4 증기선은 수증기의 힘을 이용한 배로, 물 위에서 이용했던 교통수단입니다.

5 자전거는 주로 가까운 곳을 갈 때 이용하는 교통수단입니다.

6 교통수단이 발달하면서 사람들의 생활 모습이 달라졌습니다.

> **채점 기준**
>
> | **정답 키워드** 빠르게 │ 먼 곳 | |
> |---|---|
> | '예전보다 더 빠르게 먼 곳까지 이동할 수 있다.' 등의 내용을 정확히 씀. | 10점 |
> | 제시된 자료를 참고하여 교통수단의 발달로 달라진 오늘날의 생활 모습을 썼지만 표현이 부족함. | 5점 |

> **더 알아보기**
>
> **교통수단의 발달로 달라진 생활 모습**
> • 한 번에 많은 사람과 물건이 이동할 수 있습니다.
> • 사람과 물건의 이동이 활발해져 다른 나라의 물건을 쉽게 살 수 있습니다.

7 자동차와 관련된 장소에는 주차장, 주유소, 고속 도로, 휴게소 등이 있습니다.

8 케이블카는 높은 곳을 쉽게 오르내리기 위한 교통수단입니다.

9 구조를 위한 교통수단에는 특수 소방차, 수상 구조 보트, 산악 구조 헬리콥터 등이 있습니다.

> **왜 틀렸을까?**
> ① 레일 자전거, 관광버스, 관광 열차 등에 대한 설명입니다.
> ③ 널배에 대한 설명입니다.
> ⑤ 케이블카, 모노레일 등에 대한 설명입니다.

10 초고속 진공 열차는 원통 안에서 강한 공기의 힘을 이용해 이동하는 교통수단으로, 초고속 진공 열차를 이용하면 먼 거리도 빨리 이동할 수 있습니다.

11 옛날 사람들은 평상시에는 방과 서찰, 위급한 상황에서는 파발, 신호 연 등을 이용했습니다.

12 옛날에는 소식을 전할 때 사람이 직접 전하기도 했습니다.

13 오늘날에는 통신수단의 발달로 집에서 인터넷을 이용해 숙제를 확인할 수 있습니다.

14 텔레비전을 이용하면 다른 나라의 정보를 얻을 수 있습니다.

15 오늘날에는 하나의 통신 기계로 다양한 통신 방법을 이용할 수 있습니다.

16 유선 전화에서 휴대 전화로 발달하면서 어디서든 자유롭게 전화 통화를 할 수 있게 되었습니다.

> **채점 기준**
>
> | **정답 키워드** 이동 │ 전화 | |
> |---|---|
> | '이동하면서 전화할 수 있다.' 등의 내용을 정확히 씀. | 10점 |
> | 제시된 그림을 참고해 휴대 전화의 특징을 썼지만 표현이 부족함. | 5점 |

17 통신수단의 발달로 학교에서의 생활 모습도 많이 달라지게 되었습니다.

18 오늘날 회사에서는 화상 회의로 회의를 하거나 쪽지창을 이용해 자료를 주고받습니다.

19 바다 날씨는 자주 바뀌기 때문에 안전을 위해 인터넷 검색으로 날씨를 미리 확인합니다.

20 사람들은 일을 더욱 빠르게 처리하기 위해 하는 일에 따라 다양한 통신수단을 이용합니다.

1. 우리 고장의 모습

① 우리가 생각하는 고장의 모습

1 ㉠   **2** ㉡   **3** ㉡   **4** ㉠   **5** ㉡

1 고장은 사람들이 모여 사는 곳으로, 집, 학교, 놀이터, 도서관, 시장, 산, 공원, 소방서 등 다양한 장소가 있습니다.

▲ 고장의 모습

2 산은 등산을 하며 경치를 구경할 수 있는 고장의 장소입니다.

> **왜 틀렸을까?**
> ㉠은 기차역, ㉢은 영화관에서의 경험입니다.

3 기차역은 다른 고장에 갈 수 있는 기차를 타는 장소입니다. ㉠ 우체국은 편지를 부치는 장소, ㉢ 경찰서는 우리 고장을 안전하게 지켜 주는 장소입니다.

4 마트, 시장, 백화점 등은 물건을 사고파는 고장의 장소입니다.

5 학교는 선생님과 공부를 하는 장소입니다.

1 ㉠   **2** ㉠   **3** ㉠   **4** ㉡   **5** ㉡

1 두 그림에 모두 있는 건물과 자연의 모습을 찾습니다. 그리고 그 위치나 크기, 모양, 색 등을 비교합니다.

2 같은 고장에 살면서 비슷한 경험을 했기 때문에 고장을 그린 그림에 공통점이 있습니다.

3 사람마다 경험이 다르기 때문에 고장을 그린 그림에 차이점이 있습니다.

4 고장에 대한 생각이나 느낌은 경험에 따라 다를 수 있습니다.

5 나와 다른 생각이나 느낌도 존중해야 합니다.

1 ④   **2** ②   **3** ⑤   **4** ④   **5** ④
6 (3)○(4)○   **7** ②   **8** ③   **9** (1)○
10 ①, ③

1 놀이터는 놀이 기구 등을 타고 놀 수 있는 장소입니다.

2 도서관에서는 다양한 책을 빌려 읽을 수 있습니다.

3 공원은 산책이나 운동을 할 수 있는 장소입니다.

> **왜 틀렸을까?**
> ①은 병원, ②는 기차역, ③은 우리 집, ④는 시장과 관련된 내용입니다.

4 ㉠에는 물건을 산 경험과 관련된 장소가 들어가야 합니다.

> **왜 틀렸을까?**
> ① 놀이터: 놀이 기구를 타고 술래잡기 등을 하며 친구들과 즐겁게 노는 장소입니다.
> ② 버스 터미널: 다른 고장으로 가기 위해 버스를 타는 곳입니다.
> ③ 기차역: 다른 고장으로 가기 위해 기차를 타는 곳입니다.

5 박물관은 옛날에 쓰였던 물건이나 예술품을 모아 보관하고 여러 사람에게 보여 주는 곳입니다.

> **왜 틀렸을까?**
> ①은 영화관, ②는 문구점, ③은 병원, ⑤는 버스 터미널과 관련된 경험입니다.

6 고장에 실제로 있는 장소를 중심으로 그려야 하며 건물의 모습을 자세히 그릴 필요는 없습니다.

> **더 알아보기**
>
> **고장의 모습을 그릴 때 주의할 점**
> • 상상 속의 장소가 아닌 실제 있는 장소를 그립니다.
> • 고장에 있는 모든 장소를 그릴 필요 없이 떠오르는 장소를 중심으로 그립니다.
> • 장소의 위치는 정확하지 않아도 되며 장소의 대략적인 방향과 위치를 생각하며 그립니다.
> • 건물의 모습은 자세히 그릴 필요 없이 장소의 모습을 떠올리며 자유롭게 그립니다.

7 ②는 우리에게 도움을 주는 우체국, 병원, 경찰서, 소방서가 그려져 있습니다.

8 현아와 서진이 모두 학교와 집, 문구점을 그렸습니다.

9 현아는 길을 비교적 복잡하게 그렸고, 서진이는 길을 그리지 않았습니다. 현아는 산을 크고 자세하게 그렸지만, 서진이는 산을 작고 간단하게 그렸습니다.

10 고장에 대한 생각은 경험에 따라 다를 수 있습니다. 고장에 대한 서로 다른 생각이나 느낌에 대해서는 존중하고 이해해야 합니다.

서술형·논술형 평가 8~9쪽

1 (1) ㉠　　(2) ㉢
(3) 예 친구들과 함께 교실에서 공부하고 운동장에서 재미있게 놀았다.

2 (1) ㉢　　(2) ㉠
(3) 예 친구들과 술래잡기를 하며 재미있게 놀았다.

3 (1) 슈퍼마켓　　(2) 민수
(3) 예 같은 고장에 살면서 비슷한 경험을 했기 때문에 공통점이 있고, 사람마다 보고 듣는 것뿐만 아니라 표현하는 방법도 달라 차이점도 있다.

4 (1) 시장　　(2) ② ○
(3) 예 서로 다른 생각이나 느낌을 이해하고 존중한다.

1 (1) 병원은 아픈 곳을 치료하는 곳입니다.
(2) 도서관은 책을 빌려 읽을 수 있는 곳입니다.
(3) 학교는 친구들과 함께 공부를 하는 곳입니다.

채점 기준

(1)	'㉠'이라고 정확히 씀.	2점
(2)	'㉢'이라고 정확히 씀.	2점
(3)	**정답 키워드** 친구 | 교실 | 공부 '친구들과 함께 교실에서 공부하고 운동장에서 재미있게 놀았다.' 등 학교와 관련된 경험을 알맞게 씀.	6점
	학교와 관련된 경험을 썼지만 표현이 부족함.	3점

2 (1) 소방서는 불이 났을 때 불을 꺼 주는 장소입니다.
(2) 우체국에서 택배나 편지 등을 보낼 수 있습니다.
(3) 놀이터는 어린이들이 놀 수 있는 장소입니다.

채점 기준

(1)	'㉢'이라고 정확히 씀.	2점
(2)	'㉠'이라고 정확히 씀.	2점
(3)	**정답 키워드** 놀았다 '친구들과 술래잡기를 하며 재미있게 놀았다.' 등 놀이터에서의 경험을 알맞게 씀.	6점
	놀이터와 관련된 경험을 썼지만 표현이 부족함.	3점

3 (1) 지아와 희철이 모두 슈퍼마켓을 그렸습니다.
(2) 놀이터는 희철이가, 시장은 지아가 그렸습니다.
(3) 같은 고장에 살고 있기 때문에 공통점이 있지만, 경험에 따라 고장에 대한 생각은 다를 수 있습니다.

채점 기준

(1)	'슈퍼마켓'이라고 정확히 씀.	2점
(2)	'민수'라고 정확히 씀.	2점
(3)	**정답 키워드** 같은 고장 | 다른 | 경험 '같은 고장에 살면서 비슷한 경험을 했기 때문에 공통점이 있고, 사람마다 보고 듣는 것뿐만 아니라 표현하는 방법도 달라 차이점도 있다.' 등을 정확히 씀.	6점
	'같은 고장에 산다.', '표현하는 방법이 다르다.' 중 한 가지만 씀.	3점

4 (1) 물건을 사고파는 장소는 시장입니다.
(2) 등산을 할 수 있는 장소는 산입니다.
(3) 나와 다른 생각도 존중해야 합니다.

채점 기준

(1)	'시장'이라고 정확히 씀.	2점
(2)	'②'에 ○표를 함.	2점
(3)	**정답 키워드** 이해 | 존중 '서로 다른 생각이나 느낌을 이해하고 존중한다.'라고 정확히 씀.	6점
	'이해한다.' 등 간단히 씀.	2점

❷ 실제로 본 우리 고장의 모습

개념 확인하기　　　　10쪽

| 1 ㉠ | 2 ㉡ | 3 ㉠ | 4 ㉡ | 5 ㉡ |

1 디지털 영상 지도는 인공위성이나 비행기에서 찍은 사진을 스마트폰, 컴퓨터 등 디지털 기기로 이용할 수 있도록 만든 지도입니다.

2 디지털 영상 지도는 항공 사진이나 인공위성에서 찍은 사진을 이용해 만듭니다.

> **더 알아보기**
>
> **항공 사진, 위성 사진**
>
> | 항공 사진 | 비행기를 타고 하늘 위로 올라가 항공 사진용 디지털 카메라를 이용해 찍음. |
> |---|---|
> | 위성 사진 | 인공위성에서 촬영한 영상으로, 우주에서 지구 주변을 돌면서 영상을 찍은 후 전달함. |

3 검색창에 찾고 싶은 곳의 이름을 쓰고, 돋보기 단추를 누르면 장소의 위치를 알 수 있습니다.

4 마우스를 누른 채로 움직이면 원하는 위치로 이동할 수 있습니다.

5 ⊞ 단추를 누르거나 마우스 스크롤을 위로 굴리면 지도를 확대해 볼 수 있습니다.

개념 확인하기　　　　11쪽

| 1 ㉢ | 2 ㉠ | 3 ㉡ | 4 ㉠ | 5 ㉠ |

1 주요 장소는 기차역, 시청 등과 같이 여러 장소 중에서 눈에 잘 띄거나 많은 사람이 찾는 장소입니다.

2 놀이 기구 등 놀이공원의 특징이 나타나도록 표현합니다.

3 고장 안내 책자, 고장 누리집 등에서 고장의 주요 장소에 대한 자료를 찾을 수 있습니다.

4 고장 누리집이나 관광 누리집에서 고장의 장소에 대한 자료를 찾을 수 있습니다.

5 고장의 주요 장소는 고장 안내도를 만들어 소개할 수 있습니다. 세계 지도는 세계를 그린 지도입니다.

실력 평가　　　　12~13쪽

| 1 ⑤ | 2 ①, ④ | 3 ① | 4 ③, ④ | 5 ⑤ |
| 6 ④ | 7 ⑤ | 8 ㉡ | 9 ⑤ | 10 예 위치 |

1 디지털 영상 지도는 인공위성이나 비행기에서 찍은 사진을 디지털 기기로 이용할 수 있도록 만든 지도입니다.

> **왜 틀렸을까?**
>
> ① 백지도: 강, 큰길 등 밑그림만 그려져 있는 지도
> ② 교통 지도: 교통망의 상황에 대하여 중점을 두고 만들어진 지도
> ③ 항공 사진: 비행 중인 항공기에서 고성능 사진기로 지상을 찍은 사진
> ④ 인구 분포도: 인구의 지역별, 산업별, 민족별 등의 분포 상태를 나타내는 지도

2 디지털 영상 지도를 이용하면 어떤 장소의 위치를 정확히 알 수 있고 고장의 전체적인 모습과 자세한 모습을 살펴볼 수 있습니다. 또한 스마트폰과 컴퓨터에서 이용할 수 있습니다.

3 마우스를 누른 채로 움직이면 지도 안에서 원하는 위치로 이동할 수 있습니다.

> **더 알아보기**
>
> **디지털 영상 지도 사용 방법**
>
> | 위치 찾기 기능 | 검색창에 찾고 싶은 곳의 이름을 쓰고, 돋보기 단추를 누름. |
> |---|---|
> | 지도 선택 기능 | 디지털 영상 지도뿐 아니라 일반 지도, 백지도 등으로 바꾸어 볼 수 있음. |
> | 위치 이동 기능 | 마우스를 누른 채로 움직이면 원하는 위치로 이동할 수 있음. |
> | 확대와 축소 기능 | ⊞, ⊟ 단추를 누르거나 마우스 스크롤을 위아래로 움직이면 지도를 확대하거나 축소할 수 있음. |

4 디지털 영상 지도를 축소하려면 ⊟ 단추를 누르거나 마우스 스크롤을 아래로 굴립니다. 축소 기능을 사용하면 고장의 전체적인 모습을 살펴볼 수 있습니다.

> **왜 틀렸을까?**
>
> ①은 위치 찾기 기능, ②는 위치 이동 기능, ⑤는 확대 기능에 대한 설명입니다.

5 대형 마트, 할인점, 시장 등에서 물건을 사고팝니다.

> **왜 틀렸을까?**
>
> ① 산, ② 강은 자연과 관련된 곳, ③ 시청, ④ 소방서는 사람들의 생활을 편리하게 도와주는 곳입니다.

6 지하철역, 버스 터미널, 공항 등이 다른 고장으로 이동하기 위해 이용하는 고장의 장소입니다.

7 우주선을 그려 나타낸 장소는 국립과천과학관입니다.

8 고장의 자랑할 만한 장소에 관한 자료는 고장 누리집이나 관광 누리집에서 찾아 볼 수 있습니다.

9 책을 읽을 수 있는 고장의 장소는 도서관입니다.

> **왜 틀렸을까?**
> ①은 기차역, ②는 캠핑장, ③은 병원, ④는 문구점에 대한 설명입니다.

10 장소를 표현한 백지도에 장소 카드를 붙이면 고장의 여러 장소를 소개할 때 편리하고, 장소의 특징과 함께 위치를 알 수 있어서 좋습니다.

서술형·논술형 평가 | 14~15쪽

1 (1) ㉢ (2) ㉠
(3) 예 같은 장소라도 사진을 찍는 위치에 따라 그 모습이 달라진다.

2 (1) 스마트폰 (2) 예 항공 사진, 위성 사진
(3) 예 고장의 모습을 생생하게 볼 수 있다. 고장의 위치를 쉽게 알 수 있다.

3 (1) 산, 호수 (2) ㉢
(3) 예 대형 마트는 물건을 사고파는 장소이기 때문이다.

4 (1) 네모 (2) ㉡
(3) 예 고장의 모습을 한눈에 알아보기 쉽다. 장소의 특징과 함께 위치를 알 수 있다.

1 (1) ㉠은 위에서, ㉡은 옆에서, ㉣은 앞에서 찍은 사진입니다.

(2) 위에서 찍은 사진은 소양강 스카이워크의 전체적인 모습이 담겨 있습니다.

(3) 우리가 바라보는 위치나 거리에 따라 같은 장소도 다양하게 보입니다.

채점 기준

(1)	'㉢'이라고 정확히 씀.	2점
(2)	'㉠'이라고 정확히 씀.	2점
(3)	**정답 키워드** 같은 장소 | 사진을 찍는 위치 '같은 장소라도 사진을 찍는 위치에 따라 그 모습이 달라진다.'라고 정확히 씀.	6점
	'같은 장소도 다양하게 보인다.' 등 구체적으로 쓰지 못함.	3점

2 (1) 디지털 영상 지도는 디지털 기기로 이용할 수 있도록 만든 지도입니다.

(2) 항공 사진, 인공위성에서 찍은 사진으로 디지털 영상 지도를 만듭니다.

(3) 디지털 영상 지도는 고장의 모습을 생생하게 볼 수 있습니다.

채점 기준

(1)	'스마트폰'에 ○표를 함.	2점
(2)	'항공 사진', '위성 사진'이라고 정확히 씀.	2점
(3)	**정답 키워드** 생생 | 위치 '고장의 모습을 생생하게 볼 수 있다.', '고장의 위치를 쉽게 알 수 있다.' 등 디지털 영상 지도의 좋은 점을 씀.	6점
	디지털 영상 지도의 좋은 점을 썼지만 표현이 부족함.	3점

3 (1) 산, 호수는 자연과 관련된 곳입니다.

(2) 공항, 지하철역, 버스 터미널 등이 다른 고장으로 이동할 때 이용하는 장소입니다.

(3) 대형 마트는 물건을 사고파는 장소입니다.

채점 기준

(1)	'산', '호수'라고 정확히 씀.	2점
(2)	'㉢'이라고 정확히 씀.	2점
(3)	**정답 키워드** 물건 | 사고팔다 '대형 마트는 물건을 사고파는 장소이기 때문이다.'라고 정확히 씀.	6점
	'대형 마트는 다른 고장으로 이동하는 곳이 아니다.' 등과 같이 씀.	2점

4 (1) 강원도청은 네모, 춘천역은 기차, 닭갈비 골목은 별, 춘천 시청은 세모, 소양강 스카이워크는 마름모 모양으로 표시되어 있습니다.

(2) 공지천 유원지는 축구공과 골대로 표현되어 있습니다.

(3) 백지도에 나타내면 중요하지 않은 것들은 생략하고 주요 장소만 나타낼 수 있기 때문에 고장의 주요 장소를 한눈에 살펴보기 쉽습니다.

채점 기준

(1)	'네모'라고 정확히 씀.	2점
(2)	'㉡'이라고 정확히 씀.	2점
(3)	**정답 키워드** 한눈 | 알아보기 쉽다 '고장의 모습을 한눈에 알아보기 쉽다.', '장소의 특징과 함께 위치를 알 수 있다.' 등 고장의 주요 장소를 백지도에 나타낼 때 좋은 점을 정확히 씀.	6점
	'복잡하지 않다.' 등 간단히 씀.	3점

온라인 학습 단원평가의 **정답**과 함께 **문항 분석**도 확인하세요.

단원평가

문항 번호	정답	평가 내용	난이도
1	①	병원에서의 경험 알아보기	쉬움
2	②	학교에서의 경험 알아보기	쉬움
3	⑤	같은 장소에 대한 생각이 다른 까닭 알아보기	보통
4	⑤	도서관에서의 경험 알아보기	쉬움
5	④	공항에서의 경험 알아보기	보통
6	④	산에서의 경험 알아보기	쉬움
7	③	고장의 모습을 그린 그림 살펴보기	보통
8	⑤	고장을 그린 그림 비교하기	보통
9	①	고장을 그린 그림 비교하기	쉬움
10	②	서로 다른 생각을 대하는 바른 태도 알아보기	보통
11	⑤	바라보는 위치와 거리에 따른 장소의 모습 살펴보기	어려움
12	②	디지털 영상 지도의 특징 알아보기	어려움
13	③	디지털 영상 지도의 좋은 점 알아보기	보통
14	①	디지털 영상 지도의 확대 기능 알아보기	보통
15	③	디지털 영상 지도의 위치 찾기 기능 알아보기	어려움
16	①	다른 고장으로 이동할 때 이용하는 고장의 주요 장소 알아보기	보통
17	⑤	유명한 관광지와 관련 있는 고장의 주요 장소 알아보기	쉬움
18	④	고장의 장소를 백지도에 나타내는 방법 살펴보기	보통
19	④	고장에서 자랑할 만한 장소가 되기 위한 조건 알아보기	보통
20	③	고장의 안내도로 고장을 소개할 때 좋은 점 알아보기	어려움

1 병원은 아픈 곳을 치료하기 위해 가는 장소입니다.

2 친구들과 함께 교실에서 공부하는 곳은 학교입니다.

3 장소에 대한 생각이나 느낌은 경험에 의해 형성되기 때문에 기억이나 경험에 따라 같은 장소일지라도 사람마다 같은 장소에 대한 느낌이나 생각이 다릅니다.

4 도서관은 책을 빌려 읽을 수 있는 장소입니다.

5 ①은 대형 마트, ②는 버스 터미널, ③은 학교의 모습입니다.

6 등산을 하며 경치를 구경할 수 있는 장소는 산입니다.

7 형석이의 그림에서는 하천, 박물관, 문화유산, 논밭을 볼 수 없습니다.

8 두 그림에 공통적으로 나타난 것과 어느 한 그림에만 있는 것을 찾아봅니다.

9 두 그림에 공통적으로 있는 장소는 학교입니다.

10 고장에 대한 서로 다른 생각과 느낌은 존중해야 합니다.

11 ㉠은 야구장을 정면에서 본 모습, ㉡은 야구장을 위에서 내려다 본 모습입니다.

12 제시된 지도는 디지털 영상 지도로 ②는 백지도에 대한 설명입니다.

13 디지털 영상 지도를 이용하면 고장의 전체적인 모습과 자세한 모습을 비교해 볼 수 있습니다.

14 디지털 영상 지도에서 ⊞, ⊟ 단추를 누르거나 마우스 스크롤을 위아래로 움직이면 확대와 축소 기능을 사용할 수 있습니다.

15 찾고 싶은 곳의 이름을 검색창에 쓰고 돋보기 단추를 누르면 장소의 위치를 알 수 있습니다.

16 다른 고장으로 이동할 때 이용하는 주요 장소로는 기차역, 지하철역, 버스 터미널 등이 있습니다.

17 ① 역은 다른 고장으로 이동할 때 이용하는 곳, ② 시청, ③ 경찰서, ④ 소방서는 사람들의 생활을 편리하게 도와주는 곳입니다.

18 백지도를 꾸밀 때에는 장소의 특징이 잘 드러나도록 다양한 방법으로 표현합니다.

19 우리 고장 사람들이 많이 찾는 곳이 자랑할 만한 장소가 될 수 있습니다.

20 고장 안내도를 통해 우리 고장에 있는 자랑할 만한 장소의 위치와 특징을 알 수 있습니다.

2. 우리가 알아보는 고장 이야기

❶ 우리 고장의 옛이야기

1 ㉢   **2** ㉢   **3** ㉡   **4** ㉡   **5** ㉠

1 설문대 할망이 바닷속의 흙을 떠서 제주도를 만들었다고 전해집니다.

> **더 알아보기**
>
> **설문대 할망 이야기**
> 옛날에 설문대 할망이라는 키가 아주 큰 할머니가 살았습니다. 설문대 할망은 넓은 바다 한가운데에 섬을 만들기로 마음을 먹고, 바닷속의 흙을 떠서 제주도를 만들었습니다. 그리고 편평한 섬이 너무 밋밋해 보여, 치마폭에 돌과 흙을 담아 옮겨서 한라산을 쌓았습니다. 이때 치마에서 떨어진 돌과 흙은 크고 작은 봉우리(오름)가 되었답니다.

2 고장의 옛이야기로 고장의 유래, 고장의 자연환경, 고장 사람들의 생활 모습, 고장의 인물 등에 대해 알 수 있습니다.

3 마을에 얼음을 저장하는 창고인 빙고가 있어서 빙고리라고 했습니다.

> **왜 틀렸을까?**
>
> ㉠ 잠실동: 누에를 기르는 방인 잠실이 많았어서 잠실동이 되었습니다.
> ㉢ 얼음골: 더운 여름에도 바위틈에 얼음이 생긴다고 해서 얼음골이라고 했습니다.

4 백성들이 말을 탄 양반을 피해 돌아가던 좁은 길을 피맛골이라고 불렀습니다. 피맛골 이야기를 통해 백성들은 말을 탄 높은 신분의 양반이 지나갈 때까지 길에 엎드려 있어야 했다는 것을 알 수 있습니다.

5 효자가 살았다고 하여 효자동이라는 이름이 붙여진 고장이 많습니다.

1 ㉢   **2** ㉠   **3** ㉡   **4** ㉡   **5** ㉡

1 조사 주제, 조사 기간, 조사 장소, 조사 내용, 조사 방법, 준비물, 조사할 때 주의할 점 등을 생각해 조사 계획을 세웁니다.

2 면담은 만나서 물어보는 조사 방법입니다. ㉡ 누리집 검색하기는 시·군·구청 누리집, 고장의 문화원 누리집 등에 들어가 조사하는 방법입니다.

3 고장의 옛이야기는 고장의 문화원, 고장의 누리집 등에서 조사할 수 있습니다.

4 옛이야기를 조사한 후에는 옛이야기를 조사하면서 알게 된 내용과 느낀 점, 더 알고 싶은 점 등을 정리해 보고서를 만듭니다.

5 고장의 옛이야기를 소개하는 방법에는 안내 책자 만들기, 구연동화 들려주기, 노래 가사 바꿔 부르기, 역할놀이하기 등이 있습니다.

1 ②   **2** (3) ○   **3** ㉠, ㉢   **4** ②, ⑤
5 (1) ㉡ (2) ㉢ (3) ㉠   **6** ③   **7** ②   **8** 조사 주제
9 ④   **10** ③

1 오늘날 학교와 같은 향교가 있던 곳과 관련 있는 지명을 찾습니다.

2 남원은 『춘향전』의 배경이기 때문에 『춘향전』과 관련된 이름을 많이 볼 수 있습니다.

3 고장의 옛이야기로 고장의 유래, 자연환경, 고장 사람들의 생활 모습 등을 알 수 있습니다.

4 제시된 옛이야기를 통해 '섬진강'이라는 이름의 유래를 알 수 있습니다.

5 고장의 옛이야기를 통해 옛날 고장 사람들의 생활 모습을 알 수 있습니다.

6 얼음골은 더운 여름에도 바위틈에 얼음이 생긴다고 해서 붙은 이름입니다.

> **왜 틀렸을까?**
>
> ①은 마이산, ②는 두물머리, ④는 코끼리 바위와 관련된 사진입니다.

7 면담은 우리 고장에 대해 잘 아시는 분을 만나 여쭈어 보는 조사 방법입니다.

> **더 알아보기**
>
> **면담할 때 주의할 점**
> • 방문할 날짜와 시간, 장소를 미리 정합니다.
> • 질문할 내용을 미리 구체적으로 정해 둡니다.
> • 궁금한 내용을 모두 질문한 후에는 감사 인사를 합니다.

8 느낀 점, 더 알고 싶은 점은 조사 보고서에 들어가는 내용입니다.

9 조사한 내용은 수첩에 적어야 합니다.

10 역할놀이를 할 때에는 옛이야기 속 상황에 알맞게 등장 인물의 표정과 말투를 표현합니다.

서술형·논술형 평가 24~25쪽

1 (1) 창고
(2) 예 냉장고가 없던 옛날에 사람들이 어떻게 여름에 얼음을 사용했는지 알 수 있다.

2 (1) 안성맞춤   (2) 유기
(3) 예 어떤 일이나 물건이 마음에 쏙 들거나 딱 들어맞는다.

3 (1) 피맛골   (2) 수지
(3) 예 지명으로 우리 고장의 자연환경과 사람들의 생활 모습을 알 수 있다.

4 (1) 지명
(2) 예 어른께 여쭈어본다. 고장의 문화원이나 시·군·구청 누리집을 검색한다.
(3) 예 인물과 관련된 옛이야기

1 (1) 빙고는 얼음을 저장하는 창고라는 뜻입니다.
(2) 빙고리 이야기로 겨울에 하천에 얼음이 얼면 얼음을 떼어서 빙고에 보관했다가 여름에 꺼내 사용했던 옛날 사람들의 생활 모습을 알 수 있습니다.

채점 기준

(1)	'창고'라고 정확히 씀.	4점
(2)	**정답 키워드** 여름	얼음 '냉장고가 없던 옛날에 사람들이 어떻게 여름에 얼음을 사용했는지 알 수 있다.'라고 정확히 씀.	6점
	빙고리 이야기로 알 수 있는 점을 썼지만 표현이 부족함.	3점

---

2 (1) 어떤 일이나 물건이 마음에 쏙 들거나 딱 들어맞을 때 안성맞춤이라는 말을 씁니다.
(2) 안성맞춤이라는 말을 통해 경기도 안성에 품질이 좋은 유기를 만드는 사람들이 있었다는 것을 알 수 있습니다.
(3) 옛날 경기도 안성에서 만든 유기가 어찌나 단단하고 섬세한지 사람들의 칭찬이 입에서 입으로 전해져 안성맞춤이라는 말이 생겼습니다.

채점 기준

(1)	'안성맞춤'이라고 정확히 씀.	2점
(2)	'유기'라고 정확히 씀.	2점
(3)	**정답 키워드** 물건	마음에 들다 '어떤 일이나 물건이 마음에 쏙 들거나 딱 들어맞는다.'라고 정확히 씀.	6점
	안성맞춤의 뜻을 썼지만 표현이 부족함.	3점

3 (1) 피맛골은 말을 피한다는 뜻입니다.
(2) 피맛골은 옛날에 신분이 있었다는 것을 알 수 있는 지명입니다.
(3) 지명에는 고장 사람들의 생활 모습도 담겨 있습니다.

채점 기준

(1)	'피맛골'이라고 정확히 씀.	2점
(2)	'수지'라고 정확히 씀.	2점
(3)	**정답 키워드** 자연환경	생활 모습 '지명으로 우리 고장의 자연환경과 사람들의 생활 모습을 알 수 있다.'라고 정확히 씀.	6점
	'생활 모습도 알 수 있다.' 등 간단히 씀.	3점

4 (1) 지명은 땅의 이름을 뜻합니다.
(2) 어른께 여쭈어보기, 답사하기 등의 방법으로 고장의 옛이야기를 조사할 수 있습니다.
(3) 구암 공원은 허준이 태어난 곳이어서 허준의 호를 사용해 구암 공원이라고 불립니다.

채점 기준

(1)	'지명'이라고 정확히 씀.	2점
(2)	**정답 키워드** 여쭈어보다	누리집 '어른께 여쭈어본다.', '고장의 문화원이나 시·군·구청 누리집을 검색한다.' 등 고장의 옛이야기를 조사하는 방법을 알맞게 씀.	4점
	고장의 옛이야기를 조사하는 방법을 썼지만 구체적이지 않음.	2점
(3)	'인물과 관련된 옛이야기'라고 정확히 씀.	4점

온라인 학습 단원평가의 **정답**과 함께 **문항 분석**도 확인하세요.

단원평가 중간 범위

26~29쪽

문항 번호	정답	평가 내용	난이도
1	④	병원에서의 경험 알아보기	쉬움
2	③	물건을 사고파는 장소 알아보기	쉬움
3	①	공원에서의 경험 알아보기	쉬움
4	③	놀이터 장소 카드 만들기	쉬움
5	④	고장을 그린 그림 비교하기	보통
6	①	머릿속에 떠오르는 고장의 모습 그리기	어려움
7	②	우리 고장을 그린 그림이 다른 까닭 알아보기	보통
8	⑤	디지털 영상 지도 알아보기	어려움
9	⑤	디지털 영상 지도의 확대와 축소 기능 알아보기	보통
10	③	유명한 관광지와 관련 있는 고장의 장소 알아보기	보통
11	①	자연과 관련 있는 고장의 장소 알아보기	쉬움
12	②	고장의 장소 백지도에 나타내기	쉬움
13	②	잠실 이야기로 알 수 있는 사람들의 생활 모습 알아보기	보통
14	①	민요 강강술래에 담긴 고장의 인물 알아보기	어려움
15	①	독도에 있는 바위와 장소 지명에 대해 알아보기	어려움
16	④	종로라는 지명으로 알 수 있는 고장의 모습 알아보기	보통
17	②	기와말로 알 수 있는 사람들의 생활 모습 알아보기	보통
18	③	고장의 옛이야기 조사 계획서에 들어갈 내용 살펴보기	보통
19	①	고장의 옛이야기 조사 방법 알아보기	보통
20	③	고장의 옛이야기 소개하는 방법 알아보기	보통

1 ① 학교는 공부를 하는 곳, ② 도서관은 책을 빌리는 곳, ③ 놀이터는 친구와 놀이를 할 수 있는 곳입니다.

2 물건을 사고파는 곳은 시장입니다.

3 공원은 자전거도 타고 산책도 할 수 있는 장소입니다.

4 놀이터에서는 친구와 함께 그네를 타고 놀 수 있습니다.

5 ① 약국, ② 시장, ③ 문구점, ⑤ 공원은 지아의 그림에만 있는 장소입니다.

6 학교와 도서관이 나타난 그림은 ①입니다.

7 사람마다 경험하는 것이 다르고 관심 있는 것이 다르기 때문에 고장에 대한 생각과 느낌은 서로 다릅니다.

8 디지털 영상 지도는 인공위성 사진을 지도 형식으로 바꾸고 컴퓨터 등 다양한 기기에서 이용할 수 있도록 디지털 정보로 표현한 지도를 말합니다.

9 ⊞, ⊟ 단추를 누르면 지도를 확대하거나 축소할 수 있습니다.

10 놀이공원, 과천 향교, 국립현대미술관은 관광지입니다.

11 강, 산, 바다 등이 고장의 자연환경과 관련된 장소입니다.

12 과천역은 지하철을 타는 장소입니다.

13 서울특별시 송파구 잠실동은 옛날 이곳에 누에를 기르는 방인 잠실이 많이 있었기 때문에 잠실동이 되었습니다.

14 고장을 지켜 준 이순신 장군의 업적을 알리고 기억하기 위해서 고장 사람들이 강강술래 노래에 이순신 장군 이야기를 넣어 불렀습니다.

15 코끼리 바위는 코끼리가 물을 마시는 모습처럼 생겨서 붙은 이름이고, 숫돌 바위는 돌의 성질이 숫돌과 비슷해서 붙은 이름입니다.

16 옛날에는 종을 쳐서 사람들에게 시각을 알려 주었는데, 종이 있던 곳의 앞길을 종로라고 불렀습니다.

17 기와를 굽던 큰 가마터가 있었다고 하여 기와말이라는 이름이 붙여졌습니다.

18 조사한 후 느낀 점은 옛이야기 조사 보고서에 들어갈 내용입니다.

19 고장의 문화원이나 시·군·구청에 직접 방문해 고장의 옛이야기를 조사할 수 있습니다.

20 우리 고장의 옛이야기를 소개하는 사진, 그림, 글, 만화, 홍보 캐릭터 등을 담은 책자를 만들어 소개할 수 있습니다.

② 우리 고장의 문화유산

개념 확인하기   30쪽

| 1 ⓒ | 2 ⓒ | 3 ㉠ | 4 ㉠ | 5 ⓒ |

1 문화유산은 옛날부터 전해 내려오는 문화 중에서 후손들에게 물려줄 만한 가치가 있는 것들을 말합니다.

2 문화유산은 형태가 있고 없음에 따라 유형 문화유산과 무형 문화유산으로 구분됩니다.

3 예술 활동이나 기술 등 형태가 없는 문화유산은 무형 문화유산에 해당합니다.

4 측우기는 조선 시대에 만들어진 비의 양을 측정하는 기구입니다.

> **왜 틀렸을까?**
> ⓒ 조상들이 음식을 보관하던 옹기에 대한 설명입니다.

5 판소리는 한 명의 소리꾼이 북장단에 맞추어 노래로 이야기를 엮어나가는 공연을 말합니다.

개념 확인하기   31쪽

| 1 ⓒ | 2 ⓒ | 3 ⓒ | 4 ㉠ | 5 ⓒ |

1 고장의 문화유산 안내도를 보면 고장에 어떤 문화유산이 있고, 어디에 있는지 알 수 있습니다.

2 문화유산이 있는 현장에 가서 직접 보고 조사하는 것을 답사라고 합니다. 답사를 하면 생생한 지식과 정보를 얻을 수 있고, 기억에 오래 남습니다.

> **왜 틀렸을까?**
> ㉠ 누리집을 방문해 고장의 문화유산을 조사할 때의 좋은 점입니다.

3 누리집을 방문해 고장의 문화유산을 조사할 때, 고장의 시·군·구청 누리집이나 문화재청 누리집 등을 방문할 수 있습니다.

4 고장의 문화유산을 잘 알고 계신 분과의 면담을 통해 문화유산을 조사하면 설명을 듣고 더 쉽게 이해할 수 있으며, 궁금한 점이 생겼을 때 바로 질문을 할 수 있습니다.

5 면담을 통해 고장의 문화유산을 조사할 때에는 고장의 문화유산을 잘 알고 계신 분을 만나야 합니다.

실력 평가   32~33쪽

| 1 ③ | 2 ① | 3 측우기 | 4 ⑤ | 5 ⑤ |
| 6 ② | 7 ⑤ | 8 은영 | 9 ③ | 10 백지도 |

1 유형 문화유산은 형태가 있는 문화유산으로, 탈춤과 판소리는 형태가 없는 무형 문화유산에 속합니다.

2 판소리는 긴 이야기를 노래로 들려주는 공연입니다.

> **왜 틀렸을까?**
> ② 탈춤에 대한 설명입니다.
> ③ 유형 문화유산에 대한 설명입니다. 판소리는 무형 문화유산입니다.
> ④ 기지시 줄다리기에 대한 설명입니다.
> ⑤ 농요에 대한 설명입니다.

3 측우기는 조선 세종 대에 만들어진 비의 양을 측정할 수 있는 과학 발명품입니다.

4 모시 짜기는 베틀을 이용해 모시를 전통적으로 만드는 기술입니다. 모시 짜기를 통해 더운 여름을 시원하게 보내고자 했던 조상들의 지혜를 알 수 있습니다.

5 경주에서 손꼽히는 부자였던 최씨 집안은 흉년이 들면 가난한 사람들에게 식량을 나눠주었습니다.

6 ② 불국사는 경주에서 볼 수 있는 문화유산입니다.

7 답사 계획을 세우면서 조사 내용을 정할 때는 무엇을 알아볼 지 의논해야 합니다.

> **더 알아보기**
> **답사 계획을 세우는 과정**
> 답사 목적 정하기 → 답사 장소와 날짜 정하기 → 조사 내용 정하기 → 역할 나누기 → 준비물 챙기기

8 답사를 할 때는 문화유산을 소중히 다루고 질문할 내용은 미리 정해두어야 합니다.

> **더 알아보기**
> **답사할 때 주의할 점**
> • 보호자를 따라 이동합니다.
> • 문화유산을 소중하게 다룹니다.
> • 질문할 내용은 미리 정해둡니다.
> • 답사 장소의 관람 규칙을 잘 지킵니다.

9 문화유산을 소개하는 자료로 문화유산 작은 전시회를 만들며 다양한 문화유산을 소개해볼 수 있습니다.

10 문화유산 안내도를 만들면 조사한 내용을 상세하게 소개할 수 있습니다.

서술형·논술형 평가 **34~35**쪽

1 (1) 김치　　　　(2) ㉢
(3) ㉔ 힘든 일도 서로 도우며 즐겁게 일했다.
2 (1) ㉢　　　　(2) ㉠
(3) ㉔ 고장에 있는 문화유산의 위치와 모습을 그림으로 쉽게 살펴볼 수 있다.
3 (1) 목적　　　　(2) 소영
(3) ㉔ 생생한 지식을 얻을 수 있다. 기억에 오래 남고 흥미롭다.
4 (1) 신문 만들기　　　　(2) 다양한
(3) ㉔ 문화유산의 특징이 잘 드러나도록 소개한다. 소개하는 활동에 적극적으로 참여한다.

1 (1) 옛날에는 가족이나 친족, 이웃의 힘을 모아 함께 김장을 했습니다. 조상들은 김장을 통해 겨울까지 신선한 채소를 먹을 수 있었습니다.
(2) 향교는 옛날에 지방의 교육을 담당했던 교육 기관입니다.
(3) 농요와 농악은 농촌에서 농민들이 농사일을 할 때 부르고 연주했던 음악을 말합니다.

채점 기준

(1)	'김치'라고 정확히 씀.	2점
(2)	'㉔'이라고 정확히 씀.	2점
(3)	정답 키워드 힘든 일 | 즐겁게 '힘든 일도 서로 도우며 즐겁게 일했다.' 등의 내용을 정확히 씀.	6점
	농요와 농악을 통해 알 수 있는 조상들의 생활 모습을 썼지만 표현이 부족함.	3점

2 (1) 제시된 자료는 경주 안내도입니다. 따라서 서연이는 고장의 문화유산 안내도를 살펴보며 고장의 문화유산을 조사했다는 것을 알 수 있습니다. 고장의 문화유산을 조사하는 방법에는 문화유산을 직접 답사하거나 면담을 하는 것, 누리집이나 관련 책을 통해 조사하는 방법 등이 있습니다.
(2) 제시된 경주 안내도를 살펴보면 경주에는 김유신묘, 동궁과 월지, 석굴암, 대릉원, 첨성대, 불국사 등을 볼 수 있습니다. ㉠ 오죽헌 몽룡실은 강원도 강릉시에 있습니다.
(3) 고장의 안내도를 보면 고장에 있는 문화유산의 위치와 모습을 한눈에 살펴볼 수 있습니다.

채점 기준

(1)	'㉢'을 정확히 씀.	2점
(2)	'㉠'을 정확히 씀.	2점
(3)	정답 키워드 위치 | 모습 | 그림 '고장에 있는 문화유산의 위치와 모습을 그림으로 쉽게 살펴볼 수 있다.' 등의 내용을 정확히 씀.	6점
	안내도를 이용해 고장의 문화유산을 조사했을 때의 좋은 점을 썼으나 표현이 부족함.	3점

3 (1) 답사를 계획할 때에는 제일 먼저 답사 목적을 정해야 합니다.
(2) 답사를 할 때는 문화유산을 함부로 만져서는 안됩니다. 또한 설명을 들으며 중요한 점을 기록하고 질문할 내용은 미리 준비합니다.
(3) 답사를 하면 문화유산이 있는 현장에 가서 직접 보고 조사함으로써 생생한 지식을 얻을 수 있습니다.

채점 기준

(1)	'목적'을 정확히 씀.	2점
(2)	'소영'이라고 정확히 씀.	2점
(3)	정답 키워드 생생한 | 기억 | 흥미 '생생한 지식을 얻을 수 있다.', '기억에 오래 남고 흥미롭다.' 등의 내용을 정확히 씀.	6점
	답사의 좋은 점을 썼지만 표현이 부족함.	3점

4 (1) 다양한 내용을 소개하기 위해서는 신문 만들기가 효과적입니다.
(2) 신문 만들기 방법은 문화유산을 그림, 만화, 광고 등 다양한 방법으로 소개할 수 있습니다. 문화유산 신문은 각자 맡은 기사와 광고 글을 쓴 후에 자료를 모아서 만듭니다.
(3) 문화유산을 소개할 때는 활동에 적극적으로 참여하고, 소개 자료를 보고 궁금한 점이 있으면 물어봅니다.

채점 기준

(1)	'신문 만들기'를 정확히 씀.	2점
(2)	'다양한'에 정확히 ○표를 함.	2점
(3)	정답 키워드 특징 | 적극적 '문화유산의 특징이 잘 드러나도록 소개한다.', '소개하는 활동에 적극적으로 참여한다.' 등의 내용을 정확히 씀.	6점
	고장의 문화유산을 소개하는 활동을 할 때의 주의할 점을 썼지만 표현이 부족함.	3점

단원평가

36~39쪽

문항 번호	정답	평가 내용	난이도
1	⑤	서빙고동 이야기로 알 수 있는 고장 사람들의 생활 모습 살펴보기	쉬움
2	①	고장의 옛이야기로 알 수 있는 점 알아보기	어려움
3	①	왕건과 관련된 지명 알아보기	보통
4	⑤	염창동의 유래 알아보기	보통
5	⑤	두물머리라는 지명을 통해 알 수 있는 고장의 모습 살펴보기	어려움
6	④	면담으로 조사하는 방법 알아보기	보통
7	④	고장의 누리집을 검색해 조사하는 방법 알아보기	쉬움
8	②	고장의 옛이야기를 조사할 때 주의할 점 알아보기	보통
9	⑤	고장의 옛이야기 조사 계획서에 대해 알아보기	보통
10	⑤	노래 가사 바꿔 부르기로 고장의 옛이야기 소개하는 방법 알아보기	쉬움
11	④	문화유산의 의미 알아보기	쉬움
12	②	문화유산을 구분하는 기준 알아보기	쉬움
13	⑤	문화유산 관련 행사를 통해 알 수 있는 점 알아보기	보통
14	⑤	농요와 농악의 특징 알아보기	보통
15	④	탈춤의 특징 알아보기	어려움
16	⑤	고장의 문화유산을 조사하는 방법 알아보기	보통
17	⑤	고장의 문화유산 답사 계획서에 대해 알아보기	보통
18	②	답사의 과정 알아보기	어려움
19	①	고장의 문화유산을 소개하는 자료 만들기	보통
20	⑤	고장의 문화유산을 소개하는 방법 알아보기	쉬움

1 서빙고동은 얼음을 저장하는 서쪽 창고가 있는 곳이라는 뜻에서 붙여진 이름입니다.

2 설문대 할망 이야기로 제주도는 주변이 바다로 둘러싸여 있고, 한라산과 여러 개의 오름이 있음을 알 수 있습니다.

3 팔공산은 왕건의 목숨을 구한 여덟 명의 신하를 기억하는 산이라는 뜻이고, 안심동은 왕검이 도망을 치다 한숨을 돌리고 안심한 곳이라고 하여 붙은 이름입니다.

4 염창동은 소금을 보관하던 창고인 염창이 있어 붙은 이름입니다.

5 두물머리는 두 개 물의 머리라는 뜻으로, 북한강과 남한강이 합쳐지는 곳입니다.

6 고장에 오래 사신 분이나 고장을 잘 알고 있는 분께 여쭈어보는 모습입니다.

7 고장의 옛이야기는 고장의 시·군·구청 누리집이나 고장 문화원 누리집에 들어가 조사할 수 있습니다.

8 고장의 옛이야기를 조사할 때에는 고장에 대해 잘 아는 분께 여쭈어 보며 질문할 내용은 미리 정해 두어야 합니다.

9 고장의 옛이야기는 다양한 방법으로 조사할 수 있습니다.

10 이미 알고 있는 노래 가사를 고장의 옛이야기 내용으로 바꾸어 소개할 수 있습니다.

11 문화유산은 조상 대대로 전해 내려온 문화 중에서 다음 세대에 물려줄 만한 가치가 있는 것입니다.

12 문화유산은 형태의 유무에 따라 구분됩니다.

13 문화유산을 알리기 위한 다양한 행사들이 있습니다.

14 농요와 농악을 통해 조상들이 힘든 일도 서로 도우며 즐겁게 일했다는 것을 알 수 있습니다.

15 탈춤은 탈을 쓰고 춤을 추면서 하는 놀이 연극입니다.

16 고장의 문화원을 방문하여 문화 관광 해설사의 설명을 들으며 고장의 문화유산을 조사할 수 있습니다.

17 답사 이후 새롭게 알게 된 점은 답사 보고서에 기록합니다.

18 답사 순서를 지키면 올바른 답사를 할 수 있습니다.

19 문화유산의 특징이 잘 드러나도록 모형을 만들어 소개할 수 있습니다.

20 문화유산을 소개할 때는 소개할 문화유산의 특징이 잘 드러나도록 합니다.

온라인 학습북 34~39쪽

3. 교통과 통신수단의 변화

❶ 교통수단의 발달과 생활 모습의 변화

개념 확인하기 40쪽

| 1 ⓒ | 2 ⓒ | 3 ⓛ | 4 ⓒ | 5 ㉠ |

1 교통수단은 사람이 이동하거나 물건을 옮기는 데 사용하는 방법이나 도구를 말합니다.

2 소달구지는 동물의 힘을 이용한 옛날의 교통수단입니다. 옛날의 교통수단은 사람이나 동물, 자연의 힘을 이용해 움직였습니다.

3 뗏목은 물에서 사람이 이동하거나 물건을 옮길 때 이용했던, 옛날의 교통수단입니다.

4 비행기는 하늘에서 이용하는 오늘날의 교통수단입니다.

5 버스는 많은 사람을 한 번에 태울 수 있습니다.

> **왜 틀렸을까?**
> ⓛ은 한 사람이 타고 여러 사람이 들고 갔던 옛날의 교통수단이고, ⓒ은 화물의 운송을 목적으로 하는 배입니다.

개념 확인하기 41쪽

| 1 ㉠ | 2 ⓒ | 3 ⓛ | 4 ⓛ | 5 ⓛ |

1 고장마다 환경이 다르기 때문에 각각의 고장들은 환경에 따라 다양한 교통수단을 이용합니다.

2 사륜 구동형 택시는 울릉도와 같이 산이 많아 길이 가파르고, 겨울에 눈이 많이 오는 고장에서 주로 이용합니다.

3 모노레일은 가파른 길을 오르내리거나 산이 있는 고장에서 농산물을 운반할 때 주로 이용합니다.

4 카페리는 바다가 있는 고장에서 주로 이용하는 교통수단으로, 사람과 자동차를 실어 섬이나 육지로 운반할 때 주로 이용합니다.

> **왜 틀렸을까?**
> ㉠ 모노레일에 대한 설명입니다.

5 널배는 갯벌이 있는 고장에서 조개를 캘 때 빠지지 않고 이동하기 위해 이용하는 교통수단입니다.

실력 평가 42~43쪽

| 1 ② | 2 진술 | 3 증기 기관차 | 4 ④ |
| 5 ① | 6 ③ | 7 ⑤ | 8 ⓒ | 9 ③ |
| 10 ④ |

1 소달구지는 무거운 짐을 옮길 때 이용했던 교통수단입니다.

2 지게는 무거운 짐을 들고 좁은 길을 지나다닐 때 이용했던 교통수단입니다. 바람의 힘으로 강을 건넜던 교통수단은 돛단배입니다.

3 증기 기관차를 이용해 먼 곳으로 더 빠르게 갈 수 있게 되었습니다.

4 오늘날 사람들은 지하철을 이용해 다른 곳으로 이동하기도 합니다.

> **왜 틀렸을까?**
> ①은 트럭, ②는 여객선, ③은 자전거를 이용하는 모습입니다.

5 오늘날의 교통수단은 환경을 오염시키고 소음을 발생시킵니다.

6 오늘날에는 교통수단의 발달로 다른 나라의 물건을 쉽게 살 수 있게 되었습니다.

7 ⑤ 컨테이너 부두는 배와 관련 있는 장소입니다.

> **더 알아보기**
> **교통수단의 발달로 새로 생긴 장소**
> • 비행기: 공항, 공항 철도, 공항버스, 관제탑 등
> • 기차, 지하철: 기차역, 기찻길, 지하철역 등
> • 배: 항구, 선착장, 컨테이너 부두 등

8 자동차 디자이너는 사람들이 안전하고 편리한 자동차를 탈 수 있도록 연구합니다.

9 고장마다 관광객들의 편리하고 안전한 관광을 위해 알맞은 교통수단을 이용합니다.

> **왜 틀렸을까?**
> ①, ②, ④는 사람을 구조할 때 이용하는 교통수단입니다.

10 자율 주행 자동차는 인공 지능을 갖춘 자동차가 스스로 운전해 목적지까지 이동합니다.

> **더 알아보기**
> **자율 주행 자동차의 좋은 점**
> • 몸이 불편한 사람들도 이동할 수 있습니다.
> • 운전 미숙, 졸음운전 등으로 인한 교통 사고의 위험이 줄어듭니다.

서술형·논술형 평가 **44~45**쪽

1 (1) ㉠
(2) 소라
(3) ⑩ 주로 사람이나 동물, 자연의 힘을 이용했고, 한 번에 많은 물건이나 사람을 싣기가 어려웠다.

2 (1) ㉢
(2) ㉠
(3) ⑩ 교통수단이 다양해졌고, 기계의 힘을 이용한다. 먼 곳까지 빠르고 편하게 이동할 수 있다.

3 (1) ㉠
(2) ㉣
(3) ⑩ 비행기들의 교통을 정리한다.

4 (1) ㉯ ○
(2) ㉠
(3) ⑩ 운전 미숙이나 졸음운전으로 인한 사고를 막을 수 있다.

1 (1) 가마는 옛날에 땅에서 사람이 이동할 때 이용했던 교통수단입니다.
(2) 소달구지는 땅에서 무거운 짐을 싣고 나를 때 이용했던 옛날의 교통수단입니다.
(3) 옛날의 교통수단은 속도가 느리고 사람이나 동물, 자연의 힘을 이용했습니다.

채점 기준		
(1)	'㉠'을 정확히 씀.	2점
(2)	'소라'라고 정확히 씀.	2점
(3)	**정답 키워드** 사람 | 동물 | 한 번 | 많은 '주로 사람이나 동물, 자연의 힘을 이용했고, 한 번에 많은 물건이나 사람을 싣기가 어려웠다.' 등의 내용을 정확히 씀.	6점
	옛날 교통수단의 특징을 썼지만 표현이 부족함.	3점

2 (1) 오늘날 비행기의 발달로 다른 나라를 빠르게 갈 수 있습니다.
(2) 오늘날 무거운 짐을 나를 때는 트럭을 주로 이용합니다.
(3) 오늘날의 교통수단은 속도가 빨라졌고, 기계의 힘을 이용해 힘이 세며 종류가 다양합니다.

채점 기준		
(1)	'㉢'을 정확히 씀.	2점
(2)	'㉠'을 정확히 씀.	2점
(3)	**정답 키워드** 다양 | 기계 '교통수단이 다양해졌고, 기계의 힘을 이용한다.', '먼 곳까지 빠르고 편하게 이동할 수 있다.' 등의 내용을 정확히 씀.	6점
	오늘날 교통수단의 특징을 썼지만 표현이 부족함.	3점

3 (1) 교통수단의 발달로 새로운 장소들이 등장했습니다.
(2) 배와 관련 있는 장소에는 선착장, 항구 등이 있습니다.
(3) 관제탑은 비행기가 안전하게 운행될 수 있도록 비행기들의 교통을 정리하는 곳입니다.

채점 기준		
(1)	'㉠'을 정확히 씀.	2점
(2)	'㉣'을 정확히 씀.	2점
(3)	**정답 키워드** 비행기 | 교통 | 정리 '비행기의 교통을 정리한다.' 등의 내용을 정확히 씀.	6점
	관제탑이 무엇을 하는 곳인지 썼지만 표현이 부족함.	3점

4 (1) 전기 자동차는 화석 연료를 이용하지 않기 때문에 환경 오염 문제를 해결할 수 있습니다.
(2) 전기 자동차는 석유와 같은 화석 연료 대신에 전기의 힘으로 움직이는 자동차입니다.
(3) 자율 주행 자동차는 인공 지능을 갖춰 스스로 운전해 목적지까지 이동합니다.

채점 기준		
(1)	㉯에 정확히 ○표를 함.	2점
(2)	'㉠'을 정확히 씀.	2점
(3)	**정답 키워드** 운전 미숙 | 졸음운전 | 사고 '운전 미숙이나 졸음운전으로 인한 사고를 막을 수 있다.', '몸이 불편한 사람도 이동하기 편리해질 것이다.' 등의 내용을 정확히 씀.	6점
	자율 주행 자동차의 발달로 인한 변화를 썼지만 표현이 부족함.	3점

② 통신수단의 발달과 생활 모습의 변화

개념 확인하기 **46**쪽

1 ㉠　　**2** ㉢　　**3** ㉡　　**4** ㉢　　**5** ㉠

1 옛날에는 평상시에 서찰, 방 등을 이용했습니다.
2 옛날에는 사람이 직접 소식과 정보를 전달하기도 했습니다.
3 통신수단의 발달은 과학 기술의 발달과 관련이 있습니다.
4 새와 파발은 옛날의 통신수단입니다.
5 오늘날에는 휴대 전화의 발달로 이동하면서 통화할 수 있습니다.

개념 확인하기 47쪽

1 ㉡ **2** ㉠ **3** ㉠ **4** ㉡ **5** ㉡

1 논과 밭이 있는 고장에서는 밖에서 일하는 사람들이 많고, 집들이 모여 있지 않기 때문에 마을 방송을 주로 이용합니다.

2 사람들이 모여 사는 아파트에서는 인터폰으로 빠르게 소식을 전합니다.

3 많은 사람들에게 상품을 소개해야 하는 할인점 직원은 무선 마이크를 주로 이용합니다.

4 물속에서는 말을 할 수 없기 때문에 수신호를 이용해 소통을 합니다.

5 소방관은 긴급한 상황에서 무전기를 주로 이용합니다.

실력 평가 48~49쪽

1 ④ **2** ㉢ **3** (1) ○ **4** ③ **5** ②
6 ⑤ **7** 석규 **8** ㉡ **9** ② **10** ①

1 소식을 전하기 위해 파발꾼이 말을 타고 가거나 직접 걸어가 중요한 일을 전달했습니다.

2 봉수는 연기와 불을 이용해 소식을 전했던 통신수단입니다.

3 ⑵는 편지를 이용하는 모습입니다.

4 텔레비전을 이용하여 다양한 정보를 얻을 수 있습니다.

5 유선 전화가 발달하면서 교환원을 통하지 않고 상대방과 직접 통화할 수 있게 되었습니다.

6 통신수단의 발달로 생활 모습의 변화가 많이 나타나게 되었습니다.

7 무선 호출기는 호출한 사람의 전화번호를 소리나 진동으로 알려주는 통신수단입니다.

8 논과 밭이 있는 고장에서는 집이 모여 있지 않고 밖에서 일하는 사람들이 많기 때문에 마을 방송을 이용합니다.

9 소방관이나 경찰관은 긴급한 상황에서 무전기를 이용해 일을 합니다.

10 스마트 가로등은 범죄 예방에 도움이 되고, 교통 정보를 수집해 빠른 길로 갈 수 있게 해 줍니다.

서술형·논술형 평가 50쪽

1 (1) ㉡ (2) ⑩ 무늬
  (3) ⑩ 사람이 직접 가서 말이나 서찰 등으로 소식을 전한다. 신호 연, 봉수, 새 등을 이용한다.
2 (1) 휴대 전화 (2) ㈏
  (3) ⑩ 옛날에는 교환원이 있는 전화를 사용했는데 오늘날에는 얼굴을 보면서 통화할 수 있게 되었다.

1 (1) 봉수는 연기와 횃불을 이용해 소식을 전했던 옛날의 통신수단입니다. 상황이 위급한 정도에 따라 피우는 연기와 불의 개수가 달랐습니다.
  (2) 옛날에는 위급한 상황에서 색깔과 무늬가 있는 신호 연을 띄워 작전을 알렸습니다.
  (3) 옛날 사람들은 평상시에는 서찰, 방을 이용했고 전쟁과 같은 위급한 상황에서는 봉수, 파발, 새, 신호 연 등을 이용했습니다. 옛날에는 사람이 직접 가서 소식을 전하는 경우도 있었기 때문에 시간이 오래 걸렸고, 많은 정보를 한 번에 전하기 어려웠습니다.

채점 기준

(1)	'㉡'을 정확히 씀.	2점
(2)	'무늬', '색깔' 등을 정확히 씀.	2점
(3)	**정답 키워드** 사람 | 말 '사람이 직접 가서 말이나 서찰 등으로 소식을 전한다.' 등의 내용을 정확히 씀.	6점
	옛날 통신수단의 특징을 썼지만 표현이 부족함.	3점

2 (1) 오늘날에는 가게에 가지 않아도 휴대 전화로 물건을 살 수 있고, 집에서 동영상을 볼 수도 있습니다.
  (2) 스마트폰이 발달하기 전에는 교환원을 통해서만 전화를 할 수 있었습니다.
  (3) 통신수단이 발달하면서 집에서 장 보기, 상대방과 얼굴을 보며 통화하기 등 옛날에는 할 수 없었던 일들이 가능해졌습니다. 또한 교환원과 같은 직업이 사라지고, 새로운 직업이 생겨나게 되었습니다.

채점 기준

(1)	'휴대 전화'라고 정확히 씀.	2점
(2)	'㈏'라고 정확히 씀.	2점
(3)	**정답 키워드** 얼굴 | 통화 '옛날에는 교환원이 있는 전화를 사용했는데 오늘날에는 얼굴을 보면서 통화할 수 있다.', '휴대 전화로 집에서도 물건을 살 수 있다.' 등의 내용을 정확히 씀.	6점
	오늘날 통신수단의 특징을 썼지만 표현이 부족함.	3점

온라인 학습 단원평가의 **정답**과 함께 **문항 분석**도 확인하세요.

단원평가
51~53쪽

문항 번호	정답	평가 내용	난이도
1	②	옛날 교통수단의 종류 알아보기	쉬움
2	④	자연의 힘을 이용한 옛날 교통수단 알아보기	보통
3	⑤	옛날 교통수단의 특징 알아보기	쉬움
4	④	비행기가 가져온 생활의 변화 알아보기	쉬움
5	①	오늘날 교통수단의 이용 모습 알아보기	보통
6	④	오늘날 교통수단의 특징 알아보기	어려움
7	②	교통수단의 발달로 인한 변화 알아보기	보통
8	①	교통수단의 발달로 새로 생긴 직업 알아보기	어려움
9	⑤	고장의 환경에 따른 교통수단 알아보기	어려움
10	⑤	미래의 교통수단 알아보기	보통
11	②	통신수단이 필요한 까닭 알아보기	보통
12	②	옛날의 통신수단 알아보기	어려움
13	④	옛날 통신수단의 특징 알아보기	보통
14	④	옛날과 오늘날의 통신수단의 차이점 알아보기	보통
15	②	오늘날의 통신수단 알아보기	쉬움
16	①	라디오의 이용 모습 알아보기	보통
17	②	오늘날 통신수단의 이용 모습 알아보기	보통
18	④	통신수단의 발달로 달라진 생활 모습 알아보기	쉬움
19	⑤	하는 일에 따라 다른 다양한 통신수단 알아보기	쉬움
20	④	미래의 통신수단 알아보기	보통

1 가마는 사람의 힘을 이용한 교통수단입니다.

2 돛단배는 바람의 힘을 이용해 나아가는 배입니다.

> **왜 틀렸을까?**
> ① 전기의 힘을 이용한 교통수단입니다.
> ②, ⑤ 기계의 힘을 이용한 오늘날의 교통수단입니다.
> ③ 사람의 힘을 이용해 짐을 나르는 데 이용했던 옛날의 교통수단입니다.

3 옛날의 교통수단은 환경의 영향을 많이 받았습니다.

> **왜 틀렸을까?**
> ①, ②, ③, ④는 오늘날 교통수단의 특징입니다.

4 비행기는 하늘에서 이용하는 교통수단입니다.

5 화물선은 무거운 짐을 나르기 위한 배입니다.

6 오늘날의 교통수단은 옛날에 비해 크기가 커져 많은 사람과 물건을 한 번에 실을 수 있고, 속도도 **빨라져** 먼 거리를 빠르고 편하게 갈 수 있습니다.

7 교통수단이 발달하면서 이전에는 없었던 새로운 장소와 직업들이 생겨났습니다.

8 배와 관련 있는 직업에는 선장, 항해사, 도선사 등이 있습니다.

9 산이 많고 겨울에 눈이 많이 오는 지역은 안전을 위해 사륜 구동형 택시를 이용합니다.

10 산악 구조 헬리콥터는 사람들을 구조하는 데 이용하는 오늘날의 교통수단입니다.

11 인터넷 등과 같은 통신수단의 발달로 필요한 정보를 쉽고 빠르게 얻을 수 있습니다.

12 봉수는 옛날에 위급한 상황에서 이용했던 통신수단입니다.

13 기계의 힘을 이용한 것은 오늘날의 통신수단입니다.

14 통신수단의 발달은 과학 기술과 관련이 있습니다.

15 북을 쳐서 알리는 것은 옛날의 통신 방법입니다.

16 오늘날에는 라디오를 통해 교통 정보를 듣기도 합니다.

17 봉수, 서찰 등은 옛날 사람들이 이용했던 통신수단입니다.

18 통신수단의 발달로 사람들의 생활 모습이 많이 달라졌습니다.

19 택시 기사는 휴대 전화를 이용해 손님의 부름 요청을 받습니다.

20 건강을 관리하는 기능을 가진 통신수단이 생긴다면 몸이 아플 때 빠르게 대처할 수 있습니다.

온라인 학습 단원평가의 **정답**과 함께 **문항 분석**도 확인하세요.

단원평가 `기말 범위`

54~56쪽

문항 번호	정답	평가 내용	난이도
1	②	문화유산을 구분하는 방법 알아보기	보통
2	③	조상들의 지혜를 알 수 있는 문화유산 알아보기	보통
3	④	고장의 문화유산 조사 방법 알아보기	쉬움
4	③	답사의 과정 알아보기	보통
5	③	답사할 때 주의할 점 알아보기	쉬움
6	⑤	고장의 문화유산 소개 방법 알아보기	보통
7	⑤	옛날의 교통수단 알아보기	쉬움
8	③	사람과 동물의 힘을 이용하지 않은 초기의 교통수단 알아보기	어려움
9	②	오늘날의 교통수단 알아보기	쉬움
10	②	교통수단의 발달과 관련 있는 장소 알아보기	보통
11	③	교통수단의 발달로 새로 생긴 직업 알아보기	보통
12	④	고장의 환경에 따른 교통수단 알아보기	보통
13	⑤	교통수단과 관련 있는 고장의 자연 환경 알아보기	어려움
14	③	통신수단의 종류 알아보기	보통
15	⑤	옛날의 통신수단 알아보기	어려움
16	②	오늘날 통신수단의 종류 알아보기	쉬움
17	⑤	오늘날 통신수단의 특징 알아보기	보통
18	②	전화기의 발달 과정 알아보기	쉬움
19	②	장소와 하는 일에 따라 다른 통신수단 알아보기	보통
20	⑤	미래의 통신수단 알아보기	어려움

1 가야금 병창은 형태가 없는 문화유산입니다.

2 조상들은 진흙으로 만든 옹기를 이용해 음식을 신선하게 보관할 수 있었습니다.

3 기상청 누리집은 날씨를 알아볼 수 있는 곳입니다.

4 답사 순서대로 답사를 진행한 이후에는 답사 보고서를 작성하며 결과를 정리해야 합니다.

5 답사를 할 때는 문화유산을 소중하게 다뤄야 합니다.

6 고장의 문화유산을 소개하는 방법에는 문화 관광 해설사되어 보기, 신문 만들기, 안내도 만들기 등이 있습니다.

7 오토바이는 오늘날에 이용하는 교통수단입니다.

8 증기선은 사람과 가축의 힘이 아닌 기계의 힘을 이용한 교통수단입니다.

9 자전거는 사람이 타고 앉아 두 다리의 힘으로 바퀴를 돌려서 움직이는 것으로 가까운 곳에 갈 때 이용하기에 좋습니다.

10 비행기와 관련된 시설물에는 공항, 공항버스, 공항 철도, 관제탑 등이 있습니다.

11 교환원은 전화 사용자의 전화선을 상대방에게 연결해 주는 일을 하는 사람으로, 통신수단의 발달로 오늘날에는 사라진 직업입니다.

12 갯배는 바다가 있는 고장에서 이용하는 교통수단입니다.

13 관광업이 발달한 고장에서는 관광객들의 편리하고 안전한 관광을 위해 환경에 알맞은 교통수단을 이용합니다.

14 봉수, 편지, 전화, 텔레비전, 신문, 라디오 등은 통신수단입니다.

15 봉수는 옛날 사람들이 위급할 때 이용했던 통신수단입니다.

16 비행기는 교통수단이고, 나머지는 통신수단입니다.

17 오늘날에는 옛날보다 다양한 종류의 통신수단을 이용합니다.

18 오늘날에는 스마트폰의 발달로 얼굴을 보면서 전화할 수 있습니다.

19 물속에서는 서로 말을 하지 못하기 때문에 간단한 수신호를 정해서 합니다.

20 미래에는 생각만으로도 다른 사람과 소통할 수 있어 생활이 편해집니다.

나는 그 누구보다도 실수를 많이 한다.
그리고 그 실수들 대부분에서
특허를 받아낸다.

I make more mistakes than anybody
and get a patent from those mistakes.

토마스 에디슨

실수는 '이제 난 안돼, 끝났어'라는 의미가 아니에요.
성공에 한 발자국 가까이 다가갔으니, 더 도전해보면 성공할 수 있다는
메시지랍니다. 그러니 실수를 두려워하지 마세요.

정답은
이안에
있어 !

이쯤에서 실력체크